리셋,유

인생에 변화를 주고 싶어 하는 이들을 위한 마법의 주문

리셋, 유

지은이 | 김중근
펴낸곳 | 북포스
펴낸이 | 방현철

편집자 | 공순례
디자인 | 엔드디자인

1판 1쇄 찍은날 | 2017년 1월 24일
1판 1쇄 펴낸날 | 2017년 1월 31일

출판등록 | 2004년 02월 03일 제313-00026호
주소 | 서울시 영등포구 양평동5가 18 우림라이온스밸리 B동 512호
전화 | (02)337-9888
팩스 | (02)337-6665
전자우편 | bhcbang@hanmail.net

ISBN 979-11-5815-003-7 03190

이 도서의 국립중앙도서관 출판시도서목록(CIP)은 e-CIP 홈페이지(http://www.nl.go.kr/ecip)와
국가자료공동목록시스템(http://www.nl.go.kr/kolisnet)에서 이용하실 수 있습니다.
(CIP제어번호: CIP2017001288)

값 15,000원

리셋, 유
RESET, YOU

| 인생에 변화를 주고 싶어 하는 이들을 위한 마법의 주문 |

김중근 지음

··········

갈매기가 주인공인 소설이 있다. 미국 소설가 리처드 바크가 쓴《갈매기의 꿈》이라는 우화소설이다. '가장 높이 나는 새가 가장 멀리 본다'는 문장으로 유명하다. 소설의 원제목은 'Jonathan Livingston Seagull'이다.

소설이 우리에게 주는 메시지는 단순하면서도 강력하다. 존재의 이유를 찾으라는 것, 내 안의 가능성에 확신을 가지라는 것, 꿈을 실현하기 위해 노력하라는 것이다. 조나단의 긴 여정은 리셋 마인드(Reset Mind)를 통해 '이대로의 나'를 박차고 나와 '지금 이상의 나'를 찾아가는 과정이었다.

살다 보면 '다람쥐 쳇바퀴' 도는 것처럼 느껴질 때가 있다. '비생산적인 일'을 하고 있다는 생각이 들 때도, 앞으로 나아가지 못하고 수렁에 빠진 듯 허우적댄다는 느낌이 온몸을 휘감을 때도 있다. 이럴 때면 남들은 다 잘나가는 것 같아 은근히 주눅이 들기도 한다.

'잘나가는 남'은 나의 발전과 성장을 위한 자극이다. 어느 시인이 주위의 만류에도 불구하고 자신의 꿈을 좇아 작은 시집 전문 서점을 냈다는 소식은 신선하면서도 따끔한 '바늘'의 자극이다. 별 볼 일 없을 것 같아 보이던 지인이 역경을 뚫고 자신의 분야에서 두각을 나타내고 있다는 이야기는 가슴 쿵 하는 '못'의 자극이다. 오랜만에 만난 친구가 각고의 노력 끝에 세상을 떠들썩하게 만들 결과를 얻었다는 이야기는 내 발밑을 뒤흔드는 '해머'의 충격으로 다가온다.

부러움도 있지만 9할은 나의 내면을 향한다. '자극'은 어느새 분발을 촉구하는 거센 채찍질이 된다. '지금 이대로의 나, 정말 괜찮은 거니?' 마음속에 이런 질문이 밀려올 때는 리셋이 필요하다는 방증이다.

삶에는 두 가지 방식이 있다. 원본 인생과 복사본 인생. 원본은 '오리지널 (original)'이고 사본은 '카피(copy)'다. 갈매기 조나단은 말할 것도 없이 원본 추구의 삶이다. 중요한 건 우리 모두가 이미 원본으로 태어났다는 사실이다. 하지만 안타깝게도 많은 사람이 이를 망각한 채 복사본 인생을 살고 있다.

원본 인생과 복사본 인생을 가르는 기준은 간단하다. 원본 인생은 삶의 초점을 '나'에게 맞춘다. 곁눈질하지 않는다. '나만의 생각', '나만의 시선'을 추구한다. 남들이 다 좇아가는 유행을 거부하고 자기만의 취향을 고수한다.

내 안에 잠들어 있던 잠재력을 깨워 내게 주어진 삶을 오리지널로 치열하게 사는 것. 이게 바로 소명의 삶이고 주인의 삶이다. 주인의 삶에는 '용기'가 필요하다. 자기다운 삶을 향한 '첫걸음'을 떼야 하니까.

복사본 인생은 원본 인생과는 정반대의 속성을 가진다. 삶의 초점이 '남'에게 맞춰져 있다. 남들이 하니까 따라 하고 남들이 가니까 따라간다. 조금 심하게 표현하면 노예의 삶이다. 복사본 인생에 필요한 건 '눈치'다. '남'이 나의 마음을, 나의 의식을 장악하고 있기 때문이다.

나는 세상에 오직 하나뿐인 존재다. 그런데도 사람들은 기꺼이 '행인 1', '행인 2'를 자처한다. 독창성을 팽개치고 닮음을 택한다. 눈도 닮고 코도 닮고 욕망까지 닮아간다. 주인공은 능동이고, 들러리는 수동이다. 주인공은 자율, 들러리는 타율이다. 능동과 자율, 수동과 타율이 주인공과 들러리의 삶을 가르는 기준이다.

"인간은 다른 사람처럼 되고자 하기 때문에 자기 잠재력의 4분의 3을 상실한다." 쇼펜하우어가 일찍이 복사본 인생에 남긴 경고다. 위대한 인권 지도자 마하트마 간디도 홀로서기와 관련해 명언을 남겼다. "군중과 함께

하는 것은 쉽지만 홀로서기는 용기가 필요하다." 지금 우리에게 필요한 건 '이대로의 나'를 깨우는 깊은 생각, 홀로서기를 위한 몸부림이다. 이 과정을 우리는 '리셋'이라 부른다.

리셋을 통하면 좋은(good) 삶이 위대한(great) 삶으로 변하는 길이 열린다. 비록 '최고'가 될 수 없을지언정 할 수 있는 만큼의 노력을 통해 얼마든지 '더 나은 사람'이 될 수 있다.

이왕 한번 사는 인생, 주인공 삶을 살아야 한다. 눈치 보지 말고, 당당하게, 내 목소리 내면서. 멋지게 내 팔 한번 흔들어보는 거다. 냄새나는 남의 똥 만지지 말고, 내 똥 한번 싸보는 거다. 이왕이면 질펀하게.

이게 자기 사랑이고, 특별한 나를 만드는 비법이다. 현실에 안주하는 '이대로의 나'로서는 불가능한 일이다. '이대로의 나'가 괜찮지 않은 이유다. 그러니 우리가 할 일은 명확하다. 스스로에게 마법의 주문을 거는 것이다. '리셋 아이(Reset I)!'

'이대로의 나'에 머물러서는 안 된다.
'지금 이상의 나'를 꿈꿔야 한다.
'할 수 있다'는 믿음으로 다시 일어서야 한다.
그래서 활활 타오르는 장작불처럼 다시 한 번 뜨거워져야 한다.
불꽃 같은 열정으로 삶을 남김없이 불태워야 한다.
그것이 우리의 존재 이유다.
어떻게? 리셋을 통해!

2017년 1월

김중근

---

* 《리셋, 유》는 지난 2013년부터 독자 여러분의 많은 사랑을 받았던 《궁하면 변하고 변하면 통한다》의 새 이름임을 알려드립니다.

리셋, 유

나의 서약
변화의 첫발을 내디디며

나는 나를 둘러싼 현실을 직시하고,
변화를 위한 여정에 걸림돌이 될 요소들을
가차 없이 버릴 것을 약속합니다.
나는 어떤 일이 있어도 변화를 멈추지 않을 것입니다.
재탄생을 향한 변화의 몸부림을 통해 앞으로 남은 나의 인생을
명품으로 만들어나갈 것을 약속합니다.

이름 _____

파트너 이름 _____

년   월   일

새로운 프로젝트를 성사시키는 데 가장 큰 걸림돌은
변화에 대한 두려움, 상세한 내용을 알지 못하는 것,
미래에 대한 확신의 결여, 그리고 상상력의 결핍이다.

: 존 맥스웰 :

차 례

3장 뜨거워지기

| 뛰며 걸으며 여유롭게 전진하라 |

4장 행복해지기
| 희망의 끈, 절대로 놓지 마라 |

5장 자신에게 충실하기
| 재탄생한 나 맞이하기 |

물에 빠졌다고
모두 익사하지는 않는다.
하지만 빠진 채로 계속 있으면 익사한다.

: 에드윈 루이 :

1장

높이 멀리 보기

| 인생 목표 제대로 점검하기 |

0.5초밖에 되지 않는
인간의 한평생

오늘이 어제와 똑같다고 느껴질 때가 있다. 같은 시각에 일어나, 늘 같은 공간으로 이동하고, 늘 만나는 사람을 만나고, 나누는 이야기의 주제도 별반 다를 게 없다. 그러고 보니 어제도 그제도 별로 다를 것이 없었던 것 같다.

이런 삶을 우리는 다람쥐 쳇바퀴 도는 삶이라고 부른다. 꿈이 없는 삶이기도 하다. 변화를 주고 싶지만 안타깝게도 어떻게 시작해야 할지조차 모른다. 오늘이 마치 최후의 날인 것처럼 치열하게 살아야 한다는 경구도 허공의 메아리일 뿐이다.

나폴레옹 최후의 전투 워털루, 카이사르의 살해, 유럽을 정복한 페스트 등 역사의 운명적인 순간들을 통해 독자를 철학적 성찰로 인도

리셋, 유

하는 역사교양서 《쿠오 바디스, 역사는 어디로 가는가》에는 시간과 관련된 재미있는 분석이 나온다. 독일인 저자 한스 크리스티안 후프가 48억 년이라는 지구의 역사를 인간이 쉽게 인식할 수 있는 1년이라는 시간 단위와 비교해놓았다.

그의 계산을 보면 한 달이 4억 년이고, 하루가 1,300만 년, 한 시간이 55만 년이다. 공룡은 12월 11일부터 16일까지 살았고, 인류가 출현한 건 1년의 마지막 날인 12월 31일 오후 8시의 일이다. 농경문화는 12월 31일 밤 11시 30분에 시작됐고, 카이사르는 밤 11시 59분 46초에 암살됐다. 현대문명이라는 것을 알고 누리기 시작한 것은 12월 31일 자정 2초 전이다.

지구의 역사를 이렇게 비교해보니 시간의 흐름이 한눈에 쏙 들어온다. 한평생이 0.5초 정도밖에 안 된다니 허무하기도 하다. 그 짧은 시간에 수시로 기뻐하고 화내고 슬퍼하고 즐거워하며 욕심을 부린다고 생각하니 부질없다는 생각도 든다.

그 0.5초의 일생 동안 우리는 무엇을 입을까 무엇을 먹을까를 걱정하고, 정치·경제·사회, 나아가 나라의 미래에 대해 이런저런 아이디어를 내놓기도 한다. 꿈을 꾸고 여행을 하고 여행에 대한 추억을 회상하기도 한다.

사실 인간의 존재를 구속하는 것 가운데 시간만큼 추상적인 것도 없다. 위대한 철학자 아우구스티누스도 "시간이 뭐냐는 질문을 받기 전에는 시간이 뭔지 알 것 같았는데 막상 설명하려고 보니 모르겠다"고 말했을 정도다. 그러나 시간은 엄연한 실체다. 시간의 흐름은 일의 성과로 나타나고, 그림자의 길이로 측정되며, 얼굴의 주름으로 표시된다. 생로병사 자체가 시간의 집합이다.

주머니 속 호두알을 굴리듯이 이 실체적인 시간을 자유자재로 부릴 수 있는 사람이 행복한 사람이요 성공의 길로 걸어갈 수 있는 사람이다. 그러나 안타깝게도 시간의 주인이 되려는 의지를 가진 사람은 그렇게 많지 않다. 꿈이 없는 사람이 그만큼 많다는 얘기다. 설령 의지가 있어도 방법을 모르거나, 방법을 안다 해도 필요한 시간을 확보하지 못한다.

현대인은 너무나도 바쁘다. 자신에게 시간이 부족한 이유에 대해 생각할 시간조차 없을 정도다. 생각할 시간조차 없이 바쁘게 산다는 건 결코 바람직한 일이 아니다. 시간의 주인이 아니라 시간의 노예가 되는 지름길이기 때문이다.

닫힌 문에 연연하여 열린 문을 소홀히 한다면

시간의 주인이 되는 방법 중 하나는 과거로부터 자유로워지는 것이다. 이미 지나가 버렸고 다시는 되돌아갈 수 없는 과거에 얽매이지 않는 것이다. 과거에 얽매이는 것은 오늘을 포함하여 남은 인생을 명작으로 만들 수 있는 시간을 단축시킬 뿐이다. 과거에서 교훈을 얻을 수는 있겠지만 과거 속에 살 수는 없지 않은가.

그렇다 해도 과거를 건설적인 것으로 만드는 방법이 있다. 과거의

리셋, 유

실수와 잘못을 분석해 그 결과를 오늘에 유용하게 쓰는 것이다. 그런 후에는 지난날의 잘못을 한시라도 빨리 잊어버리는 게 좋다. 이미 엎질러진 우유를 후회해도 소용이 없는 것처럼. 과거는 과거로 묻어버려야 한다. 지나간 일을 가지고 마음을 괴롭히는 것만큼 어리석은 짓은 없다.

영국이 낳은 세계 최고의 시인 겸 극작가인 셰익스피어는 "현명한 사람은 장난삼아서라도 자신의 손실을 한탄하지 않는다. 오히려 그들은 힘차게 그 손실을 배제하는 방법을 탐구한다"라고 말했다. 또 프랑스 소설가 앙드레 지드는 "문 하나가 닫히면 이내 다른 문이 열린다는 것은 특별할 것 없는 인생의 규칙이다. 그러나 닫힌 문에 연연하여 열린 문을 소홀히 한다는 것이 인생의 비극이다"라고 했다.

삶의 순간순간은 그 무엇과도 바꿀 수 없을 만큼 중요하다. 한번 지나가면 영원히 다시 돌아올 수 없기 때문이다. 우리의 가치를 결정하는 것은 지금 이 순간을 어떻게 활용하느냐, 오늘 하루를 어떻게 보내느냐에 달려 있다. 오늘은 어제의 결과물이며, 내일은 오늘 하루를 어떻게 사느냐에 따라 달라진다.

그렇다면 내일을 준비하는 가장 좋은 방법은 무엇일까? 오늘의 일에 최선을 다해 집중하는 것이다. 더 좋은 내일을 위한 유일한 방법이기도 하다. 오늘의 일에 최선을 다하는 사람은 지혜로운 사람이다. 오늘이라는 시간이 두 번 다시 오지 않는다는 것을 잘 알기 때문이다. 화려한 과거나 장밋빛 미래보다는 과오와 상처로 얼룩져 있어도 현재가 더욱 소중하고 아름다운 법이다.

우리는 시간이 모자란다고 불평하면서도 시간이 무한정 있는 것처럼 행동하는 우를 범한다. 후회하지 않으려면 지금 할 수 있는 일에 최선을 다해야 한다. 현재를 충실히 산다는 것은 충실하지 못했던 과거에 대한 최선의 후회이며, 미래에 대한 최선의 준비이기 때문이다.

카르페 디엠! 오늘을 잡아라

카르페 디엠carpe diem, '지금 살고 있는 현재 이 순간에 충실하라'는 뜻의 라틴어다. 영화 〈죽은 시인의 사회〉에서 키팅 선생이 학생들에게 틈만 나면 외치면서 유명해진 용어다. 영화에서는 전통과 규율에 도전하는 청소년의 자유정신을 상징하는 말로 쓰였다.

키팅 선생은 이 말을 통해 미래(좋은 대학, 좋은 직장)라는 미명하에 현재의 삶(학창 시절의 낭만과 즐거움)을 포기해야만 하는 학생들에게 지금 살고 있는 이 순간이 무엇보다도 중요한 순간임을 일깨워주었다.

"내일 지구가 멸망해도 나는 한 그루 사과나무를 심겠다"고 외친 스피노자도 현재에 충실한 사람이었다. 참된 선善과 최고의 행복, 진정한 자유와 해방을 추구했던 그는 철학적 신념 때문에 유대인 동족으로부터 파문당해 평생 렌즈를 깎으며 연명했지만 매일 또박또박 현재를 살았다. 오늘 나무를 심었으니 내일 열매를 얻을 수 있으리라는 기대 때문이 아니다. 나무를 심었으니 그것으로 족했고, 그것으로 오늘을 완성했다는 의미다.

18

키팅 선생이나 스피노자가 외친 건 결국 '내일을 위해 오늘을 희생하지 말라'는 경구였다. '오늘밖에 모르는 바보'처럼 살라는 메시지이기도 하다.

세계적 베스트셀러 작가 스펜서 존슨도 《선물》이란 책에서 오늘 속에 감춰진 마법과도 같은 행복과 성공의 비밀을 공개했다. 세상에서 가장 소중한 선물은 바로 지금 이 순간이라는 것. 책에는 이런 구절이 있다.

> 지금 내게 주어진 것은 오늘뿐,
> 내일을 오늘로 앞당겨 쓸 수도,
> 지나간 어제를 끌어다 부활시킬 수도 없다.
> 바로 지금 이 순간에 몰입하라.
> 바로 지금 이 순간The Present이야말로
> 세상이 당신에게 주는 가장 소중한 선물The Present이다.

인구에 회자되는 말 중에 '어제는 부도수표요, 오늘은 손에 쥔 현찰이고, 내일은 약속어음이다'라는 말이 있다. 현재의 삶에서 행복과 보람을 찾아야 한다는 의미다. 크든 작든 지금 하는 일이 소중한 것이고, 무엇인가를 성취할 수 있는 시간은 바로 오늘뿐이라는 사실을 강조하는 것이다. 오늘이 마치 최후의 날인 것처럼 치열하게 살되, 오늘의 가치를 차분하게 음미하면서 행복의 본질을 추구한다면 그게 바로 삶의 기쁨, 살아 있다는 것의 즐거움 아니겠는가.

그렇다면 우리가 해야 할 일은 오늘에 정면으로 맞서는 것이다. 일을 미루지 않고 그때그때 처리해버리는 것이다. 오늘의 책임을 회피하면 내일의 책임은 두 배로 늘어난다. 어떻게 하면 피할 수 있을까를 궁리할 시간에 행동을 취할 방법을 생각한다면 소요시간은 절반으로 줄어들고 만족은 배로 늘어날 것이다.

오늘만이 내가 다스릴 수 있고 요리할 수 있는 유일한 시간이라는 것을 잊지 말아야 한다. 그리고 오늘 하루가 어제 죽어간 이들이 그토록 그리던 내일이라는 사실도 잊어서는 안 된다. 오늘에의 충실, 그것이 행복이다.

짧은 1분, 긴 60초

"그 용서 없는 1분을 장거리 경주에서 필요한 60초로 채워라."

영국 소설가 루디야드 키플링의 이 말은 우리에게 매시간 최선을 다해 살라는 요구다. 그의 말대로 행복과 성공은 시간 경영에서 시작된다. 어떤 사람은 오늘 하루가 선사하는 86,400초를 철저한 계획에 따라 알뜰하게 쓰는 반면 어떤 사람은 대충 되는 대로 소모한다.

시간은 그것을 대하는 태도에 따라 질이 달라지고 결과가 달라진다. 어떤 이는 가치 있는 성과물을 만들어내고 어떤 이는 후회의 한숨을 만들어낸다. 어떤 이는 아름다운 정원을 만들고 어떤 이는 감옥을 만들어 스스로 갇혀 지낸다.

리셋, 유

집 하나를 지을 때도 설계도가 있어야 한다. 방과 거실과 주방의 위치와 면적, 창문의 숫자 등이 세밀하게 그려진 설계도 없이 집을 지을 수는 없다. 하물며 인생을 살아가는 데 마스터플랜이나 청사진이 없어서야 되겠는가. 그저 하루하루를 흘려보낼 수는 없지 않은가?

그렇다면 우리에게 주어진 오늘 하루를 후회하지 않을 명품으로 만들기 위해서는 어떤 노력을 기울여야 할까? 가장 기본이 되는 것은 계획과 결산이다. 오늘 하루 동안 무엇을 할 것인가를 계획하고, 또 그 계획이 제대로 진행됐는지를 평가해야 한다는 뜻이다.

오늘의 역사 만들기도 좋은 방법이다. 거창한 게 아니다. 사람을 만날 때도 책을 읽을 때도 업무를 처리할 때도 계획에 따라 진행하고, 이왕이면 좀 더 알차고 의미 있는 시간이 될 수 있도록 사전에 준비하고 집중하는 것이다.

그리고 매일 저녁에 혼자만의 1일 종무식을 개최하는 것도 권장할 만한 방법이다. 연간 다이어리 하나를 장만하여 일기를 쓰듯이 오늘 무엇을 했고, 누구를 만났고, 어떤 의미가 있었는지, 잘못되고 부족한 점은 없었는지를 간략하고 솔직하게 적어가며 평가하는 것이다. '수우미양가'로 그날의 등급을 매기는 것도 좋은 방법이다. 그리고 종무식 말미에 내일 계획도 간략하게 적어놓는다.

그렇게 1년이 지나면 기업의 애뉴얼 리포트Annual Report에 해당하는 자신만의 결산보고서가 만들어진다. 끈기와 인내가 필요하겠지만 매년 자신의 1년을 결산하는 보고서를 만든다는 건 멋지고 뿌듯한 일이 아닐 수 없다. 오늘의 역사 만들기와 1일 종무식이 없다면 아마 1

년을 마무리할 무렵이면 시간이 어떻게 흘러갔는지 거의 흔적도 남아 않지 않을 것이다.

오늘의 역사 만들기를 하려면 자신이 세상의 주인공이 돼야 한다. 왜냐하면 나 자신의 역사이기 때문이다. 남이 아닌 나의 삶, 무대의 주인공이 내가 되는 삶, 카피본이 아닌 원본이 되는 삶을 살려고 노력해야 한다.

오늘은 살아 있는 동안 우리에게 매일 값도 없이 그저 주어지는 귀한 선물이다. 감사와 기쁜 마음으로 오늘을 창조적으로 활용해 다른 사람들이 상상하지도 못한 것들을 생각해내고 만들어내야 한다. 그것이 선물을 받은 사람이 취해야 할 마땅한 도리다. 인생 경영과 인생 성공, 오늘 경영에 달려 있다.

당신은 지금
현재 이상의 존재다

"심바! 너는 네가 누구인지를 잊었다. 너의 내면을 살펴보아라. 너는 지금 현재 이상의 존재다."

기억하는가? 디즈니 애니메이션 〈라이언 킹〉에 나오는 대사다. 자유를 즐기며 성인으로서의 책임을 회피하는 젊은 아들 심바에게 죽은 아버지 무파사의 환영이 나타나 동물의 왕국인 프라이드 랜드 국왕으로서의 정당한 지위를 되찾을 것을 촉구하면서 한 말이다. 아버지의 말을 가슴 깊이 새긴 심바는 생사를 넘나드는 우여곡절 끝에 국왕 자리를 되찾는다.

혹시 당신도 젊은 시절의 심바와 같은 삶을 살고 있지는 않은가? 자신의 잠재력을 최대한 발휘하며 산다고 자신 있게 말할 수 있는가?

주위를 둘러보면 아직 사용되지 않았거나 조금만 더 노력하면 크게 빛을 발할 수도 있는 재능이 썩고 있는 것을 자주 목격할 수 있다. 그들은 자신이 '지금 현재 이상의 존재'라는 사실을 깨닫지 못하고 있는 것이다. 꿈이 없기에 평가절하된 삶을 살고 있는 것이다.

자신이 지금 현재 이상의 존재라는 사실을 증명해 보인 사람이 있다. 팔다리 없이 태어나 운명의 파고를 멋지게 넘고 있는 오토다케 히로타다 씨가 그 주인공이다.

그는 와세다 대학에 다니던 1998년에 장애인의 삶을 담은 수필집 《오체불만족》을 펴냈다. '장애는 불편한 것이지만 불행한 것은 아니다'라는 긍정의 메시지를 담은 그 책은 일본뿐 아니라 전 세계에서 베스트셀러가 됐다.

졸업 후 스포츠 칼럼 등 집필활동을 해오다 어릴 적 꿈이던 교사가 되기 위해 2007년 초등학교 교원면허를 취득했다. 2010년까지 도쿄 스기나미 구의 구립 초등학교에서 3년간 교직에 몸담았다. 그는 휠체어를 타고 턱과 어깨 사이에 분필을 끼워 칠판에 글씨를 쓰며 아이들을 가르쳤다. 2013년에는 4년 임기의 도쿄 도 교육위원에 선임됐다. 일본에서 교육위 제도가 생긴 1956년 이후 최연소 교육위원이다. 그는 오늘도 지금 현재 이상의 존재가 되기 위해 자신의 능력을 최대한 발휘하고 있다.

리셋. 유

훨씬 멋진 점을 찍을 수 있었는데

．

　세상에는 두 부류의 사람이 있다. 하나는 합리적인 성향의 부류이고, 다른 하나는 비합리적인 성향의 부류다. 합리적인 사람은 세상에 자신을 맞추려고 노력하지만 비합리적인 사람은 세상을 자기에게 맞추려고 노력한다. 중요한 것은 지금까지 인류에게 발전을 가져다준 것은 모두 비합리적인 사람들의 몫이었다는 점이다.

　냉정하게 자신을 재평가했을 때 현재의 모습에 만족하는 사람이 몇이나 될까. 아마 대부분 만족하지 못한다는 축에 들 것이다. 그러면서도 우리는 변화를 미루거나 두려워한다.

　피터 레이놀즈의 책 《점》은 자신의 잠재력을 알아가는 한 소녀에 대한 이야기다. 주인공 베티는 미술시간이 끝나가도록 아무것도 그리지 못한다. 뭘 그려야 할지 생각이 나지 않은 것이다. "그냥 네가 하고 싶은 대로 해보렴." 선생님이 다가와 웃으며 이렇게 말하고는 옆에서 기다린다.

　베티는 잠시 후 쥐고 있던 연필을 거칠게 도화지 위에 내리꽂는다. 그러고는 선생님께 점 하나가 찍힌 도화지를 내민다. 선생님은 베티에게 도화지를 되돌려주며 이렇게 말한다. "자! 이제 네 이름을 쓰도록 하렴."

　며칠 후 베티는 선생님 방에 걸린 액자를 보고 깜짝 놀란다. 액자 안에 든 것은 점 하나 찍고 자기 이름을 적었던 바로 그 도화지였기 때문이다. 액자를 한참 동안 쳐다보던 베티는 이렇게 중얼거린다. "저

것보다 훨씬 멋진 점을 그릴 수 있었는데…"

그 후 베티는 연필만이 아니라 물감까지 써가며 온갖 색깔의 점을 다양한 크기로 그리기 시작했다. 큰 도화지의 가장자리부터 둥글게 칠해 가운데에 하얀 여백이 남아 커다란 점이 되게 만들기도 했다. 얼마 후 학교에서 전시회가 열렸는데 베티가 그린 크고 작은 다양한 색깔의 점 그림이 사람들의 시선을 사로잡았다. 베티는 졸지에 교내 스타가 됐다.

배티처럼 누구에게나 숨겨진 능력이 있다. 다만 우리는 그것을 제대로 알지 못할 뿐이다. 우리가 그것을 알지 못하는 까닭은 대개 기다려주지 않기 때문이다. 잠재력을 깨우는 데는 조급함이 아니라 기다림이, 꾸짖음이 아니라 격려가 필요하다. 선생님이 베티에게 한 것처럼.

인생에는 리허설이 없다
·

상품을 성공적으로 팔기 위해서는 그 상품에 관하여 정확한 지식을 갖추고 있어야 한다. 마찬가지로 사람도 자신의 능력을 팔기 위해서는 자신에 대해 잘 알아두어야 한다.

자신의 장점과 강점을 정확하게 인식함으로써 자기 능력을 효과적으로 활용할 수 있어야 한다. 또 자신의 단점과 결점도 파악해서 그것을 개선할 줄 알아야 한다. 지피지기知彼知己면 백전불태百戰不殆라고 하지 않았는가.

자신을 올바로 알기 위해서는 정확한 자기분석과 진단이 필요하다. 일반적으로 사람들은 자기 자신을 제삼자만큼 냉정하고 객관적으로 관찰할 수 없다. 객관적으로 자신을 평가하기 위해서는 용기가 필요한데, 그만큼 쉽지 않은 일이어서다.

나를 잘 아는 부모나 친한 친구, 선배 등에게 자신을 평가해달라고 부탁해보는 것도 괜찮다. 자신에 대한 객관적인 평가를 받을 용기가 있고, 개선할 의지만 있다면 커다란 인생의 전환점이 마련될 것이다.

자신의 가치는 철저한 자기평가를 통해 얼마만큼 가치 있는 행동을 할 수 있는가에 달려 있다. 인간은 진보하기도 하고 정지하기도 하고 후퇴하기도 하지만, 목표를 이루려면 반드시 진보해야 한다.

사람에게는 자기암시의 능력이 있다. 자기암시는 자신의 생각과 감정을 마음대로 통제할 수 있는 능력이다. 이 능력을 활용하면 자신의 운명과 영혼도 자기 뜻대로 통제하고 관리할 수 있게 된다. 다시 말하면 우리 자신에게 성공자의 긍정적 생각을 주입시킬 수도 있고, 반대로 우리 자신을 실패자의 길로 인도할 수도 있다는 것이다. '할 수 있다'는 암시를 해서 긍정적인 결과를 만들어낼 수도 있고, '할 수 없다'는 생각으로 일을 실패로 만들 수도 있다는 것이다.

인생에는 리허설이 없다. 우리는 무대 위에 있고, 지금은 생방송 중이다. 우리에게는 단 한 번의 기회밖에 없다. 그러니 건성으로 출연해 방송을 망쳐서는 안 된다.

인간은 꿈의 크기만큼 성장한다

•

개인이든 조직이든 일을 시작할 때 가장 중요한 것은 꿈의 크기다. 꿈의 크기에 따라 성과물의 크기도 달라지므로, 꿈의 크기만큼 성장하게 되는 것이다. 정상에 오르겠다는 목표를 가진 사람은 꿈을 크게 꿔야 한다. 산은 높을수록, 오르기 힘들수록 매력이 있는 법 아닌가.

우리에게는 무한한 가능성이 있다. 높게 보고 멀리 봐야 한다. 그러나 다른 사람들의 회의적 시각 때문에, 아니면 목표를 달성하기까지 겪어야 하는 역경과 고난 때문에, 사람들은 꿈과 목표를 자신이 실현할 만한 크기로 줄이곤 한다.

중요한 것은 우리 자신과 똑같은 기질과 잠재력을 가진 사람은 이 세상에 단 한 사람도 없다는 사실이다. 우리 자신과 똑같은 사람은 앞으로도 영원히 태어나지 않을 것이다. 그러니까 우리 각자의 노력이 아니면 자신만의 노래는 제대로 불리지도 못하고 영원히 사라지고 만다.

자신의 과거를 한번 되돌아보라. 능력이 계발된 때, 정신이 고양된 때는 언제였는가? 어떤 상황에서였는가? 아마 자신이 원하는 것을 얻고자 혼신의 노력을 기울였던 때일 것이다. 밤잠을 설쳐가며 고민하고 땀을 흘린 대가로 발전이라는 선물을 받았을 것이다.

현재 우리가 누리고 있는 모든 기술과 문화는 꿈과 상상력, 추진력, 미지의 세계에 첫발을 내딛는 용기 그리고 끝내 이루고야 말겠다는 누군가의 의지와 인내력이 만들어낸 결과물이다. 다른 사람들과

리셋, 유

조화롭게 어울리고, 좌절을 극복하는 법을 배우고, 음악·예술·문학·과학·운동경기 등에 대한 우리의 호기심과 관심을 쏟으면서 일구어낸 결과물들은 우리 자신의 한계를 뛰어넘겠다는 의지로 탄생했다. 철저한 자기평가와 진단을 통한 이 의지가 없었다면, 무한한 가능성을 믿지 않았다면, 인류 역사는 단 한 치도 전진할 수 없었을 것이다.

스스로 경계하고 다짐한다

스스로 경계하고 다짐한다는 뜻을 담은 귀한 물건들이 있다. 16세기 조선 시대를 대표하는 학자 남명 조식(1501~1572) 선생의 성성자惺惺子도 그중 하나다. 선생은 왼쪽 허리춤에 성성자, 즉 두 개의 쇠방울을 달고 다녔다. 딸랑딸랑 소리가 날 때마다 정신을 바짝 차리자는 취지에서였다. 그는 또한 사욕이 일어나면 단칼에 베어버리겠다는 의지의 표시로 경의검敬義劍이라는 장도도 늘 차고 다니며 마음을 다스렸다.

조선 후기 무역상인 임상옥의 일대기를 다룬 최인호의 소설《상도》에는 자계自戒의 또 다른 상징이 등장한다. 잔이 7할 이상 차면 저절로 술이 새버리는 계영배戒盈杯다. 절제의 미학을 담고 있다.

자신을 엄격하게 경계하는 것, 자기 마음의 완벽한 주인이 되는 것, 나아갈 때와 물러날 때를 제대로 아는 것은 결코 쉬운 일이 아니다.

성성자와 경의검과 계영배는 그만큼 자신을 정확하게 평가하고 다스리겠다는 의지의 반영이다.

인생에서 자신을 정확하게 아는 것보다 더 중요한 것이 무엇이 있겠는가. 정확하게 알아야 모자라면 채울 수 있고 넘치면 줄일 수 있다. 그렇게 해야 본성에 맞는 삶, 그리하여 기분 좋은 삶이 된다.

자신이 누구인지 어떤 사람인지를 아직 정확히 모르겠다면, 어떤 일에 나서기 전에 먼저 자신을 연구해야 한다. 성찰의 시간을 가져야 한다. 어떤 능력을 가지고 있는지, 지금 하고 있는 일이 발전적인 삶을 위한 것인지, 삶을 바라보는 태도가 바람직한지도 알아야 한다. 자신에 대해 '지구가 태양의 둘레를 돈다는 것을 아는 것처럼' 분명하게 확신할 수 있어야 한다.

세상은 보는 대로 보이는 유리다. 세상은 자신의 꿈과 생각, 믿음과 열정이 어떠하냐에 따라 다르게 보인다. 자기평가를 통해 단련된 자신에 대한 확고한 생각과 믿음만큼 중요한 것은 없다.

죽은 말의 뼈를
오백 냥에 사오다

"밥을 지을 때는 뚜껑을 덮어놓고 뜸을 들여야 합니다. 미덥지 못하다고 중간에 누가 와서 뚜껑을 열어보고, 불이 약하다고 불을 키우면 밥이 제대로 안 됩니다."

여느 가정주부의 이야기가 아니다. 국내 첫 우주발사체 나로호의 발사를 지휘했던 조광래 나로호발사추진단장이 한 말이다. 지난 두 차례의 발사 실패 이후 주변의 간섭을 감당하기 어려웠다며 털어놓은 이야기다. 나로호는 2009년 이후 세 차례의 도전 끝에 2013년 1월 30일 성공적으로 발사됐다. 이로써 우리나라는 11번째 우주클럽 가입국으로 이름을 올리게 됐다.

모든 일에는 때가 있는 법이다. 하물며 밥 지을 때도 그러한데 엄청난 기술력을 요하는 우주발사체를 쏘아 올리는 데 왜 때가 없겠는가? 진득하게 기다릴 줄을 모르는 관계 당국자들이 감 놓아라 배 놓아라 했을 테니 그 속이 오죽했겠는가?

천하만사에 다 때가 있다고 했다. 씨를 뿌릴 때가 있고 열매를 거둘 때가 있다. 일할 때 놀 때가 있고, 외칠 때 침묵할 때가 있다. 불타오를 때가 있고, 뜸 들일 때가 있다. 비가 올 때가 있고 땅이 마를 때가 있다.

공부에도 때가 있다. 공부는 지적 욕구가 왕성하고 기억력이 뛰어날 때 해야 한다. 나이 육십 혹은 칠십의 고령이 되어 시력이 나빠지고 기억력도 저하되면 아무리 공부를 하려고 해도 제대로 되지 않는다. 꿈에도 공부할 때와 같은 때가 있다. 때를 놓쳐서는 안 된다. 때를 놓치면 의미도 줄어들고 효과가 반감된다.

운동, 예술, 문학 등 모든 분야에서도 마찬가지다. 기회는 항상 있는 것이 아니다. 좋은 기회를 놓치지 말아야 한다. 그러니 때를 아는 것만큼 중요한 것은 없다. 강타를 날려야 할 때는 강타를 날려야 하고, 막아야 할 때는 막아야 한다.

큰 꿈은 비굴함을 넘는다
:

"나는 공부하고 준비할 것이다. 그러면 언젠가 나의 기회가 찾아올 테니까."

리셋, 유

링컨 대통령이 어린 시절에 한 말이다. 실력이 축적되고 준비된 사람만이 기회를 붙잡을 수 있다. 준비가 되어 있지 않은 사람은 비행기가 활주로를 이륙하려는데 여전히 탑승구 앞에 서 있는 사람과 다를 바 없다.

기회에는 두 가지가 있다. 하나는 저절로 찾아오는 기회이고, 다른 하나는 내가 스스로 적극적으로 만들어나가는 기회다. 두 가지 다 놓쳐서는 안 된다. 그러나 둘 중 더 중요하고 의미가 있는 것은 당연히 스스로 만들어나가는 기회다.

이 시대의 진정한 커리어 우먼으로 불리는 오프라 윈프리는 스물두 살이 되던 해 볼티모어의 WJZ-TV 방송국의 6시 뉴스 앵커가 됐다. 그러나 담당PD는 오프라의 뉴스 전달이 너무 감정에 치우친다고 판단해 그녀를 아침방송 〈사람들이 말하고 있다〉로 좌천시켰다.

그러나 이 조치가 오히려 그녀에게는 전화위복이 됐다. 어려서부터 말을 하는 데 천부적인 능력을 발휘해온 그녀에게 절호의 기회가 온 것이다. 그녀는 그 기회를 꽉 붙잡았다. 저절로 찾아온 기회를 적극적으로 활용해 나만의 기회로 만든 것이다.

현재 그녀는 잡지와 케이블TV, 인터넷까지 거느린 하포_{Harpo}(Oprah의 역순) 주식회사의 회장으로서 '신화가 된 여자'로 추앙받고 있다. 인생의 성공 여부는 온전히 개인에게 달려 있다는 '오프라이즘_{Oprahism}', 대중 앞에서 고백하며 치유하는 오프라화현상으로 '오프라피케이션_{Oprahfication}'이라는 용어를 낳기도 했다.

때를 기다린 대표적인 인물로 중국 한나라의 한신_{韓信}을 들 수 있다.

건달들의 가랑이 밑으로 기어서 지나간 일화로 유명하다. 큰 꿈이 있었기에 당장의 비굴함을 참을 수 있었던 진정한 용기를 가진 사람이다. 한신은 유방이 한나라 황제가 된 뒤에 제왕에 봉해졌다.

이 세상에 상처 없는 사람, 실패 없는 사람, 시련 없는 사람은 없다. 상처와 실패와 시련은 어떻게 보면 피할 수 없는 일들이다. 그러니 잘 견디고 이겨내야 한다. '이 순간도 다 지나가리라'라고 하지 않았는가. 묵묵히 때를 기다릴 일이다.

700800 그리고 우주의 법칙
　　∶

시간은 곧 인생이다. 되돌릴 수도, 대체할 수도 없는 게 시간이다. 시간을 낭비하는 것은 인생을 낭비하는 것이다. 인생을 낭비하지 않으려면 인생의 주인이 돼야 하고, 그것은 곧 시간의 주인이 돼야 한다는 의미다. 시간의 주인이 된다는 건 시간을 전적으로 나의 의지대로, 나의 계획대로 활용하는 것이다.

인생의 성공은 시간을 어떻게 활용하느냐에 달려 있다. 시간을 잘 활용하면 명품인생을 살 수 있고, 또 한 분야의 전문가가 될 수도 있다. 결국 시간을 유용하게 활용하고 선용善用하는 사람이 인생의 성공자가 된다. 선택과 집중의 원칙을 활용해 시간을 압축적으로 그리고 효율적으로 활용해야 한다.

시간을 낭비하고 허비하는 사람은 반드시 인생의 패배자로 전락한

리셋, 유

다. 이것은 변하지 않는 우주의 법칙이다. 인생의 낭비 중에서 최악의 낭비는 시간 낭비다. 돈은 없어지면 또 벌면 된다. 그러나 한번 가버린 시간은 영원히 돌이킬 수 없다. 그럼에도 시간을 흐르는 강물처럼 무의미하게 흘려보내는 사람이 너무도 많다.

시간은 가장 결핍된 자원이다. 황금보다도 소중하다. 억만금으로도 단 1분의 시간조차 살 수가 없으니 말이다. 시간은 곧 생명이다. 한 시간 한 시간이 모여 하루가 되고, 한 달이 되고, 1년이 되고, 10년이 되고, 인생이 된다.

700800. 인간의 수명 80세를 시간으로 환산한 숫자다. 윤년은 고려하지 않았다. 의술의 발달과 건강에 대한 관심이 높아져 100세 시대가 됐다고들 하지만 100세까지 살 수 있는 사람이 몇이나 되겠는가. 그래서 80세를 기준으로 했다. 현재 나이가 30세라면 43만 시간 정도 남았고, 40세라면 35만 시간, 50세라면 26만 시간 정도 남았다.

이렇게 숫자로 계산하고 보니 조금은 잔인하다는 느낌이 든다. 그래도 어쩔 수 없다. 상황의 심각성을 깨닫게 하는 게 목적이니까. 중요한 건 이렇게 남은 시간마저도 자는 시간과 밥 먹는 시간, 준비하는 시간, 늙어서 활동할 수 없는 시간 등을 제하면 활용할 수 있는 시간은 정말로 얼마 되지 않는다는 점이다.

그런데도 시간을 낭비하는 사람이 이렇게 많으니 안타까울 따름이다. 현명한 사람은 시간을 활용하고, 어리석은 사람은 시간을 낭비한다. 시간을 어떻게 쓰느냐를 보면 그 사람의 현우賢愚와 장차 성패成敗를 판단할 수 있다.

가장 중요한 건 오늘이고 지금 이 순간이다. 과거의 시간은 이미 지나가 버렸고, 미래의 시간은 아직 오지 않았다. 우리가 소유하고 활용할 수 있는 유일한 시간은 오늘밖에 없다. 그리고 이 순간밖에 없다. 시간이 늘 공급되리라고 생각해서는 안 된다. 심하게 말하자면, 어느 날 홀연히 죽음의 신이 찾아와 인생에 종지부를 찍을 수도 있다.

그러니 우리는 매 순간 최선을 다해야 한다. 그 순간들을 잘 활용해 자신이 가진 특별한 재능을 발휘하고 빛낼 수 있어야 한다. 모든 순간이 기회인 셈이다. 이 순간의 기회들을 나의 때로 만들어야 한다. 늘 깨어 있지 않으면 불가능한 일이다.

때 기다리기와 때 만들기
:

때를 아는 것, 때를 활용하는 것 못지않게 중요한 것이 때를 기다리는 것이다. 앞에서 이야기한 '뜸들이기'를 생각하면 된다. 중간에 뚜껑을 자꾸 열어보면 밥이 제대로 되지 않듯이 최상의 결과를 바란다면 적절한 때가 될 때까지 기다릴 줄 알아야 한다.

보보등고步步登高라는 말이 있다. 높은 산에 올라가려면 한 걸음 한 걸음 쉬지 않고 꾸준히 올라가야 한다는 말이다. 진인사대천명盡人事待天命이라고도 했다. 최선을 다한 다음에는 조용히 기다릴 줄도 알아야 한다.

어제 심은 씨앗이 오늘 당장 열매를 맺을 수는 없는 일이다. 로마도 결코 하루아침에 이루어지지 않았다. 이집트의 피라미드와 중국의 만리장성, 중앙아메리카의 파나마운하, 우리나라 새만금 방조제 등 위대한 사업도 일조일석_朝一夕_에 이루어진 것이 아니다.

역사에 남을 위업은 낙숫물이 바위를 뚫듯이 긴 시간과 많은 노력, 인내를 필요로 한다. 개인의 인생도 마찬가지다. 성공은 하루아침에 이루어지지 않는다. 최선을 다한 후에 느긋하게 기다리는 법을 배워야 한다.

조급하게 생각하고 행동해서는 안 된다. 조급증에 걸려 있는 우리나라 사람들이 특별히 유념해야 할 말이다. 이제 '빨리빨리병'도 치료할 때가 되지 않았는가. 어떤 일이든 졸속은 좋지 않다. 졸속이 있는 곳에는 기본과 원칙이 함께할 수 없기 때문이다.

때를 만드는 것도 있다. 때를 기다리는 것보다 한 차원 더 진보한 것이다. 《전국책》 연책_燕策_에 나오는 매사마골오백금_買死馬骨五百金_이라는 일화가 그 설명이 될 수 있다. 죽은 말의 뼈를 오백 냥 주고 사온다는 뜻이다. 하찮은 것을 사서 진짜 얻고자 하는 요긴한 것이 나타나기를 기다린다는 뜻이 담겨 있다. 일화의 내용은 이렇다.

전국 시대 연나라 소왕_昭王_이 옛 스승 곽외_郭隗_를 찾아 과거의 영광을 되찾을 인재 등용방법을 상의했다. 이에 곽외가 말했다.

"옛날 어떤 임금이 천리마를 구하려고 천 냥의 돈을 걸었으나 3년이 지나도 천리마는 나타나지 않았습니다. 그러자 어느 하급 관리가 천리마를 구하겠다고 나섰습니다. 한데 그는 죽은 천리마의 뼈를 오백 냥을 주고 사왔습니다. 임금이 화를 내자 관리가 말합니다. '죽은 말에 오백 냥을 줬으니 이제 곧 산 천리마를 팔겠다는 사람이 나타날 것입니다.' 과연 얼마 지나지 않아 천리마를 팔겠다는 사람이 셋이나 나타났다고 합니다."

곽외가 이어서 말했다. "인재를 구하시려면 먼저 신을 후히 대접하소서. 그러면 세상의 인물들이 저절로 모습을 드러내게 될 것입니다."

이에 소왕이 황금대黃金臺를 지어 곽외를 머물게 하고 그를 사부로 받들었다. 그러자 명장 악의樂毅, 음양가의 비조鼻祖인 추연鄒衍, 대정치가 극신劇辛 등의 인재가 사방에서 모여들기 시작했다. 소왕은 이들의 도움을 받아 나라를 부강하게 했다.

'곽외부터 시작하라'는 뜻의 선시어외先始於隗가 이 일화에서 나왔다. 가까이에 있는 사람부터 잘 챙기면 천하의 인재를 얻을 수 있다는 뜻이다. 또한 이 일화는 원하는 것을 얻기 위해서는 적극적으로 때를 만들 필요가 있다는 것을 잘 보여준다.

기회의 신은 뒤통수에 머리카락이 없다

기회를 잡기가 어려운 이유를 잘 설명해주는 조각상이 있다. 그리스의 시라쿠사 거리에 있는 이 조각상은 앞이마에는 머리카락이 무성하고 뒤로는 대머리인데다가 등과 발뒤꿈치에는 날개가 달려 있다. 조각상의 주인공은 제우스의 아들 카이로스다. 기회의 신이다.

조각상 아래에는 다음과 같은 글이 새겨져 있다.

"내 앞머리가 무성한 이유는 누구든지 나를 보고 덥석 잡게 하기 위함이고, 내 뒷머리가 대머리인 이유는 내가 지나가면 다시는 붙잡지 못하도록 하기 위함이며, 내 발에 날개가 달린 이유는 그들 눈앞에서 최대한 빨리 사라지기 위함이다. 나의 이름은 바로 '기회'다."

기회의 속성을 이보다 더 정확하고 날카롭게 표현할 수는 없을 것 같다. 기회는 오는 줄도 잘 모르는 때가 많고, 오더라도 쉽게 잡을 수 없고, 온 것 같으면 어느새 사라져버린다. 도스토옙스키도 기회를 새에 비유하여 "날아간 후에 꼬리를 잡으려 해도 소용없다"고 했다.

기회는 전혀 엉뚱하고 색다르게 찾아온다. 예기치 않게 뒷문으로 살짝 들어오기도 하고, 때로는 불행이나 일시적인 패배의 형태로 둔갑해서 나타나기도 한다. 많은 사람이 기회를 제대로 인식하지 못하는 것도 바로 이런 속성 때문이다. 지금도 기회는 우리 곁을 바람처럼 스쳐 지나가고 있을지도 모른다.

조지 엘리엇은 이렇게 말했다. "인생의 탁류 속에서 황금 같은 순간들은 재빨리 지나간다. 그러므로 우리는 모래 이외에 아무것도 보지 못한다. 천사가 우리를 찾아왔지만, 우리는 그들이 간 후에야 그 사실을 알 뿐이다."

성공하는 사람은 자신에게 다가온 기회를 살리는 사람이다. 그는 좋은 기회는 물론 위기를 만났을 때조차도 '어떤 기회가 아닐까' 하고 신중하게 생각하는 사람이다. 반면에 실패하는 사람은 좋은 기회가 찾아와도 고민만 하다가 결국 흘려보내 버리고는 후회한다.

우리는 언제라도 나타날 기회를 붙잡을 수 있도록 문을 활짝 열고 늘 준비하고 있어야 한다. 준비한다는 것은 진지한 성찰을 통해 자신이 누구인지, 어떤 사람이 될 것인지, 목표를 달성하기 위해 어떤 노력을 기울일 것인지를 명확하게 알고 있어야 한다는 의미다.

심각한 위기는 결코 놓쳐서는 안 될 귀중한 기회의 다른 모습일 수도 있다. 기회의 문은 절실한 만큼 열리기 마련이다. 자신이 가진 에너지를 전부 쏟아부을 때에야 기회의 문은 열리는 법이다.

실패는
가장 실전적인 공부 기회다

우리에게 잘 알려진 어떤 남자의 일생이다. 그는 가게를 운영했지만 장사가 안돼 문을 닫을 수밖에 없었다. 측량기사가 됐지만 그 일에도 실패했다. 군인이라는 직업을 선택해서 대장의 지위까지 올랐지만 연이은 패배 이후 졸병으로 강등돼 제대했다. 게다가 유전병에 걸려 얼굴 모양마저 이상하게 변해버렸다. 이후 한 여인과 뜨거운 연애를 하고 약혼했지만 그녀는 얼마 지나지 않아 병으로 죽고 말았다.

후에 그는 변호사가 되었는데 활약상은 그리 대단하지 못했다. 정치에 뜻을 두고 입후보했으나 수차례나 낙선의 고배를 마셔야 했다. 하지만 끈질긴 도전 끝에 겨우 당선의 영예를 안았다. 그리고 결국에 그는 한 나라의 대통령이 되었다. 그의 이름은 에이브러햄 링컨이다.

만일 그가 죄수의 목에 늘어뜨려진 쇠사슬처럼 연이은 실패로 말미암은 절망감을 마음속에 늘어뜨리고 있었다면, 과연 대통령이 될 수 있었을까?

| 실패(F-A-I-L-U-R-E)를 구성하는 일곱 가지 요소 |

• 좌절Frustration

• 공격Aggressiveness

• 불안Insecurity

• 외로움Loneliness

• 불확실Uncertainty

• 분노Resentment

• 공허함Emptiness

실패는, 극복하지 못하면 삶의 적이 된다. 실패를 극복하려면 먼저 일곱 난쟁이를 닮았으면서도 때로는 난공불락의 성곽처럼 느껴지는 실패의 요소들과 싸워 이겨야 한다. 이 일곱 가지 요소를 하나씩 쓰러뜨리면 그때에야 실패를 둘러싸고 있던 가면이 벗겨지기 시작한다.

많은 사람이 실패의 쓰라림을 맛보지만 사실 실패 그 자체는 큰 문제가 아니다. 널리 알려진 말처럼 '실패는 성공의 어머니'이기 때문이다. 진짜 문제는 실패한 채 그대로 주저앉아 다시 일어서려 하지 않는 패배의식이다.

고난도 유익이라고 했다. 실패를 통해 깨닫는 것보다 더 확실한 공부는 없기 때문이다. 실수와 착오는 자기 자신을 교육하는 가장 좋은 방법 가운데 하나다. 그리고 빼놓을 수 없는 또 하나의 중요한 점은, 아프고 쓰라린 경험을 수용할 수 있는 능력만큼 현명해진다는 것과 자신을 완전히 파괴시키지 않는 고난이라면 더욱 강하게 해준다는 사실이다.

나쁜 실패, 좋은 실패, 똑똑한 실패
.
.

실패에도 두 가지 종류가 있다. 하나는 나쁜 실패이고 다른 하나는 좋은 실패다. 나쁜 실패는 계획도 안 세우고 노력도 안 하다가 실패하는 것이고, 좋은 실패는 계획도 철저하게 세우고 열심히 노력했는데도 실패하는 것이다. 나쁜 실패로는 수백 번을 경험해도 성공의 문턱을 넘을 수 없지만, 좋은 실패는 언젠가 성공의 희열을 맛보게 해줄 밑거름이 된다.

여기서 우리가 생각해봐야 할 것은 좋은 실패다. 나쁜 실패는 언급할 필요조차 없다. 우리가 해야 할 일은 좋은 실패를 똑똑한 실패로 승화시키는 것이다. 좋은 실패가 똑똑한 실패로 승화되기 위해서는 실패의 경험이 창의적 성공의 원동력이 돼야 한다. 그리고 그것은 실패를 통해 다시 실패하지 않을 지식을 학습할 때 가능해진다.

실패로부터 새로운 지식을 학습하는 정도에 따라 실패는 다음 네 가지로 분류된다.

- 타고난 실패자Born loser : 실패로부터 지식을 학습할 역량도 없고, 새로운 도전을 하지 않아 실패 자체가 없는 사람

- 전문가Professor : 실패로부터 지식을 학습할 역량은 있으나, 새로운 도전은 꺼리는 사람

- 생존자Survivor : 실패의 위험을 감수하고 매번 새로운 도전을 하지만, 실패를 통해 지식을 얻지 못하는 사람

- 정복자Conqueror : 실패의 위험을 감수하고 새로운 시도를 하고, 실패를 통해 많은 것을 학습할 수 있는 사람

실패를 더 노력하라는 격려로 받아들여야 한다. 그러나 이런 사람은 소수에 불과하다. 이들은 절망적인 상황에 직면하면 그것에 대항하는 불가사의한 힘이 내부에서 자연스럽게 솟구치는 걸 느낀다. 성공자의 대열에 들어서는 사람들도 당연히 이런 부류다.

실패를 겪거나 불행을 당했을 때는 그것을 될 수 있는 한 빨리 과거의 일로 정리할 줄 알아야 한다. 그리고 미래를 향해 마음의 문을 활짝 열어야 한다. 그렇게 하면 실패는 인생의 수업료로 지불돼 미래에 행운을 가져다주는 씨앗이 된다.

실패할 수 있는 권리

•

세상에는 과거의 실패를 끌어안고 사는 사람이 많다. 과거라는 망령에 사로잡혀 허우적대는 것이다. 실패를 구성하는 일곱 가지 요소인 좌절, 공격, 불안, 외로움, 불확실, 분노, 공허함은 과거의 망령이 쳐놓은 덫이다.

덫에 걸린 그들은 자신도 모르는 사이에 마음속에 '나는 안 돼'라는 이름의 높고 두꺼운 장애물을 설치한다. 그러고는 그 장애물 앞에 서서 긴 한숨을 내쉬며 패배자라는 인식에 사로잡혀 수동적이고 나약한 삶을 살아간다.

비록 뼈아픈 실패를 경험했다 하더라도 그런 삶을 살아서는 안 된다. 아무 일 없었다는 듯이 툭툭 털어내고 담대하게 일어나야 한다. 우리에게는 그렇게 할 수 있는 특권이 있다. 특권은 선택할 수 있는 권리다. '더는 못 하겠어! 이젠 끝장이야!', '그래, 다시 한 번 해보는 거야!' 이 둘 중에서 하나를 선택할 수 있는 권리를 우리는 가지고 있다.

미국 실리콘밸리에는 IDEO라는 회사가 있다. 세계 최고의 디자인 회사다. 이 회사는 직원들에게 특별한 권리 하나를 부여하고 있다. License to Fail, 즉 실패할 수 있는 권리다. 실패해도 좋으니 과감하게 시도해보라는 의미다. 그 권리의 바탕에는 좋은 실패, 똑똑한 실패는 회사에 득이 된다는 인식이 깔려 있다.

우리 인생에도 마찬가지다. 좋은 실패, 똑똑한 실패는 삶에 득이 된다. 인생을 더 견고하게 하고, 더 지혜롭게 하고, 더 따뜻하게 한다. 그러므로 우리는 실패할 수 있는 권리를 최대한 활용해야 한다.

아무리 최악의 실패라 하더라도 거기서 아무런 이득을 얻을 수 없는 경우는 없다. 실패했다면 눈을 부릅뜨고 그 원인을 찾아내고 분석해야 한다. 실패로 머물 것이냐, 성공의 디딤돌로 삼을 것이냐는 오직 자신의 마음가짐에 달려 있다.

세월이 흐른 후에 돌이켜보면 실패가 보약이었다는 사실을 알게 된다. 그 실패의 교훈을 통해 똑같은 실수를 되풀이하지 않았을 테니까.

실패를 원하는 사람은 없다. 그러나 실패는 언제나 있을 수 있는 일이다. 실패했다면 즉시 눈을 미래 성공의 문으로 향해야 한다. 그렇게 하면 시간이라는 멋진 마술사가 좌절과 슬픔을 모두 가져가 버릴 것이다. 그리고 성공과 행복의 자물쇠에 꼭 맞는 행운의 열쇠를 가져다줄 것이다.

인생의 재구성
:

〈범죄의 재구성〉이라는 제목의 영화가 있었다. 다섯 명의 전문 사기꾼이 한국은행을 터는 과정을 그린 코믹 범죄물이다. 영화는 처음에 한국은행을 터는 장면을 보여주고, 그 사건의 원인부터 다시 보여주는 기발한 방식을 사용한다. 그래서 제목도 '재구성'이다.

우리 인생도 영화처럼 재구성할 수 있으면 얼마나 좋을까?

물론 재구성할 수 있다. 정말이냐고? 물론이다. 역발상의 지혜만

리셋, 유

있으면 된다. 생각을 뒤엎으면 되는 것이다. 역발상은 일반적인 생각의 패턴과는 반대되는 발상이다. 기존의 통념과 상식에 반하는 새로운 생각이다.

항상 늦잠을 자던 사람이 어느 날 갑자기 아침형 인간이 되기가 쉽지 않듯이 이미 형성된 사고의 틀을 하루아침에 바꾸기란 쉽지 않다. 하지만 고통을 감내하면서 과거의 틀을 깨고 나오면 새로운 세계를 경험하게 된다.

역발상을 이용하면 역경의 덫에서 쉽게 빠져나올 수 있다. 실패나 좌절, 슬픔이 찾아오면 '드디어 때가 되었군'이라고 생각하면 된다. 그리고 한발 더 나아가 '이 시기가 지나면 더욱 단련된 멋진 나 자신을 만나게 될 거야'라고 생각하기만 하면 된다.

물론 죽고 싶을 만큼 힘든 상황에서는 결코 쉽지 않은 일이다. 그러나 그렇게 해야만 한다. 왜냐하면 그렇게 생각하면 실제로 상황이 그렇게 되기 때문이다. 긍정의 끈, 희망의 끈을 끝끝내 놓지 않으면 결국에는 기적이 지쳐서라도 찾아온다.

실패하는 사람들의 가장 큰 특징은 과거 지향적이라는 점이다. 과거로 향하는 문을 닫기는커녕 기회가 있을 때마다 그 문을 향해 되돌아가 버린다. 항상 실패에 대해 이야기하며, 아무리 화제를 바꿔도 이야기의 중심을 실패에 둔다.

실패는 생각 여하에 따라 얼마든지 축복으로 재구성될 수 있다. 세상 사람들이 결점이라고 간주하는 조건도 장점으로 바꿀 수 있다. 실패자의 모습도 마음만 먹으면 성공자의 모습으로 거듭날 수 있다. 실패는 포기하지 않는 사람에게만 성공으로 가는 이정표가 된다.

'진정한 성공의 씨앗은 모진 역경의 주머니 속에 들어 있다'는 말이 있다. 이 얼마나 멋진 말인가. 역발상에 관한 표현 중의 백미白眉다. 힘든 상황에 처해 있는 사람에게는 칠흑 같은 어둠 속에 비치는 한 줄기 등대 불빛과도 같은 말이다. 이 한 줄기 불빛이 말한다. 인생의 재구성은 충분히 가능한 일이라고.

성공 스위치를 눌러라
:

성공한 이들은 삶의 스위치를 성공 쪽으로 돌린 사람들이다. 아무리 큰 어려움에 직면해도 포기하지 않는 사람들이다. 할 수 없다고 외치는 소극주의자들의 말에 귀 기울이지 않는 사람들이다. 실패를 뒤에 두면 따라오지 않는다는 것을 알고 있는 사람들이다.

한 소년이 있었다. 소년은 기차 안에서 물건을 팔았다. 그때 어떤 남자가 소년의 귀를 힘껏 잡아당긴 일이 있었다. 그 일로 말미암아 소년은 청력을 잃었다. 소년은 이 가혹한 경험을 안은 채 소극적인 일생을 보낼 수도 있었다. 그리고 다른 많은 사람처럼 자신의 에너지를 운명을 한탄하는 데 쏟아부을 수도 있었다. 하지만 소년은 그렇게 하지 않았다.

"귀가 안 들리는 것이 오히려 내게는 큰 도움이 됐습니다. 쓸데없는 수다를 듣지 않아도 됐으니까요. 게다가 마음속의 소리를 들을 수 있

리셋, 유

게 됐어요."

청력을 잃은 소년의 이름은 토머스 에디슨이다. 에디슨처럼 성공한 사람들이나 성공을 추구하는 사람들의 이야기는 언제나 미래가 핵심이다. 그들은 늘 향상에 관한 이야기를 한다. 그리고 그들의 마음은 언제나 미래를 향해 열려 있다. 그들이 바라보고 있는 것은 머지않아 실현될 자신들의 원대한 목표와 비전이다.

│ 실패로 가는 열 가지 장애물 │

- 다른 사람을 비난하는 타성
- 자신을 개인적으로 비난하는 경향
- 목표가 없다는 것
- 잘못된 목표를 선택하는 것
- 쉬운 길을 선택하는 것
- 너무 먼 길을 선택하는 것
- 작은 일들을 소홀히 하는 것
- 너무 빨리 단념하는 것
- 과거의 짐을 계속 짊어지고 가는 것
- 성공했다는 착각

눈앞에 놓인 장애물을 제거하고 새로운 길을 열어갈 수 있는 사람은 오직 자기 자신뿐이다. 중요한 것은 성공의 씨앗은 이미 자기의 마음속에 심어져 있다는 사실이다. 또한 자신에게는 마음속에 그리고 있는 목표를 실현할 힘도 있다. 지금이 바로 그 힘을 발휘해 성공 씨앗의 싹을 틔워야 할 때다.

우리의 수많은 인생선배가 친절하게도 우리에게 목표를 향해 나아가는 방법, 실패했을 때 대처하는 방법, 넘어졌을 때 다시 일어나는 방법을 자세히 가르쳐주고 있다. 우리는 그저 마음을 열고 받아들이기만 하면 된다.

1492년에 콜럼버스가 스스로에게 "거센 폭풍우가 몰려오니 되돌아가는 편이 낫겠다"라고 말했다면 신대륙이 발견될 수 있었을까? 발명왕 에디슨이 "나는 계속 실패만 하는 실패자야! 나는 안 돼!"라고 말했다면 이 세상은 어떻게 되었을까? 에이브러햄 링컨이 "도대체 나에게는 왜 이렇게 운이 따르지 않는 거야?"라며 연이은 좌절과 실패 앞에 무릎을 꿇었다면 대통령이 될 수 있었을까?

위업을 이룬 인생선배들의 가르침을 받은 우리는 이제 어떻게 해야 할까? 인생이라는 경기장에서 멋지게 한번 뛰어봐야 하지 않겠는가? 손에 상처도 입어보고, 발도 부르트고, 이마에 구슬땀도 흘리면서 목표를 향해 전력투구하는 삶을 살아야 하지 않겠는가?

리셋, 유

순간의
번뜩임을 붙들어라

인류 역사 가운데 오늘날만큼 상상력을 계발하는 데 적합한 시기도 없을 것 같다. 눈으로 보고 손으로 만지고 귀로 듣는 모든 것이 우리의 상상력을 자극하기에 충분하다. 기상천외한 제품들이 하루가 다르게 쏟아져 나온다. 머리가 어지러울 정도다.

　얼음 모양의 플라스틱 케이스 안에 물보다 빙점이 낮은 액체가 들어 있어 얼음의 역할을 하는 녹지 않는 얼음 special ice, 5밀리미터의 원사로 2톤 무게의 자동차를 들어 올리는 최첨단 화학섬유인 아라미드 섬유, 평범한 잉크처럼 쓰고 나면 곧 마르지만 잉크 안에 함유된 철분 입자가 남아 자석에 반응하기도 하고 전기도 흐르게 하는 마그네틱 잉크, 온도에 따라 색이 달라지는 유리 타일, 철분 파우더가 포함되어 자석 성분을 띠는 페인트….

인간은 상상력과 창의력을 통해 과거 어느 시기보다 더 많이 자연의 힘을 발견하고 이용하게 되었다. 1억 5,000만 킬로미터나 떨어진 태양을 분석해서 그 구성 물질을 밝혀냈으며, 천체망원경을 통해 우주의 신비로운 현상을 밝혀내고 있다. 또 인간의 두뇌가 생각의 주파수를 쏘아내고 받아들이는 역할을 한다는 것도 밝혀냈다.

이처럼 엄청난 위력을 발휘하는 상상력은 어떤 특징을 가지고 있을까? 상상력은 신체의 기관이나 근육과 마찬가지다. 사용하면 할수록 더욱더 예민해지며, 꾸준히 사용해야만 그 날카로움을 유지할 수 있다.

저울의 한쪽 추에 상상력이 매달려 있다면, 다른 쪽 추에는 끊임없는 도전이 매달려 있어야 한다. 그래야 균형을 잡을 수 있기 때문이다. 상상력만 있고 행동이 없으면 무엇이 이루어지겠는가?

우리가 할 수 있는 유일한 방법은 비록 불완전하다 할지라도 끊임없이 도전하는 것이다. 마치 작가가 한 권의 책을 쓰기 위해 수십 번이나 원고를 수정하는 것처럼. 정상의 자리를 차지하고 있는 세일즈맨이 수많은 거절의 경험을 가지고 있는 것처럼.

벼룩이 더 높이 뛰어오르지 않는 이유
·
·

유리병 속에 갇혀 있던 벼룩은 왜 더 높이 뛰어오르지 않을까? 연이어 유리뚜껑에 부딪히면서 자기의 한계를 인정했기 때문이다. 한계를 인정하면서부터는 유리뚜껑에 부딪히지 않을 정도로만 뛰어오른다. 그래서 유리막이 제거되었을 때도 더는 뛰어오르지 않는 것이다.

덩치가 큰 코끼리에게도 자기 한계는 똑같이 적용된다. 어릴 때부터 사슬에 묶여 있던 코끼리는 커서도 사슬을 끊지 못한다. 탈출하려고 발버둥쳤지만 아프기만 했던 어렸을 적 기억이 너무나 강하기 때문이다. 덩치가 커지고 힘이 세졌는데도 묶인 채로 사는 것이 당연하다고 여긴다. 사슬이 절대적인 존재가 된 것이다. 사슬을 끊지 못하는 것이 아니라 사슬에 묶여 있다는 사실 자체를 인식하지 못하는 것이다.

자기 한계는 벼룩과 코끼리 같은 곤충이나 동물에게만 적용되는 것일까? 아니다. 만물의 영장이라 하는 우리 인간에게도 마찬가지다. 사람에게도 잠재력 발휘를 막는 가장 큰 적은 자신의 능력과 재능에 한계를 짓는 생각과 행동이다.

사람 주위에 도저히 넘을 수 없을 것 같은 울타리를 치고 장애물을 만들어놓으면 대부분의 사람은 힘없고 온순한 양으로 전락해버린다. 자포자기 심정이 되는 것이다. 뛰어넘고 극복할 엄두를 내지 못한다. 재능과 잠재력은 그렇게 맥없이 사장되고 만다.

이런 상황을 간파해서였을까? 헬렌 켈러는 이렇게 말했다.

"인생은 대담무쌍한 모험이 아니면 아무것도 아니다."

모험하지 않는 삶은 의미가 없다. '가장 큰 실패는 도전하지 않는 것이다'라는 말도 있지 않은가. 하늘은 위험에 떳떳하게 맞서는 용기를 가진 사람에게 길을 열어주기 마련이다. 우리가 고개를 숙이고 풀이나 뜯기를 바랐다면 하나님은 애초에 우리를 양으로 만들었을 것이다. 그러나 인간은 두 다리로 똑바로 서서, 별을 쳐다보고 하늘을 향해 손을 뻗을 수 있게 만들어졌다. 거기에는 이유가 있지 않겠는가?

인생은 10단 기어 자전거
:

인생의 3대 악재라는 말이 세간에 회자된 적이 있다. '초년출세, 중년상처, 노년빈곤'이 그것이다. 처음에 이 말을 들었을 때 중년상처와 노년빈곤은 쉽게 이해가 갔다. 그런데 초년출세가 왜 여기 포함되는지 궁금했다.

알고 보니 젊어서 출세한 사람은 종종 독선과 아집에 빠지거나 교만해지기 쉽다는 것. 그리고 그 독선과 아집, 교만이 자신의 재능과 능력을 발휘하는 데 걸림돌이 된다는 것이다. 뜻을 알고 나니 절로 고개가 끄덕여졌다.

어떻게 하면 자신의 재능과 능력을 최대한 발휘할 수 있을까? 스티브 잡스와 빌 게이츠는 어떻게 상상하고 어떻게 창조의 길을 걸었을까?

세계적으로 유명한 산업디자인 전문가 김영세 이노디자인 회장은 상상에 대해 이렇게 말한다.

"평소에 생활하던 습관들, 즉 사물에 관심을 갖고 사용자를 관찰하고 스스로 경험하고 또 관련 지식을 챙김으로써 아이디어가 축적되는 것이다. 이것이 바탕이 되지 않는 아이디어는 상상이 아니라 공상이다."

그의 말대로 상상과 창조는 생각을 바꾸는 데서 비롯된다. 세상에 전혀 새로운 것은 없다. 엄밀히 말해 모든 창작물은 모방이다. 이미 있는 것을 찾아내서 경험하고, 고민하고, 조합하고, 도전하는 과정을 통해 새로운 것이 만들어진다.

찰리 브라운과 스누피로 유명한 만화작가 찰리 슐츠는 이런 말을 남겼다.

"인생은 10단 기어 자전거와 같다. 우리 대부분에게는 결코 사용하지 않는 기어가 있다."

이 말이 맞는지 틀리는지를 확인하는 방법은 그다지 까다롭지 않다. 학창 시절 운동에 남다른 재능을 보였지만 지금은 뚱보로 변해버린 친구는 없는가? 젊은 시절 열정으로 가득 차 긍정의 아이콘으로 불렸지만 지금은 나이가 들어 무조건 고개부터 내젓는 친구는 없는가? 학창 시절에 신동으로 불렸지만 성인이 된 지금은 별 볼 일 없는 일자리에 매여 쩔쩔매며 사는 친구는 없는가?

이들은 자신에게 주어진 능력과 재능을 제대로 발휘하지 못하고 있는 사람들이다. 이들은 페달을 밟기가 쉬운 저속 기어만 계속 사용해온 것이다. 그러나 저속 기어는 밟기에 쉽고 편하지만 그만큼 바퀴가 겉돌아서 구덩이에 빠지기도 쉽다. 안타깝게도 우리 주변에는 저속 기어를 선호하는 사람들이 너무나 많다.

아이디어 하나로 100만 달러를 모금하다

:

사고의 번뜩임이라 할 수 있는 아이디어는 모든 성공의 출발점이다. 아이디어는 흘러가는 생각일 뿐이어서 순식간에 나타났다 사라진다. 그래서 아이디어가 떠올랐을 때는 다시 찾을 수 없는 곳으로 사라지지 않도록 붙잡아둬야 한다. 글이든, 그림이든, 마인드맵이든 모든 방법을 동원해서 기록해야 한다.

아이디어는 상상력에서 나온다. 아이디어에는 정해진 가격이 없으며, 아이디어를 만들어낸 사람이 스스로 그 가격을 정한다. 그리고 조금만 영리하다면 큰 부를 얻을 수 있다. 다음은 아이디어를 활용해 성공한 사례들이다.

: 사례 1

1890년도 일이다. 프랭크 건셀러스 씨는 목사이자 교육자였다. 그는 미국 교육제도에 많은 결함이 있는 것을 발견했고, 제도권 교육의 맹점들을 없앤 새로운 대학을 설립하기로 마음먹었다. 100만 달러가 필요했다. 어디서 그토록 큰돈을 만들어낼 수 있을까? 매일 밤 그는 그 생각을 하며 잠자리에 들었고, 아침이면 그 생각과 함께 깨어났다. 그렇게 2년의 세월이 지나갔다. 어느 날 아이디어가 떠올랐다. 신문사로 찾아가 '나에게 100만 달러가 생긴다면 무엇을 할 것인가?'라는 제목으로 설교를 하겠다고 선언했다. 그의 설교는 훌륭했다. 설교를 마쳤을 때 한 남자가 단상을 향해 다가왔다. 필립 아머라는 이름의 그 남자는 "훌륭한 설교였다. 당신에게 100만 달러가 생긴다면 당신이 하려는 모든 일을 잘해낼 것이라고 믿는다"고 말하고 다음 날 100만 달러를 건넸다. 아머 공과대학(현재의 일리노이 공과대학)은 그렇게 설립됐다. 절실한 아이디어 하나가 대학교를 만든 것이다.

: 사례 2

일반적인 사출금형을 할 때 금형 안에 액체 수지를 공급하는 스프루와 러너, 즉 공급 통로가 필요하다. 그런데 제품을 사출한 뒤 이 통로 부분도 굳어져 함께 달려 나오기 때문에 별도로 다듬어주어야 하는 불편함이 있다. 1980년도에 유도실업을 설립한 유영희 회장은 이런 불편함을 해결하기 위해 고민하다 핫 러너hot runner를 개발했다. 핫 러너는 플라스틱 제품 생산용 금형에 들어가는 핵심부품으로 금형 안에서 원료가 굳지 않고 골고루 퍼지도록 열선을 내장하고 있다. 핫 러너 시스템을 설치하면 스프루와 러너 부분까지 열이 공급되므로 항상 유동화 상태를 유지한다. 따라서 제품만 깔끔하게 떨어져 나가게 되므로 생산성과 품질을 획기적으로 높일 수 있다. 유도실업은 핫 러너 분야에서 부동의 세계 1위 기업으로, 이 회사의 핫 러너는 업계에서 완벽을 넘어선 기술 명작으로 불린다. 이 회사의 세 가지 사훈 중 하나가 바로 '혼을 녹이는 열정'이다. 핫 러너 개발도 혼을 녹이는 열정이 있었기에 가능한 일이었다.

: 사례 3

한 늙은 시골 의사가 마차를 몰고 시내로 들어왔다. 그는 어느 약국의 뒷문을 통해 들어가 젊은 약사와 조제실 칸막이 뒤에서 한 시간이 넘도록 낮은 목소리로 이야기를 나누었다. 마침내 의사가 일어나더니 마차로 되돌아가 주전자 하나와 막대기 하나를 가지고 왔다. 그걸 받은 약사가 의사에게 돈뭉치를 건넸다. 그 돈은 당시로써는 상당히 큰돈인 500달러였고, 약사의 전 재산이었다. 의사는 비밀스러운 공식이 적힌 쪽지도 약사에게 건넸다. 이때 약사가 사들인 것은 의사의 아이디어와 알라딘의 램프를 능가하는 황금을 쏟아내는 주전자였다. 그 주전자를 사들인 사람은 아사 캔들러였고, 그 주전자에서 나온 것이 바로 코카콜라다.

미래를 결정하는 것은
오늘의 습관이다

147센티미터 키에 몸무게 46킬로그램인 박태종 기수. 푸른 바탕에 노랑과 빨강 줄무늬가 새겨진 상의를 트레이드 마크로 하고 있는 그가 눈이 오건 비가 오건 새벽 여섯 시면 과천경마장에 도착해 세 시간 동안의 오전 일과를 하루도 빠짐없이 계속하지 않았다면, 말의 특성을 노트에 빼곡히 적는 노력을 기울이지 않았다면, 2013년 1월 경마 1,800승 대기록을 달성할 수 있었을까?

산악인 엄홍길 씨. 그는 1998년 안나푸르나 원정 당시 크레바스에 빠지는 셰르파를 구하려다 발목이 180도 돌아가는 중상을 입고 사흘 밤낮을 진통제로 버티며 기어 내려왔던 일을 잊을 수 없다. 만약 그가 그 일로 겁에 질려 산에 오르기를 포기했다면, 2007년 5월 31일 8,000미터 고봉 16좌를 세계 최초로 등정한 산악인이 될 수 있었을까?

야구선수 이승엽. 아플 때마다 벤치에서 쉬거나 힘들다고 요령을 부렸다면 세계 최연소 300홈런(2003년), 아시아 최고 홈런왕(2003년), 한일 통산 500홈런(2012년)의 대기록을 세울 수 있었을까?

이 세 사람은 자신의 분야에서 성공한 삶을 살고 있는 이들이다. 이들의 성공비결은 도전정신과 성실성, 인내력, 추진력, 프로정신, 전문지식 등으로 요약할 수 있다.

"인생이요? 등산이랑 비슷하지 않을까요? 쉬지 않고 끊임없이 도전하다 보면 어느새 내 발아래 놓여 있는 거. 또 그런 순간이 지나면 내리막길이니 더욱 조심해야 하는 거."

엄홍길 씨의 말이다. 그의 말대로 오르막이 있으면 내리막이 있고, 기쁜 일이 있으면 슬픈 일이 있고, 그렇게 희비가 섞이는 게 우리 삶이다.

빙설과 벼랑 끝에서 추구하는 산악인의 모험정신을 알피니즘Alpinism이라고 한다. 알피니즘이 추구하는 것은 고도Altitude가 아니라 태도Attitude다. 남들이 굳이 가지 않는 험난한 길을 개척해 오르려는 의지를 말한다. 아무도 가지 않았기에 그들이 가면 길이 되는 것이다. 그리고 우리는 그들의 그런 태도에 박수를 보낸다.

리셋. 유

습관, 그중에서도 생산적인 습관

•

사람들은 누구나 성공적인 삶, 행복한 삶을 살기를 원한다. 그런 삶을 위해서는 여러 가지 기본적인 조건을 갖춰야 한다. 시간관리 능력, 행동을 취할 용기, 좋은 성품과 원만한 인간관계 등이 그것이다.

무엇 하나 중요하지 않은 게 없지만 성공의 탑을 쌓기 위해 그것들에 앞서 중요한 것은 특별히 좋은 습관을 갖는 것이다. 습관은 사람의 미래와 인생을 결정할 정도로 중요하다. 습관은 '너무나 기계적이어서 중단하기 어려운 습득된 행동의 형태'라고 사전에 정의되어 있다.

생산적인 습관을 지닌 사람은 비생산적인 습관을 지닌 사람에 비해 더 잘 관리하고, 더 성공하고, 더 충만한 삶을 살게 된다. 생산적인 습관이 인생의 자산이라면 비생산적인 습관은 인생의 부채라고 볼 수 있다.

스티븐 코비는 《성공하는 사람들의 7가지 습관》에서 이 같은 사실을 뒷받침하고 있다. 그는 오랜 세월 성공한 사람들을 연구해 이들의 공통분모를 찾아내려고 노력했는데, 그가 발견한 것은 생산적이고 효율적인 습관의 놀라운 능력이었다.

이런 격언이 있다. "인간은 스스로의 미래를 결정하지 않는다. 인간은 단지 스스로의 습관을 결정할 뿐이다. 그리고 이 습관이 인간의 미래를 결정한다." 이 말처럼 성공과 실패는 우리의 습관에 좌우된다. '생각은 말이 되고, 말은 행동이 되고, 행동은 습관이 되고, 습관은 인격이 되고, 인격은 운명이 된다'는 말도 있지 않은가.

자신이 기업을 경영하는 경영인이라고 가정해보자. 시간관리를 잘하는 사람을 뽑겠는가, 아니면 일을 미뤄두었다가 마지막에 허둥지둥하는 사람을 뽑겠는가. 또 퇴근 후 집에서 자신의 업무와 관련된 전문지나 경영서적을 읽는 습관을 지닌 사람을 승진시키겠는가, 아니면 밤새 소주잔을 기울이거나 TV 리모컨을 만지작거리는 사람을 승진시키겠는가.

자신의 현재 습관에 대한 재고정리를 해야 한다. 내내 옷장만 차지하고 입지 않는 옷을 치우듯이 비생산적인 습관을 버려야 한다는 얘기다. 그리고 그 자리에 생산적인 습관을 채워 넣어야 한다. 생산적인 습관이 성공의 문을 여는 키워드이기 때문이다. 그러나 비생산적이고 나쁜 습관은 절대로 그냥 사라지지 않는다. 뼈를 깎는 각고의 노력을 기울여야 한다.

습관은 씨앗과 같다. 습관이 즉각적으로 열매를 맺는 것은 아니다. 꽃이 피고 열매를 맺을 때까지 여러 해가 걸릴 수도 있다. 그러나 한 가지만은 명확하다. 생산적인 습관은 언젠가는 생산적인 결과를 불러온다는 사실이다.

그녀는 항상 앞을 내다보고 일했습니다
●

생산적인 습관, 좋은 습관만큼이나 중요한 것이 성공하고자 하는 의지다. 그러나 성실한 준비가 동반되지 않은 성공의지는 동전 한 닢

만큼의 가치도 없다. 성공은 결코 우연히 만날 수 있는 것이 아니다. 성공한 사람들은 애완견을 데리고 산책하러 나갔다가 금단지를 발견하는 횡재를 한 사람들이 아니다. 세상에 공짜는 없는 법이다.

그들은 이루고자 하는 목표와 관련된 지식을 얻고, 기술을 익히고, 제품을 만들고, 노하우를 축적하고, 마케팅을 하는 데 수많은 시간과 돈을 투자한 사람들이다. 성공은 지칠 줄 모르는 준비의 힘이 만들어낸 결과다.

진정으로 성공하고 싶은가? 그렇다면 철저하게 준비해야 한다. 준비에 몰입한 만큼, 흘린 땀방울의 숫자가 많은 만큼 수확할 수 있는 열매도 많아진다. 성실함은 성공의 가장 강력한 동반자다. 성실의 결여, 준비의 부족으로는 결코 원하는 것을 이룰 수 없다.

철저한 준비가 얼마나 중요한지를 보여주는 선명한 사례가 있다. 트루디라는 이름을 가진 스튜어디스에 관한 이야기다.

그녀는 여행을 좋아했다. 여행을 다니면서도 늘 가슴속으로는 그 이상의 뭔가를 원하고 있었다. 그래서 자신의 사업이 하고 싶어졌고, 여행사를 해보면 좋겠다고 생각했다. 사업에 대해 열망이 커진 그녀는 세계를 여행하면서 훌륭한 도시들과 가볼 만한 곳들, 호텔 시설, 교통편 등 세밀한 부분까지 조사했다. 여행객들이 무엇을 원하는지, 어디로 가기를 원하는지, 왜 그곳을 좋아하는지도 연구했다.

그녀는 그렇게 준비하는 동안 여행과 관련된 지식과 정보들을 쌓아갔다. 승객들이 어떤 질문을 해오더라도 만족스럽게 대답해줄 수 있을 정도였다. 특히 자신이 좋아하는 곳에 대해 적어놓은 노트를 늘 가지고 다니면서 여행객들에게 특별한 상점이나 식당에 관한 유익한 정보를 알려주었다.

　마침 그녀의 비행사 간부가 서비스 상태를 알아보기 위해 은밀히 조사를 하고 있었다. 그러다 트루디가 일하는 모습을 보고 관심을 가졌다. 그녀는 매우 능력이 있어 보였고, 고객들이 필요로 하는 것을 재치 있게 도와주곤 했다. 심지어 그녀는 자신이 휴식을 취하도록 되어 있는 시간에도 아이 어머니가 편히 쉴 수 있도록 아이를 안아줄 정도였다.

　"그 스튜어디스는 스튜어디스로 있기에는 너무 아깝습니다. 그녀는 여행지에 대해 모든 것을 알고 있는 만물박사였고, 그녀는 항상 앞을 내다보고 일을 했습니다."

　그 간부가 여행에서 돌아온 후 회의석상에서 한 말이다. 얼마 후 그녀는 승진했고, 나아가 자신이 목표로 했던 여행사를 차릴 수 있었다.

전문가 되기와 지식인으로 거듭나기
　•

　트루디의 사례가 말해주듯 성공의 문을 여는 또 하나의 열쇠는 전문지식이다. 전문지식이야말로 성공으로 향한 길에 없어서는 안 될 설계도다. 또 자신의 시장가치를 최대한으로 높일 수 있는 비밀 병기이기도 하다.

리셋, 유

일반지식은 성공을 준비하는 과정에서 중요한 역할을 담당하지만, 결코 그 자체가 목적은 될 수 없다. 전문지식이 있어야만 나아가야 할 정확한 방향을 설정할 수 있으며, 그 방향이 옳은지 어떤지를 분석하고 평가할 수 있다.

자신의 분야에 대한 전문지식을 가진 사람, 혹은 한평생 어떤 일을 하여 그 분야에 일가견을 가진 사람을 우리는 전문가라고 부른다. 전문성은 자신과의 싸움에서 이김으로써 쌓아지는 것이다. 대학에 들어가고 석사나 박사학위를 따는 것도 전문가가 되기 위함이다.

그렇다고 전문가가 되기 위해서는 굳이 대학에 들어가야 하고 석·박사학위를 따야만 한다고 말하는 게 아니다. 그만큼 자기 분야에 대한 전문적인 지식을 쌓는다는 것이 중요하다는 말이다. 어떤 방법을 통하든 전문적이고 해박한 지식과 소양을 가지고 있어야 한다.

마이크로소프트 창업자인 빌 게이츠는 대학을 중도에 포기했고, 자동차 왕 헨리 포드는 고등학교도 졸업하지 못했으며, 발명왕 토머스 에디슨도 초등학교 4학년까지 다닌 게 받은 교육 전부였다. 이들의 성공은 인생 전반에 걸친 배움의 열정이 있었기에 가능했다.

오늘날 지식과 정보를 얻는 것은 원숭이가 나무를 오르는 것만큼 쉽다. 각종 강연과 동호회, 인터넷, 서적, 테이프 등 정보를 얻을 방법은 사방에 널려 있다. 어떤 변명도 자신의 전문지식 습득의 게으름을 해명해줄 수 없다. "읽을 수 있지만 읽지 않는 사람은 읽지 못하는 사람만큼 빈곤하다"라는 말도 있다.

전문지식을 가진 사람은 지식인으로 거듭나야 한다. 지식인은 다른 사람의 권리를 침해하지 않고 서로 협력하면서 자신의 소망을 달성해나갈 줄 아는 사람이다. 지식은 올바르고 바람직하게 활용되어야 한다. 그것이야말로 지식이 생명력을 부여받는 유일한 방법이다.

또 한 가지 중요한 사실은 성공을 위해 사다리의 맨 밑에서부터 시작할 필요는 없다는 것이다. 자신의 최종 목표를 실현하기까지의 기간을 최대한 단축하는 것은 무척 현명한 일이다. 물론 그 사다리의 중간에서부터 오르려는 사람이라면 전문지식을 갖춰야 한다.

리셋. 유

걸작과 졸작을 가르는
작은 붓놀림, 태도

일본 사가 현 다케오 시 유자키 마을에는 누이노이케라는 2,000평 정도의 아담한 연못이 있다. 일본 후생성이 정해놓은 '맛있는 물' 기준을 만족시키고 있으며, 물을 병에 담아 팔자는 외부의 제안이 있을 정도로 깨끗하다.

원래 이 연못은 지하수가 솟아올라 생성된 자연 연못이었다. 그러나 생활과 농업용으로 지하수를 퍼 올리는 바람에 거북이 등처럼 말라붙었고, 종국에는 썩는 냄새가 진동했다. 1950년대 후반의 상황이었다.

그러자 연못의 아름다웠던 옛 모습을 잊지 못한 주민들이 연못을 살리기 위해 팔을 걷어붙였다. 그로부터 10년 후부터는 모두가 연못

살리기에 나섰다. 메마른 연못에 지하수가 고이도록 연못 인근의 지하수 사용을 줄였고, 지하에서 퍼 올려 사용하던 생활용수나 농업용수도 수도나 강물로 대체하는 것이 당연시될 정도였다.

40여 년의 끈질긴 노력 끝에 지난 2001년부터는 기적처럼 연못에 다시 물이 고이기 시작했다. 신이 난 260여 명의 마을 주민은 깨끗한 물 만들기에 더욱 혼연일체가 됐다. 연못 주변 환경을 정비하고 오수의 유입도 철저하게 차단했다.

썩었던 마을 연못이 오랜 세월에 걸친 마을 주민들의 자발적인 노력으로 아름다운 연못으로 변했다는 이야기는 스토리가 됐다. 관광객들을 끌어들이는 관광 상품이 된 것이다.

'가랑비에 옷 젖는다'는 말이 있다. 아주 사소한 것들로 말미암아 큰일이 생기는 것을 말한다. 가랑비쯤 우습게 생각하고 오랫동안 비를 맞다 보면 속옷까지 다 젖게 되고, 감기에 걸리게도 되는 것이다. 이 가랑비 원리는 주변에서 쉽게 발견할 수 있다.

정말 중요한 것은 사소한 것들이다

•

'행동의 미학', 작은 행동들이 모여 큰 결과를 이루어낼 때 이보다 더 적절한 표현이 있을까. 우리는 작은 행동이 어떤 목표를 향해 지속되기만 하면 어떤 분야에서건 놀랄 만큼의 큰 결과를 불러올 수 있다는 것을 안다. 돈이 그렇고, 건강이 그렇고, 시간이 그렇다.

매달 조금씩 저축하면 오랜 세월이 흐른 후에 상당한 정도의 목돈을 쥘 수 있다. 매일 조금씩 걷거나 뛰기만 해도 1년에 체중을 5~10킬로그램 정도는 줄일 수 있다. 또 아침에 30분만 더 일찍 일어나도록 자명종을 맞춰놓고 그 시간을 독서나 운동에 투입한다면 놀랄 만한 결과를 반드시 얻을 수 있다. 이처럼 매일의 작은 행동들이 한 방향으로 모이면 큰 결실을 볼 수 있다.

우리가 매일 하는 일과 우리가 맡은 책임은 때로 사소하고 보잘것없어 보일 수도 있다. 집을 청소하는 일에서부터 자녀를 돌보는 일, 차를 고치는 일, 도움이 필요한 낯선 사람을 돕는 일까지. 그러나 무슨 일을 하든 그 일은 소중하다. 우리만이 가진 재능과 능력을 발휘할 수 있도록 해주기 때문이다.

따라서 우리가 어디에서 무엇을 하든지 간에 우리는 더 잘하기 위해, 또 목표를 달성하기 위해 노력해야 한다. 그럴 때 재능은 더 발전하고 우리 삶은 더 풍요로워질 것이다. 그런 연유로 우리는 사소한 것들을 즐길 줄 알아야 하고 사소한 것들에 집중할 수 있어야 한다. 어느 날 되돌아보았을 때 그것들이야말로 중요한 것이었음을 깨닫게 될 테니까.

톨스토이는 "모든 사람이 세상을 바꾸겠다고 생각하지만 누구도 자신을 바꿀 생각은 하지 않는다"라고 말했다. 이 말은 사람들이 자신의 의지대로 쉽게 할 수 있는 일은 내버려두고, 현실적으로 실현하기 힘든 크고 위대한 것만 생각함을 꼬집은 것이다.

작은 붓놀림 하나하나가 모여 다채로운 색상과 질감이 살아 숨 쉬는 아름다운 미술 작품을 만들어낸다. 단어 하나하나가 모여 아름다운 시를 만들어내며, 음표 하나하나가 모여 훌륭한 교향곡을 만들어낸다. 우리 삶도 마찬가지다. 작고 의미 있는 행동들이 하나씩 모여 인생을 최고의 걸작으로 만들어간다.

한 번에 한 계단씩

심리학에서 연구를 통해 밝혀낸 가장 기본적인 법칙이 하나 있다. 아무리 뛰어난 사람이라도 한 번에 한 가지 이상의 것을 생각하는 것은 불가능하다는 것이다.

실험을 한번 해보자. 지금 당장 의자에 똑바로 앉아 눈을 감아보라. 그리고 내일 아침에 회사에 출근해서 가장 먼저 해야 할 일과 다음 주에 읽기 위해 구입할 책의 리스트를 작성하는 일을 동시에 해보라. 번갈아서 한다면 큰 문제 없이 해내겠지만 동시에는 할 수 없다는 것을 알게 될 것이다.

우리 삶도 마찬가지다. 우리는 성공을 향한 상징물로 흔히 사다리를 이야기한다. 사다리는 우리가 어떤 목표에 도달하고자 할 때 사용하는 도구로 수평이 아니라 수직으로 이용하도록 만들어져 있다. 따라서 사다리는 위로 올라가기 위해서만 사용되어야 한다. 또 사다리의 꼭대기에 오르기 위해서는 한 번에 한 계단씩, 계속해서 위로 올라가야 한다.

한 번에 한 계단씩 오르는 것의 중요성과 실천하는 행동력의 중요성을 잘 표현한 시가 있다. 작자 미상인 이 시의 제목은 '오늘 나는 무엇을 했나?'이다.

앞으로 평생 동안 많은 일을 해야지.

그러나 오늘 나는 무엇을 했나?

나의 부를 관대하게 기부해야지.

그러나 오늘 나는 무엇을 기부했나?

하늘에 저택을 지어야지.

그러나 오늘 나는 무엇을 지었나?

게으름에 젖어 꿈을 꾸는 것은 달콤하지.

그러나 내가 하지 않는다면 누가 할까?

맞아, 이것은 모든 이가 던져보아야 하는 질문.

오늘 나는 무엇을 했나?

이 시가 말하는 것처럼 원대한 꿈이 있다 하더라도 오늘 무엇인가를 행동으로 옮기지 않는다면 결실을 볼 수 없다. 성공도 마찬가지다. 한 계단씩 지속적으로 오르려는 노력이 필요하다.

사람에게는 누구나 평범의 늪을 벗어나고자 하는 욕망이 있다. 그러나 평범의 늪을 벗어나서 사다리 꼭대기로 올라가고자 노력하는 사람은 무척 드물다.

현대를 살아가는 사람들은 언제나 일에 떠밀려 산다. 그러나 시간이 없다고 허둥댈 필요는 없다. 또 초조해할 필요도 없다. 한 번에 한 가지씩 일을 처리하면 되기 때문이다. 또 심리학자들의 연구대로 어차피 한 번에 한 가지 일밖에는 처리할 수 없다.

그때 한 남자를 구하지 않았더라면

:

황금 같은 기회는 우리가 잡을 수 있을 만큼의 거리에 서서 우리가 그들을 잡을 수 있도록 항상 기회를 준다. 기회를 향한 첫걸음은 특별하지 않을 수도 있다. 사실 그것은 거대한 도약이 아니라 단지 한 걸음에 불과하다.

그러나 의미 없는 것처럼 보이는 한 걸음일지라도 최선을 다한다면, 우리는 그다음 그리고 그다음 걸음을 뗄 수가 있다. '천 리 길도 한 걸음부터'라는 속담도 있지 않은가. 가장 높은 탑도 땅에서부터 시작하며, 성을 건축하려면 작은 벽돌 하나부터 쌓아야 한다. 중요한 것은 오늘 어떤 걸음을 내디딜 것인가 하는 것이다.

삶의 순간순간은 자신의 특별한 재능과 능력을 발휘하고 발전시킬 수 있는 단 한 번의 유일한 기회들이다. 또 현재의 위치에서 자신이 가진 능력으로 최선을 다할 수 있는 절호의 기회이기도 하다. 기회의 문은 언제나 열려 있지만, 그 기회는 한번 지나가면 영원히 잡을 수 없다.

"내가 만약 콜카타 거리에서 죽어가는 한 남자를 구하지 않았다면,

리셋, 유

나와 선교사들은 수십만 명의 사람들을 도울 생각을 하지 못했을 것이다."

마더 테레사가 한 말이다. 그녀의 위대한 선교는 사람을 불쌍히 여기는 작은 마음과 그런 마음이 든 순간 하나님의 명령에 '예'라고 대답하며 행동으로 실천하면서부터 시작되었다. 그녀의 말대로 그때 한 사람을 구하지 않았더라면 그녀의 그토록 숭고한 삶은 없었을지도 모른다.

마더 테레사의 예에서 한 사람의 운명이 만들어지는 과정을 생각해볼 수 있다. 그녀의 첫 행동은 별 의미 없는 작은 행위에 불과했다 그렇지만 선한 의지가 가미된 그 행동을 반복할 때마다 확신과 영향력이 생기고, 거기에 또 하나의 행동이 더해져 마침내 돌이킬 수 없는 거대한 물줄기가 된 것이다.

사람과 사람 간의 차이는 그리 크지 않다. 그러나 이 작은 차이가 결국에는 큰 차이를 만든다. 이 작은 차이에 붙여진 이름이 '태도'이며, 큰 차이는 평범함과 탁월함을 가른다.

푸른 숲이 되려거든
함께 서라

철로를 따라 걷던 세 명의 소년이 있었다. 그중 하나는 운동신경이 매우 발달했기에 매일 다른 소년 둘과의 내기에서 이겼다. 마을에서 1킬로미터 가량 떨어진 위치에서 이 운동신경이 발달한 소년이 다른 두 소년에게 또 다시 내기를 제안했다. 누가 선로 위에 올라가 가장 멀리 걸어갈 수 있는가 하는 것이었다.

"내가 먼저 할게!" 그 소년은 자신감에 넘치는 목소리로 말했다. 곧장 한 쪽 선로 위로 올라가 90미터 정도를 걷고는 떨어졌다. "나를 한번 이겨 봐!" 의기양양해진 소년이 소리쳤다.

이 소년보다 운동을 잘 못하는 두 소년은 머리를 맞대고 이길 방법을 강구 했다. 이전의 방법으로는 이길 수 없다는 사실을 잘 알고 있었다. 우선은

리셋, 유

한 소년이 다른 소년의 도움을 받아 한쪽 선로 위로 올라가 균형을 잡았다. 그런 후 도와준 소년이 다른 한쪽 레일로 가서 먼저 올라간 소년의 손을 잡은 채로 선로 위로 올라가 조심스레 균형을 잡았다.

두 소년은 서로 손을 잡은 채로 양쪽 선로 위를 걷기 시작했다. 마을에 도착할 때까지 그들은 떨어지지 않았다.

이 일화는 구체적인 목표를 달성하기 위해서는 두 사람이 협력하는 것이 혼자 하는 것보다 훨씬 큰 결과를 가져온다는 것을 보여주는 좋은 예다. 우리는 혼자일 때보다 함께 일하면서 더 많은 것을 이룰 수 있다. 힘을 합할 때 우리의 노래는 웅장한 음악회가 되고, 우리의 몸짓은 아름다운 군무가 된다.

인생은 독주가 아니라 계주

•

'빨리 가려거든 혼자 가라. 멀리 가려거든 함께 가라. 빨리 가려거든 직선으로 가라. 멀리 가려거든 곡선으로 가라. 외나무가 되려거든 혼자 서라. 푸른 숲이 되려거든 함께 서라.'

아프리카 원주민 속담이다. 이 속담의 방점은 '푸른 숲이 되려거든 함께 서라'에 찍혀야 한다. 실제로 인생의 풍요로움과 사업의 성공은 모두 다른 사람과의 협력과 조화로 이루어진다. 혼자서 할 수 있는 일은 거의 없다. 결국 성공한 삶은 개인전이 아니라 단체전이어야 하며, 독주가 아니라 계주여야 한다.

우리 속담에 '구슬이 서 말이라도 꿰어야 보배'라고 했다. 아무리 훌륭한 요소를 많이 갖추고 있어도 다듬고 정리하지 않으면 요소들이 제 가치를 발휘할 수 없다. 다섯 손가락이 서로 떨어져 있으면 조직의 다섯 구성단위가 되지만, 손가락으로 주먹을 만들면 힘이 배가되는 것과 같은 이치다.

야구 경기 중 하나인 스몰 볼small ball이라는 경기도 '꿰어야 보배', 즉 협력을 중요시한다. 장타가 아닌 단타와 번트로 점수를 내는 경기다. 개인플레이를 최대한 자제하고 팀플레이로 세밀하게 경기를 풀어나가야 승리할 수 있다.

《칭찬은 고래도 춤추게 한다》라는 책으로 우리에게 잘 알려진 미국 경영컨설턴트 켄 블랜차드는 《하이파이브》에서 팀워크 향상의 네 가지 비결을 제시한다. 그중 하나인 '우리 모두를 합친 것보다 현명한 사람은 아무도 없다'는 문구는 가슴에 깊게 새겨야 할 경구다. 나머지 세 가지는 목적의식 및 가치와 목표를 공유할 것, 고난도 기술을 개발할 것, 자주 포상하고 인정할 것 등이다.

우리 인간의 두뇌는 배터리와 유사한 방식으로 기능한다. 배터리의 용량에 차이가 있듯이 사람의 두뇌에도 차이가 있다. 그리고 여러 개의 배터리를 연결하면 한 개의 배터리만 있을 때보다 더 많은 에너지를 내듯이 여러 사람의 두뇌가 조화로운 상태에서 하나의 목표를 향해 협력하면 보다 큰 힘을 발휘한다.

혼자서 노력하는 것보다 주위에 조력자를 가진 사람들이 더 큰 결

리셋. 유

과를 얻는 것은 당연한 일이다. 어떤 형태로든 성공하고 부를 쌓은 사람들은 의식적으로든 혹은 무의식적으로든 이 협력집단의 힘을 활용했다고 볼 수 있다.

지혜로운 사람은 행동할 수 있는 사람

•

개인의 삶도 조직화돼야 한다. 훌륭한 삶은 조직화된 삶이며, 조직에 잘 적응하는 사람이 성공하는 사람이다.

사람의 머릿속에 든 지식은 명확한 목표를 향해 체계화되어 활용되지 않으면 흩어져 있는 구슬에 불과하다. 지식이 힘이 될 수 있는 것은 목표를 향한 행동계획 안에서 활용되었을 때뿐이다. '지식이 서 말이라도 꿰어야 보배'인 것이다.

지혜로운 사람이란 지식을 풍부하게 갖춘 사람을 가리키는 게 아니다. 지식이 필요할 때 어떻게 하면 올바른 지식을 얻을 수 있는가를 알고, 확보한 지식을 체계화하여 계획을 세우며, 그에 기초하여 행동할 수 있는 사람이 지혜로운 사람이다.

중요한 것은 지식을 얼마나 잘 활용해서 쓰느냐에 달렸다는 것이다. 전문지식을 갖추지 못했다고 해서 한탄할 필요는 조금도 없다. 필요한 전문지식을 가진 사람들의 협력을 구하면 되기 때문이다. 도움과 가르침을 청하는 일을 부끄러워해서는 안 된다. 그 도움과 가르침이 때로는 기회의 문을 열어주는 열쇠가 되기도 한다.

가난하고 글도 읽을 줄 모르며 지식이라곤 하나도 없는 상태에서 일을 시작한 헨리 포드는 어떻게 10년이라는 짧은 기간에 자신의 핸디캡을 극복하고, 25년 만에 미국 최고의 부자가 될 수 있었을까? 그의 주변에 든든한 협력자가 있었기에 가능했다. 포드가 가장 두드러진 발전을 이룩한 시기에 그의 옆에는 에디슨이라는 친구가 있었다는 점을 눈여겨볼 필요가 있다.

지식을 얻기 위해서는 먼저 자신의 인생목표를 달성하기 위해 어떤 전문지식이 필요한지를 명확히 알아야 한다. 그것이 결정되면 그 지식을 어디서, 어떻게 해서 손에 넣을지를 생각하면 된다.

지식은 주로 자신의 체험이나 교육을 통해 얻게 되지만 주위에 있는 협력자들이나 인터넷, 도서관, TV 등을 통해서도 얻을 수 있다. 전문지식은 필요하다면 길거리 모퉁이에서조차 주워 모을 수 있다.

독수리가 될 것인가, 오리가 될 것인가
•

어떤 사람들과 사귀느냐 하는 것도 중요하다. 삶의 질을 결정하고 인생의 성패를 좌우할 수 있기 때문이다. 어떤 사람들을 만나고, 어떤 사람들과 관계를 강화해야 할까.

인간관계를 맺을 때는 평생 관계를 지속할 수 있고 나에게 긍정적인 영향을 미칠 수 있는 사람을 찾아야 한다. 항상 긍정적이고 적극적이며 구체적인 목표를 가지고 있는 사람과 교제해야 한다.

그리고 나의 새로운 단계의 성취를 도와줄 수 있는 사람을 멘토로 삼아야 한다. 나로 하여금 지금의 편안한 고치에서 빠져나올 수 있도록 과제를 던져주고, 나의 성장을 도와줄 수 있는 사람과 관계를 구축해야 한다. 정신적 지도자인 멘토는 성공한 삶과 성숙한 삶을 향한 디딤돌 겸 이정표 역할을 해준다.

4전 5기의 신화를 쓴 홍수환 전 WBA 밴텀급 챔피언에게는 그가 쓰러질 때마다 "침착해!"라고 외치던 영원한 스승 조순현 씨가 있었고, 배순훈 전 정보통신부 장관에게는 발로 자판을 두들겨 소설을 쓰며 역경에 좌절하지 않고 삶을 개척하는 모습을 보여준 최성중 씨가 있었다. 1990년대 국보급 투수로 명성을 날렸던 선동열 씨에게는 '즐기는 야구'를 가르친 나훈 씨가 있었고, 백기완 통일문제연구소장에게는 시대의 주먹 김두한과 맞짱 떠서 무릎을 꿇게 했으면서도 폭력을 혐오하며 진정한 민중의식을 일깨워준 가대기 형님이 있었다. 그리고 우리나라 대표적 모범기업인 유한킴벌리의 문국현 전 사장에게는 청빈한 삶의 모습으로 삶의 의미를 일깨워준 강영훈 전 총리가 있었다.

우리는 이런 부류의 사람들과 관계를 맺어야 한다. 본받을 점이 있는데다 우리를 채찍질해줄 수 있기 때문이다.

반면에 나의 발전과 성공을 시기하고 질투하는 삶의 패배자들과는 교제하지 말아야 한다. 나의 성장을 가로막는 사람들과의 관계도 청산해야 한다.

'독수리와 놀면 독수리처럼 행동하게 되고, 오리와 놀면 오리처럼 행동하게 된다'는 말이 있다. 독수리처럼 될지 오리처럼 될지를 결정할 수 있는 것은 오직 자신밖에 없다.

허들링과 줄탁동시
:

펭귄들은 혹한의 날씨를 어떻게 견뎌낼까? 허들링huddling이라는 단어에 그 비결이 숨어 있다. 영하 50℃의 혹한에서 알을 품은 수천 마리 황제펭귄들이 원형으로 줄을 맞춰 서로 안팎을 바꿔가며 체온을 유지하는 집단행동을 가리키는 말이다. 서로 협력해서 하나가 되어 새끼를 지키고 추위를 이겨내는 것이다.

줄탁동시啐啄同時도 있다. 알 속의 병아리가 껍질을 깨뜨리고 나오기 위해 껍질 안에서 쪼는 것을 줄이라 하고, 어미 닭이 밖에서 쪼아 깨뜨리는 것을 탁이라 한다. 이 두 가지가 동시에 행해지는 것을 줄탁동시라고 하며, 이 과정을 거쳐야 알에서 병아리가 나오게 된다. 내부의 치열한 자기수련과 외부의 적절한 도움이 서로 조화되는 것의 중요성을 말해준다.

허들링과 줄탁동시는 협력의 중요성을 말해주는 사례들이다. 인간관계도 마찬가지다. 모든 인간관계는 덧셈이 될 수도 있고, 뺄셈이 될 수도 있고, 곱셈이나 나눗셈이 될 수도 있다. 협력집단에 속한 사람들은 덧셈이나 곱셈이 되는 이들이어야 한다. 예스맨이 아니라 굳건한 지지자이자 친구로서 나에게 도움을 주는 사람보다 더 좋은 동반자가 있을까?

"조직을 승리로 이끄는 힘의 25퍼센트는 실력이고, 나머지 75퍼센트는 팀워크다." 미국 프로풋볼경기에서 만년 꼴찌를 면치 못하던 세인트루이스를 슈퍼볼 우승의 주인공으로 만든 딕 버메일 감독의 말이다.

GE가 2012년 발표한 리더십 철학 '모두가 함께 상승한다Together, We All Rise'에서도 팀워크를 얼마나 중요하게 생각하는지를 엿볼 수 있다. GE에서는 영업성과를 200퍼센트 달성했더라도 팀워크가 미흡한 사람은 즉시 교체 대상이 된다. 만약 그가 팀워크를 적절하게 발휘했다면 200퍼센트를 훨씬 능가하는 영업성과를 달성할 수 있었을 것으로 판단하기 때문이다.

우리 모두 경험을 통해 알고 있듯이 둘 이상의 사람이 모여 하나의 분명한 목표를 위해 조화의 정신 속에서 일할 때 큰 힘이 생겨난다. 그러니 NQNetwork Quotient, 즉 공존지수를 잘 활용해서 인생의 상승 흐름을 타야 한다. 성공을 향한 길에는 협력집단이 반드시 필요하다.

순탄한 항해만 한다면
결코 솜씨 좋은 뱃사람이 나올 수 없다.

: 얼 나이팅게일 :

2장

크게 생각하기

| 다시 운동화 끈을 동여매고 |

진흙탕을 볼 것인가,
별을 볼 것인가

두 사나이가 감옥에서 창문으로 밖을 바라보았다.
한 사람은 진흙탕을, 다른 한 사람은 별을 보았다.
진흙탕을 볼 것인가, 별을 볼 것인가.

이 시대를 살아가는 사람 중에는 정신적으로 죽어 있는 이들이 너무나 많은 것 같다. 무기력증에 빠진 사람, 꿈이 없는 사람, 목표 없이 되는 대로 살아가는 사람, 현재보다 나아지기를 바라기만 할 뿐 행동할 줄 모르는 사람….

심하게 말하면 그들은 생물학적으로 살아 있기는 하지만 진정으로 살아 있는 것은 아니다. 진정한 행복을 누리지 못하기 때문이다.

리셋, 유

이 글을 읽고 있는 당신이 어떤 상황에 처해 있는지는 모르겠다. 혹시 쥐꼬리만 한 봉급에 혹사당하면서 상사를 탓하고 있지 않은가? 정리해고된 상태에서 옛 회사를 원망하고 있지는 않은가? 감정을 있는 대로 쏟아놓고 후회하고 있지는 않은가? 배신감에 치를 떨고 있는가? 살아갈 자신감을 잃었는가? 단란한 가정을 꾸리고 싶었는데 아직도 노총각, 노처녀 소리를 듣고 있는가?

다른 사람이나 환경을 원망하고 탓함으로써 자신의 부족과 실패를 정당화하는 것은 당신을 동정하는 사람들에게는 이야깃거리가 될 수 있을지 모른다. 그러나 상황을 변화시키는 데는 전혀 효과가 없다. 아마 누구라도 그런 경험을 한두 번쯤은 해보았을 것이다.

다른 사람들의 동정은 잠깐의 정신적인 만족과 안정을 줄지도 모른다. 그러나 결국 자신의 삶을 바꿀 수 있는 것은 자기 자신뿐이다. 세상을 원망한다고 해서, 동정을 받는다고 해서 현실이 바뀌지는 않는다. 그러니 변명하거나 남을 비난해서는 안 된다. 항상 '모든 일은 나의 책임이다'라고 말할 수 있는 자세를 가져야 한다.

행동하지 않으면 어떤 일도 일어나지 않는다. 상식을 가진 사람치고 이 사실을 모르는 사람은 없을 것이다. 그런데 안타깝게도 많은 사람은 생각만 할 뿐 행동으로 옮기지 않는다.

게으름은 느린 죽음

•

게으름은 느린 죽음slow death이라고도 일컬어진다. 게으름이 행동력과 의지력을 그 자리에서 없애기보다 서서히 사라지게 해 결국 말려 죽이기 때문이다. 게으름은 그렇게 열정을 좀먹는다. 게으름이 기회의 천적인 이유다.

'틀에 짜인 인간'이라는 말이 있다. 다람쥐 쳇바퀴 돌듯 매일 판에 박힌 일상에 쫓겨 안달복달하다 그것이 그 사람의 삶이 되어버린 이들을 지칭하는 말이다. 그들은 매너리즘에 빠지게 되고, 결국에는 지루한 일상에서 탈출하려는 의욕조차 잃어버린 사람이 되고 만다.

대부분의 사람은 현재 자신이 처한 상황을 개선해보고 싶은 마음을 가지고는 있다. 그러나 구체적이고 적극적인 노력을 기울이지 않는다. 노력하면 얻을 가능성이 있는데도 시도조차 하지 않는다.

운명의 개척자가 되기를 거부한 그들 앞에 놓인 길은 뻔하다. 그저 그런 삶을 살게 되고, 회한과 우울증의 포로가 되어 가슴을 치며 후회하게 될 것이다. 세월이 흐르면 그들의 인생은 십중팔구 보기 흉한 난파선이 될 것이다.

비록 느릴지라도 한 단계 한 단계씩 위로 올라가는 것이 중요하다. 발전적인 삶, 희망을 건져 올리는 삶이기 때문이다. 이것은 중요한 의미를 지니고 있다. 한 단계라도 높이 올라가면 당연히 주위가 더 잘 보인다. 좀 더 넓은 시각으로 세상을 보게 된다는 말이다.

당신이 직장인이라면 다른 사람들이 승진을 위해 어떤 노력을 기울이고 있는지를 관찰할 수 있다. 조금만 더 노력하고 조금만 더 넓은 시각으로 바라볼 수 있다면, 다른 사람보다 한 걸음 먼저 기회를 붙잡을 수도 있다.

우리에게는 놀랍게도 이용하기만 하면 원하는 것을 이룰 수 있는 강한 내부의 힘이 있다. 사람이 태어나서 죽을 때까지 사용하는 능력은 보통 3퍼센트 정도라고 한다. 사용하지 않는 잠재능력이 97퍼센트나 된다는 말이다. 잠재능력 중에서 1~2퍼센트의 능력을 더 쓰면 '성공'과 '천재'라는 단어가 뒤따른다.

그러므로 우리가 할 일은 자명해진다. 잠재능력을 북돋우는 것이다. 그중 일부만 북돋우더라도 우리는 분명 현재와는 다른 삶을 살게 될 것이다.

당신이 운명의 지배자라면

•

사람을 살아 있는 송장으로 만들어버리는 감정에는 어떤 것들이 있을까? 불안, 두려움, 실의, 좌절, 체념과 같은 감정들이다. 이런 감정들은 우리 인간의 정신뿐 아니라 육체까지도 산산이 파괴한다. 부정적인 감정은 언제 어디서고 어떤 상황에서든 우리 삶을 옭아맨다.

한 걸음 더 앞으로, 한 단계 더 위로 나아가기 위해서는 이런 부정적인 감정들로부터 자유로워져야 한다. 그리고 그 자리를 긍정적이고 생기가 넘치는 희망의 감정으로 가득 채워야 한다.

경제적 곤궁으로 말미암은 비관, 애인의 변심이나 결혼의 실패로 말미암은 원한, 연이은 실패로 말미암은 좌절감과 같은 부정적인 감정은 한꺼번에 종량제 봉투에 담아 쓰레기통에 버려야 한다. 다른 잡다한 고민과 걱정도 모두 흐르는 강물에 던져버리는 것이 좋다.

고민과 걱정만큼 사람의 마음을 어지럽히고, 늙게 하고, 추하게 하는 것은 없다. 고민과 걱정은 표정을 굳게 하고 얼굴에 주름살을 만든다. 또 얼굴의 윤기를 없애고, 흰 머리카락 숫자를 늘게 한다.

철학자들은 인간에게 '운명의 지배자'라는 이름을 붙여주었다. 인간이 자기 운명의 지배자가 될 수 있다고 한 것은 인간에게 자신의 감정과 의식을 통제할 힘이 있기 때문일 것이다. 《네 안에 잠든 거인을 깨워라》를 쓴 변화심리학의 권위자 앤서니 라빈스는 이렇게 말했다.

"성공의 비결은 당신이 고통과 즐거움에 휘둘리는 것이 아니라, 그 고통과 즐거움을 활용하는 법을 배우는 것이다. 만일 그렇게 된다면 당신은 자신의 인생을 지배하게 되는 것이다. 만일 그렇지 않다면 당신은 인생의 노예가 될 것이다."

토스터에서 빵이 튀어나오듯
•

객관적인 입장에서 자신의 현실을 파악하기 위해 노력하는 것은 왜 중요할까? 삶의 질을 높일 수 있는 기본적이면서도 최선의 방법이기 때문이다. 현실에 대한 객관적이고 냉철한 판단 없이는 무엇을 어떻

리셋, 유

게 해야 할지 갈피를 잡을 수 없게 된다.

이처럼 현실을 철저하고 날카롭게 파악하는 것은 문제를 해결하는 첫 단추를 끼우는 것과 같다. 현실을 파악하고 나면 적당한 해결책은 마치 토스터에서 빵이 튀어나오듯이 자연스럽게 나온다.

영국의 사상가 겸 역사가인 토머스 칼라일은 "우리의 중요한 임무는 먼 곳에 있는 희미한 것을 보는 것이 아니라, 똑똑하게 보이는 가까운 곳에 있는 것을 실행하는 것이다"라고 말했다.

의식적이고 지속적으로 자신을 향상시키고자 하는 노력보다 삶의 질을 높이는 더 훌륭한 방법이란 존재하지 않는다. 자기가 원하는 목표를 달성하고 꿈을 이루기 위해 확신을 가지고 흔들리지 않고 계속 노력을 기울이기만 한다면 놀라운 성공의 기쁨을 맛볼 수 있을 것이다.

목표가 없는 나날이 계속되면 생활은 금방 무너지고 만다. 마치 강렬하게 내리쬐는 햇볕에 얼음덩어리가 하릴없이 녹아 사라지는 것처럼. 그러곤 얼마 지나지 않아 나태와 허무의 도가니에 빠지고 만다.

목표를 향해 나아간다는 것은 이루고자 소망하는 것을 달성하기 위해 주의를 고도로 집중하는 것이다. 사람의 의식은 목표가 분명해지기 전에는 목표 달성을 향해 움직이지 않는다. 목표를 설정할 때 비로소 성취하려는 힘이 작동하는 마법이 시작된다. 목표를 설정하는 바로 그 순간, 스위치가 켜지고 전기가 흐르기 시작한다.

작은 악마 웜버 기버스

:

웜버 기버스라는 것이 있다. 작은 악마와 같은 것으로 찰스 다윈이 이름 붙였다. 활기차고 바쁘게 움직이지 않고 그저 멍하니 앉아 현실성 없는 공상 수준의 생각에만 잠기면 이 웜버 기버스가 활동하기 시작한다고 한다. 그것에 붙들리면 우리의 행동력이나 의지력은 순식간에 꺾이고 만다는 것이다.

그러니 웜버 기버스에 붙잡혀서는 안 된다. 우리 삶이 망가지니까. 우리 인간은 놀라울 만큼 불가사의한 존재다. 우리의 존재는 아버지로부터 물려받은 23개의 염색체와 어머니로부터 물려받은 23개의 염색체 그리고 XY라는 염색체로 만들어진다. 염색체 하나하나에는 수십에서 수백 개의 유전인자가 있다. 각각의 유전자는 그중 하나만으로도 개인의 생애가 송두리째 바뀔 만큼 엄청나게 중요하다.

인간이란 이렇듯 대단하고 신비로운 존재다. 이처럼 놀라운 존재인 자기 자신을 어두운 터널 속에 방치한다면, 그것만큼 어리석은 일이 또 어디 있겠는가? 공상과 망상의 세계에 빠지지 말고 늘 깨어 있어야 하는 이유도 여기에 있다.

우리 인생은 단 한 번밖에 없다. 꿈도 없고 목표도 없이 죽은 삶을 살기에는 인생이 너무 아깝지 않은가? 쓸데없는 걱정과 고민을 싹 걷어치워 버리고, 자신의 처지와 상황을 철저하게 객관적으로 분석해서 도저히 어떻게 해볼 수 없을 것 같은 현실과 대결해보면 어떨까? 할 수 있다고 믿고 최선의 노력을 기울이면 좋은 결과가 나타나지 않겠는가?

"나의 몰락은 누구의 탓도 아니다. 나 자신의 탓이다. 내가 나의 가장 큰 적이었고, 내 비참한 운명의 원인이었다."

나폴레옹이 유배지 세인트 헬레나 섬에서 한 말이다. 200년 전 그의 말처럼 결국 자기 자신의 잘되고 잘못되는 것은 모두 자신에게 달려 있다. 이제 우리도 박차고 일어나자. 그리하여 살아 있는 송장이 아니라 갓 잡아 올린 활어처럼 살아 펄떡거리는 생동감 넘치는 존재가 되자.

꿈에서 멀어지면
영혼에 주름이 진다

A와 B 두 사람이 있다.

A는 신년이 되면서 담배를 끊겠다고 자기 자신과 또 한 번 약속을 한다. 가족과 다른 사람들에게도 알린다. 그러나 얼마 지나지 않아 담배를 입에 문다. 자기 자신을 합리화하고 변명거리를 늘어놓기에 바쁘다. 다시 한 번 드러난 자신의 의지박약함에 스스로 실망한다.

그는 이렇게 중얼거린다. "어차피 지키지 못할 약속이었는데 괜히 다른 사람들에게까지 알려서 이미지만 구겼네. 아, 나는 안 돼. 나는 구제불능인가 봐!" 그러고는 이렇게 결론을 내린다. "앞으로는 절대로 금연 계획을 세우지 말아야지!"

안타깝게도 우리는 주변에서 이런 사람을 너무나 쉽게 발견할 수 있다.

B는 자기 자신의 삶을 주도적으로 관리하기로 작정한 사람이다. 고교 시절 건강한 몸을 가졌던 그는 대학교에 다니면서 바쁘다는 이유로 몸관리를 하지 않았다. 졸업할 무렵에는 몸무게 90킬로그램의 뚱보가 됐다.

"이런 삶을 원하지는 않았는데…."

어느 날 침대에서 눈을 뜰 때 그의 마음에 이런 회한이 들었다. 그는 볼품없어진 자기 몸을 예전의 건강했던 몸으로 회복시키기로 작정했다. 무엇을 할까 고민하다 과거에 배웠던 수상스키를 시작했다.

그러나 운동부족으로 축 늘어진 몸은 그의 의지를 따라주기에는 역부족이었다. 간신히 해안가로 돌아오기는 했지만 몇 발자국 걷지 않아 현기증으로 쓰러지고 말았다. 맥박 수는 분당 250으로 미친 듯이 뛰고 있었다. 참고로 건강한 성인의 분당 맥박 수는 60~100회다.

그러나 그는 한 번 쓰러졌다고 해서 포기하지 않았다. 힘든 고통의 시간이었지만 운동을 꾸준히 계속했다. 식사 내용에도 신경을 썼다. 6개월 후에는 체중이 13.5킬로그램 줄었고, 혈압도 정상으로 돌아왔다. 자신의 의지력으로 옛날의 건강한 몸을 되찾은 것이다.

그가 바로 1960년대 유산소 운동(에어로빅)이라는 용어를 제창하며 건강에 대한 붐을 일으킨 케네스 쿠퍼 박사다. 그는 이렇게 말했다.

"이 세상에서 우리에게 주어진 임무는 우리의 타고난 자질과 재능을 최대한 계발하고, 신이 우리에게 주신 육체를 포함한 모든 것을 보살피는 것이다."

당신이라면 A와 B 중에서 어떤 삶을 선택하겠는가? A는 쉽고 편한 길을 택함으로써 변명하는 삶을 살기로 했고, B는 자신을 관리하는 삶을 살기로 했다. 두 사람 모두 고민 끝에 결정을 내렸다. 단지 방향만 달랐을 뿐이다. 결과는 어떤가?

남편이자 아빠로서의 약속

2000년 12월 31일. 새해를 앞두고 무엇인가를 결심하는 다른 많은 사람처럼 나도 금연을 선포했다. 그리고 그 선포한 내용을 지금까지 지키고 있다. 17년간 피워오던 담배를 끊은 것이다. 그리고 지금 13년의 세월이 지나고 있다. 담배를 끊을 당시 나는 아내와 두 딸에게 이렇게 약속했다.

"새해를 맞아 당신에게는 남편의 건강을, 사랑하는 우리 두 딸에게는 아빠의 건강을 선물하려고 하는데 기쁘게 받아주면 좋겠다. 한 가정의 기둥으로서, 당신의 남편으로서, 사랑하는 우리 두 딸의 아버지로서 이번만큼은 반드시 약속을 지키겠다."

이 말을 듣고 기뻐하던 가족의 모습이 지금도 눈에 선하다. 다행히도 나는 지금까지 그 '건강 선물' 약속을 지키고 있다.

담배를 피워본 사람이라면 알 것이다. 끊는다는 것이 얼마나 힘든지를. 나도 금연에 성공하기 전까지 적어도 열 번은 실패했을 것이다. 사흘을 끊은 적도 있고, 일주일, 한 달을 끊어본 적도 있다. 그러나 이

리셋, 유

런저런 이유와 핑계 속에 결국 수포로 돌아가곤 했다.

짧지 않은 세월이 지난 지금, 담배 피울 때와 확실하게 달라진 점이 한 가지 있다. 퇴근하면서 현관문에서 아이들과 바로 포옹할 수 있다는 점이다. 몸에 찌든 담배 냄새 때문에 죄인 취급을 받아야 했던 과거와는 비교할 수가 없다.

나는 지금 하루하루를 최상의 기분과 컨디션으로 살고 있다. 건강에 대한 자신감 덕이기도 하지만 이제 장성한 아이들이 약속을 지키는 아빠로 인식하고 있기에 더 그렇다.

사람들은 담배 끊는 사람은 독종이라서 사귀지 말라고들 말한다. 잘못된 말이다. 오히려 의지력 부족으로 계속 담배를 피우는 사람을 사귀지 말아야 하는 것 아닌가?

만약 내가 아직도 담배를 끊지 못하고 있다면 어떨까? 지금도 구태의연한 변명을 늘어놓을 것이고, 의지력 부족한 스스로를 측은하게 여기며 담배연기를 뿜어내고 있을 것이다. 생각만 해도 끔찍하다.

운전대를 잡을 것인가, 뒷좌석에서 참견만 할 것인가

•

'맡아서 해야 할 임무나 의무를 중요하게 여기는 마음', 사전에 정의된 책임감에 대한 설명이다. 스스로에 대해 책임을 지는 삶은 관리하는 삶이다. 이 세상에서 자신의 인생을 관리하고 책임질 수 있는 사람은 자신밖에 없다. 인생에 가치를 더할 수 있는 사람도 당연히 자신뿐이다.

자신의 인생을 책임지려고 노력하는 사람은 자연스럽게 자신의 가치가 높아지고 자아가 발전하는 것을 느낀다. 자신을 바라보는 주변 사람들의 눈빛도 달라진다. 결국 자신의 가치가 높아지면 보다 행복하고 기쁨 충만한 삶을 영위할 수 있다.

인류 최초로 에베레스트 정상에 오른 에드먼드 힐러리 경은 자아 발전의 중요성을 이렇게 인식했다. "우리가 정복하는 것은 산이 아니다. 바로 우리 자신이다"라고.

높은 산을 정복하는 것이 쉽다고 생각하는 사람은 아무도 없을 것이다. 마찬가지로 자기 자신을 정복하는 것이 쉽다고 말하는 사람도 없을 것이다. 그렇지만 한 가지 확실한 것이 있다. 고통이 얼마나 심하건, 희생이 얼마나 크건 간에 부단한 노력을 통해 자신을 정복한다는 것은 그만한 가치가 있다는 것이다.

인생 여정에는 두 종류의 사람이 있다. 한 종류는 승객이고 다른 종류는 운전자다. 운전대를 잡고 있는 운전자는 자신의 삶을 주도적으로 관리하는 사람이다. 인생의 방향과 속도를 판단하고 결정한다. 운전자의 특성은 불꽃 같은 열정과 소명감을 가지고 있다는 점이다. 열정과 소명감이 있기에 비록 힘든 상황에 처하더라도 씩씩하게 극복해내며 의미 있는 삶을 살아간다. 운전자는 책임을 지고 삶을 관리한 대가로 열린 열매를 즐기는 사람이다.

반면에 승객은 방관자에 지나지 않는다. 그들은 적극적으로 삶을 관리하거나 현실에 참여하지 않는다. 세상이 흘러가는 것을 멍하니 바라만 볼 뿐이다. 그들은 참견을 즐긴다. 뒷좌석에 엉덩이를 빼고 앉아서 뒤늦게 왜 이 방향으로 왔느냐고 운전자를 비난한다. 그러면서도 결코 운전대를 잡을 생각은 하지 않는다.

한 달에 하모니카 한 개를 망가뜨린 사나이
●

승객의 삶을 살 가능성이 높았지만 운전자의 삶을 살기로 한 사람들이 있다. 국내 최고 하모니스트로 평가받는 전제덕 씨도 그중 한 사람이다.

태어난 지 보름 만에 시력을 잃은 그는 세상에 대한 울분으로 가득한 청년 시절을 보냈다. 1996년 라디오에서 우연히 벨기에 출신의 전설적인 재즈 하모니카 연주자 투츠 틸레만스의 연주를 접하기 전까지는 그랬다. 틸레만스의 연주를 듣고 감정에 복받쳐 울기도 많이 울었다.

다행히도 전제덕 씨에게는 독종 유전자가 있었다. 오로지 귀에만 의지해 하모니카를 독학했다. 천 번도 넘게 들어 CD가 망가지기도 했다. 한 달에 하모니카 하나를 못쓰게 만들 정도로 연습했다. 입술도 보기 흉할 정도로 부르텄다.

그는 지금 자신의 삶을 철저하게 관리한 결과로 맺어진 풍성한 열매를 만끽하고 있다. 운전자의 삶을 살기로 한 그의 결단은 자칫 폐인이 되었을지도 모를 그의 인생을 180도 바꾸어놓았다.

뚜렷한 목표를 가지고 자신의 삶을 관리하는 운전자들의 삶은 방관자인 승객의 삶보다 더욱 충만하고 행복하며 자신감에 넘친다. 운전자는 리더로 알려진 사람들이고, 승객은 리더를 따르는 사람들이다. 리더로 살 것인지, 아니면 리더를 따르는 사람으로 살 것인지는 전적으로 자신의 선택에 달려 있다.

누군가를 따른다는 것은 결코 수치스러운 일이 아니다. 다만 끝내 아랫사람으로 남으려는 태도가 문제다. 그런 사람에게는 꿈도 없고 미래도 없다.

훌륭한 리더들의 첫 출발도 대개 다른 사람 밑에서 일하는 것으로부터 시작한다. 하지만 그들이 성공할 수 있었던 것은 그들이 현명한 부하였기 때문이다. 리더를 현명하게 따르지 못하는 사람은 그 자신도 결코 훌륭한 리더가 되지 못한다. 가장 효과적으로 리더를 따를 수 있는 사람이 대부분 가장 빨리 자신의 리더십을 계발한다.

사람들이 자유를 두려워하는 이유

자신의 인생을 관리하고 책임질 수 있는 사람은 오직 한 사람, 자신뿐이다. 부모도 아니고 정부도 아니고 회사의 사장도 아니다. 친구도 아니고 애인도 아니다. 오직 자신만이 자기 인생을 행복의 낙원으로 이끌 수 있는 유일한 사람이다.

리셋, 유

인생에 대한 책임을 인정하느냐 하지 않느냐가 성취자와 성취 희망자를 가르고, 승자와 패자를 가른다. 성취자가 되고 승자가 되기를 바란다면 먼저 자신의 인생에 대한 성찰을 통해 진정으로 책임지는 자세를 가져야 한다.

승자가 되기를 원하는 사람에게는 짊어져야 할 책임이 있다. 자신의 꿈을 창조하고 목표를 설정하는 책임을 지고, 말과 행동에 대한 책임을 지며, 태도를 개선할 책임을 진다. 또 나쁜 습관을 좋은 습관으로 대체할 책임을 지고, 감정을 관리할 책임을 지고, 성공을 준비할 책임을 지고, 시간을 관리할 책임을 진다. 승자가 되는 일이 쉽지 않은 이유다.

아일랜드 극작가 조지 버나드 쇼가 "자유는 책임이다. 이 때문에 사람들은 자유를 두려워한다"고 말한 것도 그 때문이다. 책임을 진다는 것은 말처럼 쉬운 일이 아니다.

앞에서 언급한 책임을 제대로 실천해온 사람이라면 이미 성공했거나 아니면 성공자의 대열에 들어서 있을 것이다. 삶은 결코 만만하게 볼 것이 아니다. 잔인할 정도로 냉혹하다. 공짜가 없다는 사실을 일찍 깨달을수록 인생은 풍요로워질 가능성이 높아진다. 인생에서 무엇 하나라도 제대로 이루기 위해서는 삶에 끌려다니지 말고, 삶을 관리하며 살아야 한다.

| 관리하는 삶을 살아가는 사람들의 중요한 특성들 |

• 흔들리지 않는 용기

- 자기조절 능력

- 확고한 정의감

- 단호한 결단력

- 뚜렷한 목표

- 원만한 성품

- 이해력과 포용력

- 전문지식

- 투철한 책임감

- 협동심

피부의 주름, 영혼의 주름
·

성공은 어느 날 갑자기 손에 쥐여지는 것이 아니다. 자신의 소질을 꾸준히 계발하고, 자신의 능력을 충분히 발휘할 때 부수적으로 따라오는 것이다.

인생을 살면서 누구나 건너기 힘든 강을 만나게 된다. 힘들지만 우리는 목적지를 향해 최선을 다해 노를 저어야 한다. 목적지에 도달하면 다른 길을 갔더라면 결코 맛볼 수 없었을 기쁨과 환희를 가슴 가득히 채울 수 있다. 반대로 우리가 목적지를 향한 힘든 길을 포기한다면, 급류에 몸을 맡긴 채 '어떻게 되겠지' 식의 쉬운 길을 선택한다면 결코 원치 않았던 엉뚱한 곳에 도착하게 될 것이다.

리셋, 유

"삶은 꿈과 멀어질수록 지루하고 똑같은 일상의 반복으로 전락하고 만다."

쇼펜하우어가 한 말이다. 세월의 흐름은 피부에 주름을 남기지만, 꿈과 이상과 열정의 상실은 영혼에 주름을 남긴다는 말이 있다. 실로 명언이 아닐 수 없다. 꿈과 이상과 열정이 없는 삶에는 활력이 있을 수 없기 때문이다.

마틴 루서 킹은 우리에게 보다 구체적으로 요구한다.

"당신이 태어난 이유를 찾아라. 어떤 사명을 이루기 위해서 이곳에 왔는가? 하나님은 평범한 모든 사람에게 자신의 목적을 달성할 수 있는 능력을 주셨다."

그렇다. 모든 사람에게는 자신만의 태어난 목적이 있고, 또 그 목적을 달성할 능력이 있다. 삶은 스스로 만드는 것이다. 이전에도 그랬고, 앞으로도 그럴 것이다. 모든 위대한 인생을 산 사람들은 관리하는 삶을 산 사람들이다.

당신은 앞에 놓인 두 길 중 어떤 길을 걷고 있는가? 인생에 대한 책임을 인정하고 부단히 노력함으로써 도착할 수 있는 탁월함의 길인가? 아니면 변화 없이 늘 똑같은, 안전하고 평탄한 평범함의 길인가?

자기암시의
불가사의한 힘

녹색 안경을 끼면 모든 사물이 녹색으로 보이고, 흑색 안경을 끼면 삼라만상이 흑색으로 보인다. 자신이 끼는 안경의 색깔에 따라서 이 세상은 푸르게도 보이고 검게도 보이며, 밝게도 보이고 어둡게도 보인다.

우리 마음의 눈도 마찬가지다. 좋게 보려고 하면 좋게 보이고, 나쁘게 보려고 하면 실제로 아무리 좋아도 나쁘게 보인다. 마음먹은 대로 보이는 것이다. 그러니 마음먹기가 얼마나 중요한 일인가.

우리는 인생과 세계에 대하여 두 부류의 마음가짐을 가질 수 있다. 긍정적이냐 부정적이냐, 적극적이냐 소극적이냐, 낙관적이냐 비관적이냐가 그것이다.

리셋, 유

육당 최남선 선생은 일찍이 이렇게 외쳤다.

"세상에는 두 종류의 민족이 있다. 하나는 살고자 하는 강한 의지를 가지고 살아가는 적극적 민족이고, 다른 하나는 살아지니까 사는 소극적 민족이다. 우리는 과거에 소극적 민족이었으나 앞으로 적극적 의지를 가지고 사는 민족이 되어야 한다."

'태도는 재주보다 중요하다'는 말이 있다. 재주가 많은 것도 중요하지만, 정말 중요한 것은 어떤 태도로 일하고 어떤 태도로 배우고 어떤 태도로 살아가느냐 하는 것이다. 부정적인 태도는 긍정적인 태도로, 소극적인 태도는 적극적인 태도로, 비관적인 태도는 낙관적인 태도로 바꾸어야 한다.

마치 ~인 것처럼
•

그렇다면 마음가짐을 어떻게 바꿀 것인가? 좋은 방법이 하나 있다. 응용심리학의 최고 권위자인 윌리엄 제임스가 고안해낸 '마치 ~인 것처럼'이라는 원리를 이용하는 것이다. 이 원리는 사람이 어떤 성격을 가지고 싶을 때, 이미 그것을 가지고 있는 것처럼 행동하면 실제로 그런 성격을 가지게 된다는 것이다.

예를 들어 내성적이고 열등감에 사로잡혀 있으며, 매사에 자신 없어하는 사람은 어떻게 하면 될까? 이런 성격이 외향적인 성격으로 개조되기 위해서는 자신감 넘치는 태도로 일하는 모습, 많은 청중 앞에서 강연하는 모습, 친구들과 대화하며 유쾌하게 웃는 모습을 상상해보면 된다. 그리고 그러한 이미지가 자신의 원래 성격인 것처럼 자신 있는 태도로 행동하는 것이다.

이와 마찬가지로 만약 겁에 질려 있다면 마치 용감한 사람인 것처럼 행동하면 된다. 긴장하고 있다면 마치 냉정하고 자신에 차 있는 사람처럼 행동하면 된다. 열정이 부족하다면 열정이 넘치는 사람처럼 행동하면 되는 것이다.

'마치 ~인 것처럼' 원리는 영상의 기술이라고도 할 수 있다. 목표로 삼고 있는 것이 있다면, 이미 달성한 것처럼 자신의 모습을 마음속에 영상으로 확고하게 새기고 그렇게 행동하면 실제로 그렇게 되기 때문이다. 이 원리를 이용하면 많은 일을 해낼 수 있다. 할 수 있다고 생각하면 다 해낼 수 있기 때문이다.

그러므로 발전된 삶을 원한다면 어떤 어려움이 있다 하더라도 참고 견뎌내야 한다. 불가능을 외치는 소극주의자들과 비관주의자들의 말을 들어서는 안 된다. 부든 명예든 행복이든, 그것을 반드시 손에 넣을 수 있다고 믿고 그렇게 행동해야 한다.

나폴레온 힐의 저서 《생각의 부자가 세상을 이끈다》에는 만사가 마음먹기에 달렸다는 점과 이왕 마음먹을 바에야 크게 먹을 필요가 있다는 점을 잘 묘사한 시가 있다.

단돈 1페니짜리 인생을 살기로 했네
그러나 내가 한 일에 비해 턱없이 적어

리셋, 유

조금 더 올려달라고 애원을 해봤건만

에누리없는 인생은 계약대로 받으라 하네

인생은 바로 우리의 고용주

당신이 요구한 대로 그저 들어줄 뿐이네

하지만 당신이 합의한 임금에 대해서는

싫어도 받아들일 수밖에 없다네

뼈 빠지게 일을 해도 임금은 변함이 없고

이제 와서 후회해도 아무 소용이 없다네

인생은 자신이 처음에 요구한 대로

꼭 그만큼만 지불하는 아주 정확한 고용주라네

생각한 대로 이루어진다

•

정신과 육체는 어떤 관계일까? 관계가 있다면 어느 정도일까?

영국의 심리학자 J.A. 하드필드는 정신이 육체에 믿을 수 없을 만큼 강력한 영향을 미친다는 사실을 증명했다. 그의 실험은 사람의 정신 암시가 육체의 힘에 얼마나 영향을 주는가에 관한 것이었다. 그는 《힘의 심리》라는 저서에서 이 사실을 다음과 같이 설명했다.

세 사람의 남자에게 악력계를 쥐게 했을 때 그들의 평균 악력은 101파운드였다. 다음에는 그들에게 최면을 걸고 '당신은 참으로 약하다'는 암시를 준 후에 재어보았더니 겨우 29파운드로 보통 힘의 3분의 1

수준에 불과했다. 그리고 세 번째 테스트에서는 '당신은 진실로 강하다'는 암시를 주었더니 평균 악력이 142파운드까지 올라갔다.

이 실험은 적극적인 정신이 충만했을 때 소극적이고 부정적일 때보다 악력이 무려 다섯 배나 높아졌음을 보여준다. 정신의 무한한 잠재력과 가능성을 잘 설명해준다.

'생각한 대로 이루어진다'는 말이 있다. 이 말은 여러 사례를 통해 증명되었다. 예컨대 간절한 마음으로 아기를 원하면 신체가 마치 아기를 가진 것처럼 변한다고 한다. 반대로 출산 사흘 전에야 임신 사실을 알게 되는 일도 있는데 이 역시 마찬가지 사례다. 100퍼센트 임신을 확신하는 마음과 단 1퍼센트의 임신 가능성도 생각하지 않았던 마음이 빚어낸 결과다.

음료 시음회에서 참가자들의 호평이 이어지고 있는데, 몇 명의 참가자에게 일부러 구토 증세를 연출하면 상황은 돌변한다. 참가자들은 맛이 이상하다, 유통기한이 지난 것 아니냐 등의 반응을 보이기도 하고, 심지어 화장실로 달려가는 참가자도 나오게 된다. 이처럼 우리는 일상생활에서도 '마음'으로 살고 있는 것이다.

심리학자들에 따르면 사람이 생각을 바꾸면 고민과 공포를 몰아내고, 온갖 종류의 질병도 상당 부분 치유할 수 있다고 한다. 마음먹기의 힘은 이처럼 믿을 수 없는 변화를 일으킨다.

마음속 카메라 렌즈

•

세상과 인류를 바꾸어보겠다는 거창한 포부를 품는 것도 좋다. 사람마다 꿈의 크기가 다르고, 또 꿈이 없으면 이룰 수 있는 것도 없으니까. 그러나 그것보다 훨씬 더 중요한 것이 있다. 나의 마음이라는 카메라 렌즈의 초점을 맞추는 것이다. 자신이 스스로 바꾸지 않으면 안 되는 유일한 것이기도 하다. 자기 마음의 카메라 렌즈를 맞추는 것의 중요성을 잘 표현한 글이 있다. 어느 성공회의 한 주교가 자기 묘비에 적은 글이다.

내가 젊고 아름다워 상상력의 한계가 없었을 때 나는 세상을 변화시키겠다는 꿈을 가졌었다. 그러나 좀 더 나이가 들고 지혜를 얻었을 때 나는 세상이 변하지 않으리라는 것을 알았다. 그래서 나는 시야를 약간 좁혀서 내가 살고 있는 나라를 변화시키겠다고 결심했다. 그러나 그것 역시 불가능한 일이었다.

황혼의 나이가 되었을 때 나는 마지막 시도로 나와 가장 가까운 가족을 변화시키겠다고 마음을 정했다. 그러나 아아, 아무것도 달라지지 않았다.

이제 죽음을 맞이하기 위해 자리에 누운 나는 문득 깨닫는다. 만약 내가 나 자신을 먼저 변화시켰더라면 그것을 보고 가족이 변화되었을 것을, 또한 그것에 용기를 내어 내 나라를 더 좋은 곳으로 바꿀 수도 있었을 것을. 그리고 누가 아는가. 마침내 세상까지도 변화되었을는지….

자기 마음속 카메라 렌즈의 초점을 맞추면 마음에 평안이 깃들고 안정감을 갖게 된다. 진실로 자신에게 행복과 평안을 가져다주는 것은 내면의 고요함인 것이다. 그런 믿음 때문일까. 영국 시인 에드먼드 스펜서의 말에 마음이 끌린다.

"악을 선으로 만드는 것이나 비참 또는 행복 그리고 부유함 또는 가난함을 만드는 것은 모두 마음이다."

《실낙원》을 쓴 영국 시인 밀턴도 300년 전에 이미 이런 진리를 발견한 사람이다.

"마음은 그 자신의 터전이니라 / 그 안에 지옥을 천국으로 / 천국을 지옥으로 만들 수 있나니."

나폴레옹과 헬렌 켈러는 밀턴의 이 말을 온전히 실증한 인물들이다. 나폴레옹은 인간이 일반적으로 열망하는 것들인 명예와 권력과 부귀를 누렸음에도, 그의 마음은 지옥처럼 비참했다. 유배지인 세인트 헬레나 섬에서 그는 "나의 일생에서 행복했던 날은 엿새에 불과하다"고 말했다.

반면에 장님이면서 벙어리인 헬렌 켈러는 그 어려운 여건에도 마음에 낙원을 가졌다. 자신을 신비주의자라고 밝힌 그녀는 자서전에서 "인생은 아름다운 것"이라고 노래한다. 그녀는 자서전 《사흘만 볼 수 있다면》에서 이렇게 말했다.

"어떤 기적이 일어나 내가 사흘 동안 볼 수 있게 된다면…. 먼저, 어린 시절 내게 다가와 바깥세상을 활짝 열어 보여주신 사랑하는 앤 설리번 선생님의 얼굴을 오랫동안 바라보고 싶습니다. 선생님의 얼굴

리셋, 유

윤곽만 보고 기억하는 데 그치지 않고 그것을 꼼꼼히 연구해서, 나 같은 사람을 가르치는 참으로 어려운 일을 부드러운 동정심과 인내심으로 극복해낸 생생한 증거를 찾아낼 겁니다."

저질러진 일보다 그에 대한 의견이 더 큰 상처를 줄 수 있다

●

자신의 마음을 스위치를 켜고 끄듯이 마음대로 조작할 수 있다면 얼마나 좋을까? 행복해지고 싶으면 행복 스위치를 누르고, 즐거워지고 싶으면 즐거움 스위치를 누르고….

이처럼 자신의 마음을 다스릴 수만 있다면, 그래서 아무리 힘들고 비참한 상황에서도 용기와 평정심을 잃지 않을 수 있다면, 자기 관에 걸터앉아 교수대로 끌려가면서도 경치를 즐길 수가 있을 것이며, 기아와 혹한으로 죽어가면서도 유쾌한 노래로 텐트를 가득 채울 수 있을 것이다.

프랑스의 철학자 몽테뉴는 다음의 구절을 평생의 좌우명으로 삼았다고 한다.

'인간은 일단 저질러진 일 때문에 상처를 받는 것 이상으로 그 일에 대한 의견 때문에 더 상처를 받는다.'

아마 공감 가는 말일 것이다. 아내가 설거지를 하던 중 아끼던 접시를 실수로 깨트렸다고 치자. 아내는 이미 깨진 접시가 아까워 마음의 상처를 입은 상태다. 그런데 그 장면을 본 남편이 아내의 마음을 보 듬어주기는커녕 덜렁이라느니 칠칠치 못하다느니 하며 퍼부어대면 아내는 더 큰 마음의 상처를 입는다. 그리고 그 핀잔은 오래도록 마 음에 남아 기분을 상하게 한다.

다시 한 번 응용심리학의 거장 윌리엄 제임스의 말을 인용해보자.

"행동은 감정을 따르는 것처럼 생각되고 있으나 실제로 행동과 감 정은 동시에 작용하는 것이다. 우리는 의지의 보다 직접적인 지배하 에 있는 행동을 규제함으로써 의지에 직접적으로 지배되고 있지 않 은 감정을 간접적으로 규제할 수가 있다."

이 말은 단지 결심하는 것만으로 우리의 감정을 즉석에서 바꿀 수 는 없으나 행동을 바꿀 수가 있으며 그리고 행동을 바꿈으로써 감정 을 조절할 수 있다는 의미다. 마음의 평안을 잃었을 때나 우울한 상 태에 빠졌을 때, 자력으로 그것을 회복하는 가장 좋은 방법은 쾌활한 마음 자세를 갖고 유쾌한 것처럼 말하고 행동하는 것이다.

억지로라도 미소를 띠고, 어깨를 펴고 크게 숨을 들이켜 무슨 노래 라도 불러보라. 노래를 못 하겠거든 휘파람이라도 불어보라. 그마저 도 못 하겠거든 흉내만이라도 좋다. 그런데 이 정도로도 큰 효과가 있다. 억지로 하고 흉내만 냈을 뿐인데도 말이다.

이유가 뭘까? 겉으로 대단히 행복한 체하면서도 속으로 고민한다 는 것은 육체적으로 불가능하기 때문이다. 죽어가면서도 노래를 부 를 수 있는 이유도 여기에 있다.

리셋, 유

나는 진실로
고귀한 존재다

수영장 안전관리자의 몸은 항상 물에 젖어 있기 마련이다. 염색공은 직업상 물감을 사용해야 하므로 손이 늘 더럽혀지기 마련이다. 건설 현장 인부는 언제나 먼지를 뒤집어쓰고 있기 마련이다. 그러나 몸이 물에 젖는다고, 손이 더럽혀진다고, 몸에 먼지가 묻는다고 직무를 게 을리할 것인가?

그렇다면 그들은 더는 안전관리자도 염색공도 건설현장 인부도 아 니다. 사람은 자신의 임무를 정확히 알고 올바른 위치에서 자기의 소 명을 다해야 한다. 자신의 모든 힘과 열정과 지혜를 쏟아부을 수 있 는, 또 자기 자신과 자신이 속한 세계를 연결해줄 수 있는 그러한 소 명을 갖는 것이 중요하다.

이순신 장군은 자신의 소명을 깨닫고 그 소명에 충실하고자 노력한 사람이다. 장군은 잠을 잘 때도 허리띠를 풀지 않았다. 겨우 한잠 자고 나서는 사람들을 불러들여 날이 샐 때까지 의논했다. 점심을 거르는 날도 허다했다. 전사하는 날까지 단 하루도 거르지 않고 〈난중일기〉를 써서 후대에 남겼다. 그는 몸을 돌보지 않고 소명에 몰입해서 나라를 지켜냈다.

방사성 원소 폴로늄과 라듐을 최초로 발견한 프랑스 물리학자 마리 퀴리, 국제사회의 민감한 이슈를 해결하는 노련한 협상가인 반기문 UN 사무총장, 세상의 위험하고 헐벗고 못사는 곳을 찾아 국제구호기금을 전달하는 '바람의 딸' 한비야도 자신의 소명을 깨달은 사람들이다.

반면에 자신의 재능이나 능력을 발전시키는 일을 하찮게 생각하는 사람들이 있다. 안타까운 일이 아닐 수 없다. 하물며 동물들도 생존을 위해 본능적으로 자기 능력을 극대화하려고 노력하고 있지 않은가? 더 빨리 달리고, 더 정확하게 먹이를 낚아채고, 더 완벽하게 변신하고….

이 세상에서 가장 중요한 두 가지 순간이 있다. 하나는 태어나는 순간이고, 다른 하나는 자신의 소명을 깨닫는 순간이다. 만물의 영장인 우리는 자신의 소명을 깨닫고, 부단한 노력으로 자신의 재능을 극대화해야 한다. 그렇게만 한다면 분명 지금까지와는 다른 삶을 살 수 있게 된다.

우리에게는 각자 다른 재능과 능력이 주어져 있다. 태어날 때 어떤

리셋, 유

종류의 재능을 얼마나 풍성히 받았느냐는 그다지 중요하지 않다. 중요한 것은 가치 있는 인생을 살기 위해서는 자신에게 주어진 특별한 능력을 깨닫고 사용하고 계발해야만 한다는 사실이다.

동맥경화증과 정신경화증

동맥경화증은 동맥의 벽이 두꺼워지고 굳어져서 탄력을 잃어버리는 증상이다. 콜레스테롤, 지방, 적혈구, 혈소판 부스러기 등이 혈관벽에 달라붙어 동맥이 경화되는 병이다. 동맥이 경화되면 혈관이 좁아져 혈액을 제대로 운반하지 못하게 된다. 고혈압과 당뇨, 스트레스, 흡연, 비만 등이 원인이다.

우리 정신세계에도 육체의 동맥경화증과 같은 증상이 있다. 정신경화증이다. 정신경화증에 걸리면 사고방식이나 정신이 유연성을 잃고 굳어버려 융통성이 없어지고 고지식해진다. 결국 삶에 흥미를 잃게 되고 고정관념에 갇혀 발전할 가능성이 희박해지는 정신상태가 되고 만다. 정신경화증은 육체의 병으로 치면 중풍, 심장병, 암, 희귀성 난치병 등과 마찬가지로 중병에 해당한다. 그만큼 고치기 어렵다. 애써 고쳐놓는다 해도 재발할 가능성이 높다.

정신경화증을 고칠 수 있는 특효약은 없을까? 물론 있다. 처방전 중에서도 제일 약발이 잘 먹히는 것이 바로 열정이다. 열정을 가진 사람은 펄펄 끓는 주전자의 물처럼 뜨겁다. 긍정성의 진액인 열정은 끝까지 할 수 있게 하는 힘이요, 목표 달성의 원동력이며, 야망의 엔진이다.

열정은 방향감각을 뚜렷하게 함으로써 삶에 유연성을 주고, 목표를 향해 용기 있게 나아가도록 촉매제 역할을 하며, 감동을 불러일으킨다. 열정을 가진 사람에게서는 무덤덤한 표정을 볼 수 없으며, 흐리멍덩한 눈동자를 찾아볼 수 없다. 또 게으름의 흔적을 발견할 수 없고, 넘어져 주저앉아 있는 모습도 볼 수 없다.

성공하고 싶은가? 남들보다 뛰어나고 싶은가? 그렇다면 열정이라는 알약을 복용하며 정신경화증을 극복하라. 정신경화증이 치료되면 충만한 자신감으로 가슴이 쫙 펴질 것이며, 고개를 꼿꼿이 세우고 당당하게 걷게 될 것이다.

자신감 회복을 원한다면

•

사람은 대개 자기 자신을 현실적이고 객관적으로 평가하지 못한다. 그러다 보니 열등감에 휩싸인 채 자신에 대한 비정상적이고 왜곡된 이미지를 가지고 불행하게 살아가는 이들이 많다. 어린 시절의 좋지 않은 경험이 원인일 수도 있고, 누군가가 의미 없이 던진 한마디 말 때문일 수도 있다.

그래서 그들은 무력감에 빠지거나, 의심을 품거나, 회의주의자가 된다. 이들에게 무엇보다 중요한 것은 자신감을 회복하는 일이다. 자신감을 회복해야만 열등감에서 벗어나고 자신에 대한 왜곡된 이미지를 바로잡을 수 있다.

자신감을 회복하기 원한다면 자기 자신을 영접해보자. 영화에서 보는 것처럼 고귀한 분을 기쁘고 감사한 마음으로 영접하듯이 자신을 맞이해보는 것이다. 식탁 위에 멋진 케이크를 준비하고 촛불로 은은한 분위기를 만든 다음 '나는 진실로 고귀한 존재다'라고 나지막한 목소리로 자신에게 속삭여보라. 어떤 느낌일까?

이렇게 자기 자신을 고귀한 존재로 영접한다는 것은 아주 중요한 의미를 담고 있다. 자기 존재의 중요성을 인정하고, 자신의 능력과 재능을 믿는다는 것을 의미하기 때문이다.

자기 자신에 대한 시각을 이처럼 180도 바꾼다는 것은 쉬운 일이 아니다. 무력감에 빠진 사람이 뜨거워지고, 회의주의자가 긍정적 낙관주의자로 변신하는 것이 어찌 쉬운 일이겠는가? 사고체계와 관련된 유전자의 일대 변혁이 없이는 불가능한 일이다.

그렇다면 유전자의 일대 변혁은 어떻게 하면 일어날 수 있는가? 유전자에 덧입혀진 열등감과 왜곡된 이미지의 옷을 벗어 던지고, 의욕과 열정과 이상의 옷을 입는 것이다. 우리는 살아가면서 많은 돈을 벌 수도 있고, 화려한 보석 등의 소유물로 삶을 가득 채울 수도 있다. 하지만 의욕과 열정, 이상과 비전을 상실하면 우리 내면에는 공허와 갈증만 쌓일 뿐이다. 영혼에 깊은 주름을 남기는 것이 바로 이 공허와 갈증이다.

자신이 가치 있는 존재라고 느끼게 해주는 그 무언가를 발견한다면, 나아가 더 숭고한 목적을 추구한다면 우리 삶은 기쁨과 환희로 가득 찰 것이다. 그런 상태라면 영혼의 주름살도 순식간에 펴지지 않을까?

삶의 방향이 달라지는 순간

•

살아가다 보면 수많은 고통과 고난을 만난다. 광풍을 만날 때도 있고, 건너기 힘든 강을 만날 때도 있다. 중요한 건 바로 이때다. 힘든 상황에 처했을 때 어떻게 반응하느냐에 따라 삶의 방향이 달라지기 때문이다.

좌절과 실패를 경험했을 때 어떻게 반응할 것인가? 그 좌절과 실패가 자신을 더 깊은 수렁으로 빠져들도록 내버려둘 것인가? 아니면 그 시련들을 더 많은 지혜를 끌어낼 수 있는 창조적인 체험으로 바꿀 것인가? 갈림길에서 어떤 길을 선택할 것인지는 전적으로 자기 자신에게 달려 있다.

건너기 힘든 강을 만났을 때, 강을 건너는 사람도 있고 건너지 못하는 사람도 있다. 근성이 있느냐 없느냐의 차이다. 목숨 걸고 하느냐 그렇지 않느냐의 차이다.

개선하려는 노력 없이는 발전도 없다. 실패를 무릅쓰려는 의지가 없다면 승리도 없다. 하늘은 스스로 돕는 자를 돕는다고 했다. 우리는 동서고금을 통해 '스스로 돕는 자'의 수많은 사례를 발견할 수 있다.

리셋, 유

헬렌 켈러는 어렸을 때 열병으로 시력과 청력을 잃었다. 그렇지만 헌신적인 앤 설리번 선생님의 도움으로 역경을 극복했다. 대학을 졸업했으며, 여러 권의 책을 집필했고, 강연을 통해 만나는 사람들에게 용기와 희망을 주었다.

마하트마 간디는 인도의 독립을 위해 투쟁하는 동안 수차례 투옥되었다. 종파 간의 파벌싸움으로 분단된 나라를 통일하려고 외롭고 힘겨운 투쟁을 평생 계속했다.

비폭력 무저항운동을 통해 인류화합을 추구한 흑인 민권운동가이자 사상가로 몸소 사랑의 실천을 보여주었던 마틴 루서 킹 목사는 수차례 협박을 받았다. 집이 불에 타고 열아홉 차례나 투옥되기도 했다. 하지만 사랑과 믿음을 잃지 않았다.

이 중에 특별히 유리한 조건을 가졌거나 쉬운 삶을 살았던 사람은 없다. 그들의 공통점 한 가지를 들라면 내면에 할 수 있다는 믿음을 가지고 있었다는 점이다. 그 믿음이 지친 그들에게 힘을 주었으며, 되돌아가고 싶을 때마다 한발 더 앞으로 내디딜 수 있는 용기를 주었다. 이들의 삶에서 보듯이 삶은 치열한 노력을 통해 자신이 스스로 만들어가는 것이다.

최선을 다한 다음
흐름에 맡긴다

우리는 인생의 짧고 유한함을 안타까워한다. 그러면서도 대부분의 사람은 자신이 무엇을 가장 잘할 수 있는지 정확히 알지도 못하고, 아니 알아볼 생각도 하지 않은 채 하루하루를 대충 살아간다.

무엇인가에 한번 제대로 미쳐서 열심히 살아보고 싶다는 생각이 들기도 하지만 그냥 한때 스쳐 지나가는 바람일 뿐이다. 가슴만 답답할 뿐 제대로 고민해본 적은 없다.

자신의 일상을 돌아보는 시간을 가져본 적이 있는가? 최선의 삶을 살고 있다고 느끼는가? 재능과 능력을 최고로 발휘하고 있다고 생각하는가? '그런 것 같다'고 대답할 정도만 돼도 꽤 괜찮은 삶을 살고 있는 것이다. 만약 그렇지 않다고 생각되면 더 깊은 애정을 불러일으

리셋, 유

킬 만한 일을 찾아 나서야 한다.

'내가 이 세상에서 살면서 가장 잘할 수 있는 것은 무엇일까?'

'나는 최선을 다했는가?'

나는 이 두 가지야말로 이 세상에서 가장 훌륭한 질문이라고 생각한다. 자신이 세상에서 가장 잘할 수 있는 일을 알고, 또 그 일에 최선을 다한다면 이루지 못할 일이 무엇이겠는가?

다행히도 우리 대부분은 병이 든 것도 아니고 무능력자도 아니다. 잃어버렸던 꿈을 다시 찾아 나설 수 있을 만큼 건강하다. 자기만의 재능과 능력을 발휘할 수 있을 만큼, 창의적인 일을 찾아 나설 수 있을 만큼 자유롭다. 얼마나 감사한 일인가?

우리는 자신에 대해 너무나 잘 알고 있다. 스스로에 대한 기대에 못 미칠 때 마음 상하고, 받은 것보다 덜 베풀 때 부끄러워진다. 책임과 의무를 다하지 못했을 때는 자존심도 상하고 자신에 대한 믿음도 약해진다. 반대로 최선을 다했을 때, 받기보다는 주는 삶을 살았을 때, 책임과 의무를 다했을 때 우리는 뿌듯함을 느끼고 완전해지는 것을 느낀다.

마더 테레사는 이렇게 말했다.

"중요한 것은 무엇을 하고 있느냐가 아니라 얼마나 많은 사랑을 쏟아붓고 있느냐의 문제다."

하나님이 아시고 내가 알지 않습니까!

•

자기 일에 애착을 가지고 몰입하며, 불굴의 의지로 끊임없이 도전하며, 자신의 한계점을 돌파하고, 일을 통해 세상의 이치를 배워나가며, 자기만의 엄격한 기준으로 아무리 남들이 잘했다고 해도 스스로 만족하는 법이 없고, 죽기 전까지 눈빛이 살아 있으며, 자기 분야에서 득도의 경지에 오른 사람. 우리는 이런 사람들을 프로라고 부른다.

프로의 자세가 어떠해야 하는지를 보여주는 유명한 일화가 있다.

한 유명한 조각가가 지붕에 쓰일 돌에 조각을 하고 있었다. 그 조각가는 온갖 정성을 기울여 끌로 파고 닦아내면서 돌을 아름다운 작품으로 만들고 있었다. 그때 그의 모습을 유심히 바라보던 한 사람이 물었다.

"사람들의 눈에 잘 띄지도 않을 그 돌에 왜 그렇게 많은 시간과 공을 들이는 겁니까? 아무도 당신이 그런 정성을 기울였다는 사실을 모를 텐데요."

그러자 조각가는 잠시 일손을 멈추고 대답했다.

"하지만 하나님이 아시고, 내가 알지 않습니까!"

프로는 이런 태도를 가진 사람이다. 프로는 자신감이 넘치며, 겉으로는 냉정하지만 속에는 열정으로 펄펄 끓으며, 치밀한 계획을 세우고, 또 계획대로 실행하고, 실패하면 재기하는 기질을 가진 사람이다.

숱한 실패의 과정을 거친 뒤 결국 전구를 발명해내고, 84년의 생애에 1,920가지를 발명해낸 발명왕 에디슨은 프로임에 틀림이 없다.

리셋, 유

1914년 탐험대원들을 이끌고 남극대륙 횡단에 도전했다가 634일, 장장 1년 7개월이라는 긴 시간을 남극의 얼음덩어리 속에 갇혀 있었지만 탁월한 리더십으로 대원 27명 모두를 데리고 살아 돌아와 위대한 리더가 된 탐험대장 어니스트 섀클턴에게도 우리는 프로라는 호칭을 붙인다.

매일 19시간의 연습, 남들이 20일 정도 신는 토슈즈를 하루에 네 켤레씩 갈아치울 정도의 지독한 연습, 정강이뼈가 부러진 줄도 모른 채 5년 동안 공연, 1년간의 재활치료 그리고 1년 만에 완벽한 재기…. 이 정도로 지독한 연습 과정을 통해 현재 세계 5대 발레단 중 하나인 독일 슈투트가르트 발레단의 수석발레리나가 된 강수진 씨도 빼놓을 수 없는 프로다.

세일즈 왕, 명품 기술자, 생활의 달인 등 자신의 분야에서 최고로 인정받는 사람들도 자기 일에 자부심을 갖고 의욕을 불태우는 사람들임에 틀림이 없다.

제한된 능력만을 부여받은 많은 사람이 위대한 업적을 남기고 세대를 초월하여 찬사를 받는 이유는 도대체 무엇일까?

〈슬램덩크〉와 〈배가본드〉를 그린 일본인 만화가 이노우에 다케이코의 말에서 해답을 찾을 수 있을 것 같다. 그는 천하제일의 붓쟁이로 불리는 사람이다.

"눈앞의 일에 자신을 바친다. 주어진 곳에서 최선을 다한다. 그다음은 흐름에 맡긴다. 세상은 그렇게 되어 있으니까."

부주의와 실수는 비극의 씨앗

:

비극적인 사건은 곳곳에서 발견된다. 아침에 신문을 펼쳐보기가 겁날 정도다. 그 비극의 상당수는 사람들의 부주의와 용납될 수 없는 실수에서 비롯된 것이다.

수년 전 런던에서 구조선 밑바닥에 물이 새는 사고가 발생했다. 수리 과정에서 배 밑바닥에 있던 망치 하나가 발견됐다. 망치가 어떻게 배의 밑바닥에 들어갔는지 조사해보았더니 배를 만든 사람이 실수로 그곳에 두었다는 사실이 밝혀졌다. 구조선이 파도에 흔들릴 때마다 망치도 이쪽 저쪽으로 움직였고, 결국 두꺼운 철판에 구멍을 낸 것이다.

또 다른 사례 하나. 어떤 감옥에서 12개월의 형을 선고받았던 소년이 12년이나 복역하는 어처구니없는 일이 발생했다. 알고 보니 담당서기가 기록란에 '개월'이라고 써야 할 것을 실수로 '년'이라고 기록한 것이었다.

이뿐만이 아니다. 우리 주변에는 헤아릴 수 없이 많은 실수가 벌어지고 있다. 받는 사람에게 보내져야 할 택배가 보낸 사람에게 배달되기도 하고, 수술이 끝난 환자의 몸속에서 수술용 가위가 발견되는 어처구니없는 실수도 발생한다.

삼풍백화점과 성수대교의 붕괴, 대구지하철 화재 등의 대형 참사는 아직도 우리 기억 속에서 지워지지 않고 있다. '사고공화국'이라는 불명예스러운 이름을 가진 나라가 우리나라다. 요즘도 어처구니없는

리셋, 유

실수와 부주의로 많은 사람이 불구의 몸이 되고, 심지어는 목숨까지 잃는다.

이런 일들이 일어나는 것은 적당주의와 안일함 때문이다. 철저함과 정확성, 원칙 준수 그리고 일을 완벽하게 마무리하고자 하는 자세만 있으면 비극의 씨앗을 뿌리지 않을 수 있다.

나태와 부주의는 독이다

사람의 인격은 그 사람이 평소에 자기가 맡은 일을 어떻게 처리하느냐를 보면 알 수 있다. 정확하고 빈틈없이 일을 처리하는 사람을 보면 신뢰가 가고, 그래서 다른 일도 믿고 맡기게 된다. 반면 맡은 일을 대충 처리하는 사람을 보면 신뢰할 수 없게 된다. 당연히 일의 성과도 시원찮다. 이런 사람에게는 불안해서 다른 일을 맡기기 힘들어진다.

정확하고 빈틈없이 일하는 습관을 붙이면 정신도 확고해지고 인격도 고양된다. 그러나 맡은 일을 대충 적당히 하면 정신은 마치 나사가 풀린 것처럼 헝클어지고 혼란에 빠져 무기력한 상태가 된다.

나태하고 부주의한 습관은 한순간에 굳어지는 것이 아니다. 물의 온도가 서서히 올라가는 비커 속 개구리처럼 자신도 모르게 서서히 길드는 것이다. 그리고 나중에는 자기 삶의 목적까지도 잃어버릴 만큼 정신세계가 피폐해지고 만다. 그러면 결국엔 될 대로 되라는 식이 되어버린다.

'될 대로 되라, 난 모르겠다'라는 사고방식은 우리 몸에 독이 퍼져 나가는 것과 같다. 독은 정상적인 기능을 마비시키고, 결국에는 사람을 죽음에 이르게 한다.

나태와 부주의도 마찬가지다. 정신의 건강한 기능을 마비시킨다. 결국에는 야망을 꺾어버리고 이상을 죽인다. 자신의 훌륭한 능력과 잠재력을 쓰지 못하게 되어 그저 그런 사람으로 살다가 생을 마감하게 된다. 우리는 주변에서 그런 사람들을 어렵지 않게 발견할 수 있다.

독뱀에 물렸을 때와 마찬가지로 나태와 부주의의 수렁에 빠졌을 때도 살아나기 위해서는 해독제가 필요하다. 부단한 노력과 자기반성이다. 세상에 그저 되는 일은 아무것도 없다. 목표와 이상에 도달하기 위해서는 부단한 노력과 자기반성이라는 해독제를 늘 갖추고 있어야 한다. 쉽게 이룰 수 있다면 누가 땀 흘리고 밤잠을 설쳐가며 고민하겠는가?

좋은 것과 가장 좋은 것
.

'좋은 명성만큼 좋은 광고는 없다'는 말이 있다. 혼을 담은 상품, 정성을 다해서 만든 정직한 상품은 그에 상응하는 대가를 받는다. 훌륭한 기업가들이 자신의 명성을 가장 귀중한 재산으로 생각하는 것도 이 때문이다. 그들은 어떤 상황에서도 자신의 이름이 불완전한 상품

리셋, 유

에 붙여지는 것을 용납하지 않는다.

샤넬 화장품, 몽블랑 만년필, 롤렉스 시계, 버버리 코트 등과 같은 명품은 그런 장인정신에서 탄생했다. 그러니 그들의 이름을 사용하기 위해서는 많은 돈을 지불해야 한다. 그들의 탁월함을 추구하는 정신에 대한 대가다.

탁월해지고 싶다면 '어느 정도 괜찮다', '그런대로 괜찮다', '웬만큼 잘되었다'라는 말에 결코 만족해서는 안 된다. 최선을 다하지 않았다면, 명품 수준에 도달하지 못했다면 마음에 불편함을 느껴야 한다. 일의 결과에는 그 사람의 인격과 성품이 담기기 마련이다. 일을 할 때에는 자신의 인격이 담기고 성품이 드러나고 탁월함이 돋보일 수 있도록 최선을 다해야 한다.

'좋은 것'과 '가장 좋은 것'은 어떤 차이가 있을까. 기술 분야로 치면 대가와 보통 기술자의 차이라고 하겠다. 대가는 자기가 하는 일에 몰입해서 온갖 정성을 쏟는 반면 보통 기술자는 적당히 처리한다.

어떤 일을 하든 스트라디바리우스가 바이올린을 만드는 데 쏟은 정성만큼 심혈을 기울여야 한다. 17~18세기 이탈리아의 바이올린 제작자였던 스트라디바리우스는 자신이 만든 바이올린에 특허를 신청할 필요가 없었다. 바이올린을 만드는 사람 중에서 그의 정성을 따라올 사람은 아무도 없었기 때문이다.

그는 오늘날 표준형 바이올린의 창시자로 평생 1,100여 개의 악기를 제작했다. 현재 250개 정도가 남아 있다고 한다. 그가 만든 악기는 자신의 이름인 스트라디바리우스라고 불리며, 부르는 게 값일 정도로 엄청난 가치를 지니고 있다. 보관 상태와 음질 등에 따라 수십억 원을 호가한다.

스트라디바리우스에는 언제나 '완벽'이라는 명성이 따라다닌다. 그 명성은 돈으로 따질 수 없을 정도다. 이처럼 완벽을 향한 열정을 쏟는다면 스트라디바리우스 같은 명성을 얻지 못할 일이 어디 있겠는가. 장인정신으로 무장하고 '가장 좋은 것'을 추구할 때 '좋은 명성'을 얻는 법이다.

그 사람은 뭔가 달라

∴

많은 사람의 가장 큰 약점 중 하나는 철두철미徹頭徹尾하지 못하다는 것이다. 철두철미는 머리에서 꼬리까지 통한다는 뜻이다. 처음부터 끝까지 빈틈이 없는 상태나 어떤 일을 행함에 부족함이 없이 철저히 하는 것을 가리킨다. 중요한 것은 철두철미함이 부족한 상태에서는 결코 좋은 결과가 나올 수 없다는 사실이다.

이 점은 다양한 사례를 통해 확인할 수 있다. 철저히 훈련받지 못한 의학도는 서투른 수술로 환자를 위태롭게 한다. 마찬가지로 어중간한 법률가는 사건을 잘못 처리해 패배함으로써 의뢰자로 하여금 많은 돈을 낭비하게 한다. 또 실력이 부족한 교사는 강단에서 횡설수설함으로써 제자들을 혼란에 빠지게 하고 실망감에 사로잡히게 한다.

성공의 비결은 평범한 의무를 남다르게 하는 데 있다. 당신이 지금

리셋, 유

어떤 일을 하고 있든지 간에 지금 하고 있는 일이 더 나은 발전의 문이 될 수도 있고, 그렇지 못할 수도 있다. 일을 대하는 태도에 따라 삶이 달라질 수 있다는 얘기다.

성공한 사람들의 핵심 특징 중 하나는 '철저함'을 지니고 있다는 점이다. 기회는 멀리 있는 것이 아니라 늘 우리 주변을 맴돌고 있다. 성공은 그 사실을 깨닫느냐 그렇지 못하느냐의 차이일 뿐이며, 결국 태도에 달려 있는 셈이다.

우리의 주위는 평범한 이인자들로 넘쳐난다. 그들은 '만년'이라는 이름을 달고 다닌다. 만년 과장, 만년 부장이라고 불리는 사람들이 그들이다. 그중에는 조금만 더 노력하면 탁월함에 이를 수 있는 사람들도 있을 것이다. 그러나 안타깝게도 그 벽을 넘지 못한다. 만년이라는 이름은 기술자들과 예술가, 건축가 등 다른 분야에 종사하는 사람들에게도 똑같이 적용된다. 비범함과 탁월함 그리고 완벽함을 향한 치열한 몸짓이 없기 때문이다.

자기에게 주어진 일은 무엇이든 최선을 다한다는 것을 생활목표로 삼아야 한다. 지금 하고 있는 일에 모든 능력을 쏟아부어야 한다. 그래서 '그 사람은 뭔가 달라'가 자신의 트레이드 마크가 돼야 한다.

인정을 받거나 명예를 얻거나 성공을 하는 것은 지금 자신에게 주어진 일을 어떤 마음가짐으로 처리하느냐에 달려 있다. 인정과 명예 그리고 성공의 씨앗을 뿌리는 것은 지금 당장 연봉을 조금 더 받는 것보다 훨씬 중요하다. 그리고 그 씨앗의 중심에는 철저함과 탁월함이 있어야 한다.

할 수 있다고 생각하면
못 할 게 없다

앞서도 말했듯이 이 책을 읽고 있는 당신이 지금 어떤 상태에 놓여 있는지 나는 알지 못한다. 어쩌면 삶의 무자비함에 깊은 상처를 받고 있는 상황인지도 모른다. 아니면 소중한 무엇인가를 잃어버린 다음에 찾아오는 끝없는 공허와 혼란에서 벗어나기 위해 몸부림치고 있을지도, 배신을 당해 마음의 상처를 입었을지도 모른다. 그것도 아니면 전진하고 싶어도 한 발자국도 앞으로 나아갈 수 없는 사면초가의 곤궁한 상태인지도 모른다.

혹시 당신이 이런 상황에 처해 있다면 도움이 될 만한 말이 있다. '희망의 꽃은 지독한 절망 속에서 피어난다.' 어두운 터널을 지나면 빛이 보이듯이 절망과 결핍과 곤궁한 상태에서 희망의 꽃이 피어나는 것이다.

절망을 희망으로 바꾸기 위해서는 어떻게 해야 할까? 어떻게 해야 이 상황을 돌파할 수 있을까? 생각을 바꿔야 한다. 어제나 오늘이나 상황은 크게 다르지 않다. 그러나 어떻게 해석하느냐에 따라 방향이 달라진다. 부정이 긍정으로, 불안이 평안으로, 불행이 행복으로, 절망이 희망으로 바뀐다. 어떻게 받아들이느냐가 중요하다. 우리 마음 안에는 동서남북이 다 들어 있다.

세상에는 두 종류의 사람이 존재한다. 변명형 인간과 결과형 인간이다. 변명하는 사람은 어떻게든 일을 수행할 수 없는 이유를 찾는다. 누군가가 나서서 문제를 해결해주면 그들은 얼마 지나지 않아 또 다른 안 되는 이유를 찾아낸다. 그들에게는 안 되는 이유가 천 가지, 만 가지도 넘는다. 핑계의 대가들이라 할 만하다.

반면에 결과형 인간은 일을 해낼 방법을 찾는다. 그들은 해내지 못하는 일은 없다고 생각한다. 벽에 부딪혀도 반드시 해결책을 찾아낸다. 절대긍정의 사람들이다.

거리 청소부로서 소명을 받았다면 피카소가 그림을 그리고, 셰익스피어가 희곡을 쓰고, 베토벤이 작곡을 하듯이 거리를 청소해야 한다. 모든 사람이 '여기 자신의 일을 잘하는 위대한 청소부가 살고 있다' 라고 말할 만큼 청소를 잘해야 하는 것이다.

결국 모든 일은 마음먹기에 달려 있다. 할 수 있다고 생각하는 사람들이 모든 일을 해내는 데 비해, 할 수 없다고 생각하는 사람들은 어떤 일도 해내지 못한다. 자기가 가지고 있는 그 생각대로 자신의 운명이 결정되는 것이다.

할 수 없다는 생각나무를 베어버리자

•

우리 주변에는 할 수 있다는 긍정적 사고보다 할 수 없다는 부정적 사고를 하는 사람들이 더 많은 것 같다. 할 수 있다고 생각하는 사람은 일곱 번 쓰러져도 여덟 번 일어나고, 할 수 없다고 생각하는 사람은 쓰러진 일곱 번을 내내 후회한다.

'할 수 없다'라는 이름의 생각나무를 베어버리자. 그리고 그 자리에 '할 수 있다', '할 것이다', '하고 말 것이다'라는 이름의 생각나무를 심자. 사람들이 모두 자신의 할 수 없다는 생각에 대해 정신적인 이별을 선포한다면 얼마나 많은 일을 성취할 수 있을까?

다윗이 거인 골리앗에 맞서 싸우겠다고 했을 때 주변 사람들은 그가 미쳤다고 했다. 그들은 다윗에게 골리앗이 너무나도 거대해서 이길 길은 전혀 없다고 했다.

다윗은 이렇게 대답했다.

"골리앗이 실로 거대하니까 빗나갈 길이 전혀 없어요!"

다윗은 할 수 있다는 흔들림 없는 믿음을 가지고 있었다. 물론 다윗의 마음에도 두려움이 있었을 것이다. 골리앗은 키가 2.7미터나 되고, 머리부터 발끝까지 전신을 무장했으며, 일대일 격투의 경험이 많은 노련한 병사였기 때문이다.

리셋, 유

그러나 다윗의 확고한 믿음은 두려움을 넘어섰고, 그 믿음으로 결국 골리앗을 쓰러뜨렸다. 만약 다윗이 주변 사람들의 말을 듣고 두려워서 꽁무니를 뺐다면 어떻게 됐을까?

성공한 사람이나 실패한 사람이나 모두 주변 사람들로부터 비슷한 정도의 부정적인 피드백을 받는다. 그럼에도 최종적으로 다른 결과에 이른 이유는 성공한 사람들은 하나같이 꿈을 망치려고 드는 사람들의 말을 믿지 않았다는 것이고, 실패하는 사람들은 그 말들에 솔깃했다는 것이다.

벽을 만났을 때

성공은 마음만 먹는다고 거저 이루어지는 것이 아니다. 때로는 가시밭길을 걷는 인고의 과정을 거쳐야 한다. 도저히 넘을 수 없을 것 같은 벽을 만날 때도 있다. 인생에서 정말 중요한 시기는 그 벽을 만났을 때다.

《편지가게》와 《꿈꾸는 슈조의 책방》을 쓴 일본의 베스트셀러 작가 기타가와 야스시는 이렇게 말한다.

"큰 꿈은 큰 벽을 동반한다. 사람이 꿈이나 목표를 가지면 눈앞에는 반드시 벽이 나타난다. 그 꿈을 가지지 않았더라면 벽이라고 느끼는 일 없이 살아갔을 것들이 눈앞에 나타나게 된다. 당연히 큰 꿈을 가진 사람에게는 큰 벽이 나타난다."

그의 말대로 벽이 나타나는 것은 목표를 가지고 있기 때문이다. 벽은 열심히 살고 있다는 증거다. 그러므로 벽이 높아질수록, 벽의 숫자가 많아질수록 자신이 이전보다 더 가치 있고 의미 있는 삶을 살아가기 위한 조건들을 갖춰나가고 있다고 받아들이면 된다. 그렇게 생각할 때 벽은 더는 두려움의 대상이 되지 못한다. 자랑스럽고 반갑게 맞이해야 할 손님이 된다.

골프계의 살아 있는 신화 아놀드 파머의 사무실에는 작은 동판이 하나 있는데, 거기에는 믿음의 힘이 얼마나 중요한지를 강조한 다음과 같은 글이 새겨져 있다고 한다.

> 패배했다고 생각하면 패배한 것이다.
> 감히 못 하겠다고 생각하면 못 한다.
> 이기고 싶지만 이기지 못한다고 생각하면,
> 거의 확실히 이기지 못한다.
> 인생의 투쟁에서는 항상 강자가 승리한다.
> 그러나 결국, 승리하는 자는 자신이 할 수 있다고 믿는 자이다.

승자의 머리에는 꿈이 있고, 패자의 머리에는 욕이 있다. 욕하기를 원치 않는다면 꿈을 꾸고 믿음과 희망을 가져야 한다.

희망 전도사 송진구 교수는 《포기 대신 죽기 살기로》에서 '희망+절망=100'이라는 공식을 제시했다. 희망과 절망은 저울의 두 추와 같아서 한쪽이 내려가면 다른 쪽은 올라가게 돼 있다는 것이다. 절망이 점점 커져 100이 되는 순간 희망은 제로(0)가 되고, 반대로 희망이 점점 커져 100이 되는 순간 절망은 제로가 된다는 설명이다. 우리 인생 공식도 '희망100 + 절망0 = 희망100'이었으면 좋겠다.

시각 장애인의 생생한 야구 중계

시각 장애인이면서도 야구 중계를 하는 사람이 있다. 그는 태어날 때부터 두 눈이 보이지 않는 시각장애인이어서 단 한 번도 야구경기를 본 적도 없다. 어떻게 그런 일이 가능할까?

미국 메이저리그야구$_{MLB}$에는 구단마다 전속 야구해설사가 있다. 2008년 월드시리즈에서 준우승을 차지했던 아메리칸리그의 탬파베이 레이스라는 팀이 있는데, 그 팀 라디오 방송 WAMA-AM의 스페인어 방송 야구해설사인 엔리케 올리우 씨가 그 주인공이다.

아무리 야구에 대해 해박한 지식을 가지고 있다고 해도 경기를 보지 못하는데 중계를 한다는 것은 불가능해 보인다. 하지만 그는 1999년부터 야구 중계를 하고 있다. 열 살 때 장애인 학교에서 야구를 접한 이후 30년 동안 메이저리그의 룰과 선수들의 프로필, 기록 등을 모두 외워버렸다.

올리우 씨가 야구 중계를 할 수 있는 건 그의 아내 데보라 덕분이다. 그녀는 투수가 어떤 구질의 공을 던졌는지 타자가 공을 어디로 쳤는지 현장상황을 그의 곁에 딱 붙어 앉아서 귓속말로 알려준다. 그러면 그는 실감 나게 중계를 한다. 라디오를 통해 흘러나오는 그의 경기해설을 듣다 보면 마치 현장에서 경기를 보는 듯한 착각에 빠질 정도라고 한다.

야구에 대한 사랑과 열정이 없었다면 불가능한 일이다. 만일 그가 세상을 저주하며 비관만 하고 있었다면 어떤 삶을 살고 있을까?

불굴의 의지가 돋보이는 또 하나의 사례, 이번엔 골프 이야기다.

2003년 6월 16일, 미국 일리노이 주 올림피아필즈CC에서 제103회 US오픈 골프대회가 열렸다. 최종 4라운드 시작을 앞둔 시각, 이 경기에서 메이저 대회 첫 승을 거둔 짐 퓨릭은 1번 홀 티잉그라운드로 출발하기 전 한 초로의 남자와 한참 동안 포옹했다.

퓨릭의 트레이드 마크는 이른바 '8자 스윙'이다. 타깃라인 바깥쪽으로 백스윙한 뒤 다운스윙 때는 타깃라인 안쪽으로 끌어당겨 치는 우스꽝스러운 스윙 자세다. 그는 프로골퍼 출신인 아버지에게 배운 이 우스꽝스러운 자세 때문에 수많은 비웃음을 받았다. 사람들은 그의 아버지까지 싸잡아서 웃음거리로 삼았다. 그러나 결국 우승을 차지했다.

퓨릭이 그날 포옹한 사람은 그의 아버지였다. 그는 남들이 뭐라고 하든 자신이 옳다는 것을 보여주기 위해 피나는 노력을 기울였다. 만일 퓨릭이 주변의 비웃음 때문에 스윙 자세를 바꾸었다면 과연 우승할 수 있었을까? 할 수 있다는 긍정적인 태도와 끊임없는 노력이 그를 승리자로 만든 것이다.

사람마다 처한 상황이 다 다르겠지만, 어떤 순간이라도 새로운 꿈을 좇을 수 없을 만큼 힘든 때란 없다. 끝내 포기만 하지 않는다면.

리셋. 유

아프리카 소년,
미국 대학에 입학하다

Q: 어느 나라일까?

인구는 한국의 7분의 1 수준, 아무런 지하자원이 없는 나라, 그러나 지식 자원은 세계 다섯 손가락에 드는 나라, 미국 나스닥시장에서 미국 국적을 제외한 상장 기업의 40퍼센트를 차지하고 있는 나라, 의과대학 수는 미국의 30분의 1밖에 안 되지만 전 세계 바이오 벤처 70퍼센트를 만들어낸 나라

A : 이스라엘

무엇이 이스라엘을 이런 강소국으로 만들었을까? 후츠파Chutzpah 정신이다. '주제넘은, 뻔뻔스러운, 당당한, 오만한'이라는 뜻을 담고 있는 이스라엘만의 고유 정신이다. 눈치 보지 않고 당당하게 자기 생

각을 말하고, 거침없이 질문하고, 꼭 필요한 것 외에는 과감하게 버리는 문화 정도로 설명될 수 있다. 도전정신과 창조정신으로 이해하면 쉬울 것 같다.

후츠파 정신에는 일곱 가지 의미가 담겨 있다고 한다. Informality 형식 타파, Questioning Authority 질문할 권리, Mash-up 섞임, Risk Taking 위험 감수, Mission Orientation 목표 지향, Tenacity 끈질김, Learning from Failure 실패로부터 학습 등이 그것이다.

시행착오를 두려워하지 않고 겁 없이 자기 사업에 뛰어드는 이스라엘인들의 창업정신은 교육과 재교육, 멘토와 멘티 문화가 한데 어우러져 만들어진 것이다. 이스라엘에서는 열세 살이 되면 성년식을 치른다. 이때 중산층 가정 기준으로 보통 1억 원 정도의 종잣돈을 모아준다고 한다. 그때부터 아이는 스스로 돈을 관리하며 자신의 사업을 준비하며 구상한다고 한다.

여기에서 우리는 첨단 지식국가도 그 시작을 보면 작은 것에서 비롯된다는 것을 알 수 있다. 묘목을 길러서 대들보가 될 동량을 만들어내는 것이다. 이스라엘은 후츠파 정신으로 사막에 꽃을 피운 나라다.

퍼스트 무버가 된다는 건

•

지금 우리가 직면한 시대는 우리에게 패스트 팔로어 fast follower 가 아니라 퍼스트 무버 first mover 가 되기를 요구한다. 뒤따르는 자가 아니라

리셋, 유

선도하는 자가 돼야 한다는 것이다. 퍼스트 무버는 창의적 시장 선도자를 의미한다. 새로운 변화를 이끄는 선도자 역할뿐 아니라 일상의 혁신을 먼저 가져오는 역할도 수행해야 한다.

패스트 팔로어가 앞차의 불빛을 보고 손쉽게 따라갈 수 있다면, 퍼스트 무버는 앞에서 달리며 오로지 자신의 판단으로 방향을 결정해야 한다. 퍼스트 무버는 되기도 힘들지만 유지하기가 더 힘들다.

자동차 왕으로 불리는 미국의 자동차 회사 포드의 창설자인 헨리 포드는 퍼스트 무버였다. 근대적 대량 생산방식을 통해 자동차를 대중화한 그는 자신의 비전을 이렇게 밝혔다.

"나는 수많은 대중을 위한 자동차를 만들 것이다. 가격은 매우 저렴해서 열심히 일하는 사람이라면 누구나 이 차를 소유할 수 있을 것이다. 말은 이제 고속도로에서 보이지 않게 될 것이고, 자동차가 당연한 것으로 받아들여질 것이다. 그리고 많은 수의 근로자들에게 많은 급료를 지불할 수 있을 것이다."

지금 삼성전자, LG전자 등 대기업들은 퍼스트 무버가 되기 위해 사활을 건 전쟁을 치르고 있다. 퍼스트 무버가 되기 위한 노력은 기업을 넘어 다양한 분야에서 나타나고 있다. 테마파크도 그중 한 분야다.

2008년 7월에 개장한 쁘띠프랑스라는 이름의 테마파크가 있다. 작은 프랑스라는 뜻으로, 프랑스 중남부 지역의 작은 마을을 고스란히 옮겨놓은 모양새다. 경기도 가평 청평호숫가에 있다. 수많은 드라마와 영화, CF가 촬영됐고, 엽서 사진처럼 예쁘다고 소문이 돌면서 순식간에 명소가 됐다.

그렇지만 쁘띠프랑스의 진정한 가치는 다른 데 있다. 한 가지 주제를 정해놓고 가꿔진 테마파크라는 점이다. 우리나라에 몇 안 되는 진짜 테마파크다. 물론 20년 넘게 꿈꿔온 한 남자, 한홍섭 회장의 도전과 열정이 없었다면 쁘띠프랑스는 태어나지 않았을 것이다.

사막을 옥토로 만든 청년

'Be Bold', 실패를 두려워하지 말라는 뜻이다. 미국 캘리포니아 주 실리콘밸리 페이스북 본사 곳곳에 붙여진 슬로건이기도 하다. 이 슬로건대로 행동한 사람이 있다. 그는 할 수 있다고 믿으면 해낼 수 있다는 강한 신념을 가진 아랍 청년 무사 아라미다. 그는 역사상 한 번도 꽃이 핀 적 없는 중동 사막에 꽃을 피운 사람이다.

영국 케임브리지 대학교에서 공부한 그는 고향인 팔레스타인으로 돌아와 비교적 부유한 생활을 하고 있었지만 정치적 소용돌이로 모든 것을 잃었다. 그래서 요르단을 건너 예리코라는 오지로 갔다. 사막이 끝없이 펼쳐진 곳이었다. 작열하는 태양 아래 지금까지 작물이 한 번도 경작된 적이 없는 불모의 땅이었다.

"캘리포니아에서처럼 지하수를 파면 어떨까?"

미국 캘리포니아 사막이 급수를 통해 옥토가 되었다는 것을 알고 있었던 그는 그곳에서도 물을 찾기만 하면 얼마든지 농사를 지을 수 있다고 생각했다. 그는 자신의 신념을 따르는 몇 명의 친구들과 함께

리셋, 유

물을 찾기 시작했다. 그러나 고정관념에 사로잡혀 있던 마을 주민들은 쓸데없는 짓을 한다며 그를 비웃었다. 도대체가 불가능한 일이라는 것이다.

무사는 그들의 소극적이고 부정적인 말을 모두 무시했다. 6개월 동안 쉬지 않고 물의 근원을 찾기 위한 발굴 작업을 계속했다. 그러던 어느 날 모래에 습기가 보이더니 물이 쏟아져 나오기 시작했다. 비웃음과 냉소적인 눈길을 보내던 사람들은 말문이 막혔다.

그 후 수년이 흘렀다. 무사는 또 다른 수많은 우물을 찾아내 길이와 너비가 수마일이나 되는 커다란 농장을 만들었다. 그리고 지금 그는 바나나와 무화과, 감귤류, 채소를 재배하며 피난민 소년들을 위해 일하고 있다.

그는 어느 인터뷰에서 이렇게 말했다.

"다른 길이 없었습니다. 꼭 그 일을 해내야만 했습니다. 어려움이 있다고, 장애물이 있다고 포기해서는 안 됩니다."

결핍, 긍정하고 즐겨라
•

인간은 나약한 존재다. 어떻게 보면 평생을 결핍의 고통 속에서 살게 되어 있는지도 모른다. 우리를 힘들게 하는 대표적인 결핍에는 가난과 질병, 장애 등이 있다. 중요한 건 고통에 맞서 위대한 발자취를 남긴 사람들은 하나같이 결핍과 고난을 기회로 여겼다는 점이다. 결핍을 긍정하고, 한발 더 나아가 오히려 즐긴 것이다.

독일 철학자 프리드리히 니체도 그중 한 사람이다. 늘 셋방을 찾아 전전해야 했으며, 겨울에도 냉방에서 자야 할 정도로 가난했다. 그는 병약했으며 시시때때로 찾아오는 위경련과 끔찍한 두통에 시달려야 했다. 게다가 시력은 맹인에 가까웠다. 고열과 정신착란에 시달리다 사망할 당시 그의 나이는 불과 쉰여섯 살이었다.

그가 자비로 출간한 《차라투스트라는 이렇게 말했다》는 현재는 독일어로 된 가장 위대한 문학서이자 철학서로 추앙받지만, 그의 생전에는 겨우 일곱 부가 팔렸다. 그는 결핍의 고통을 통해 위대해졌다. 자신에게 주어진 가혹한 삶의 조건들을 온 힘을 다해 영접하듯이 맞아들였다. 그는 그 고통의 과정을 통해 《인간적인 너무나 인간적인》, 《아침놀》, 《선악을 넘어서》 등과 같은 훌륭한 작품을 남겼다.

20세기 최고의 오스트리아 전기 문학가 슈테판 츠바이크의 《천재 광기 열정 1》 중 니체 편에는 다음과 같은 문장이 실려 있다.

"운명이라는 망치가 그를 가혹하게 때리면 때릴수록, 강건한 그의 의지는 맑은 음향을 내면서 울려 퍼졌다. (…) 그는 더 강렬한 고난, 더 깊은 고독, 더 완벽한 고통, 그의 능력으로 해낼 수 있는 최대의 것을 원했다."

니체처럼 결핍과 고난을 긍정함으로써 위대해질 수 있었던 많은 인물이 있다. 존망의 위기에 처한 나라를 구한 이순신 장군은 온갖 모함과 박해를 받았으며, 스티브 잡스는 애플에서 해고된 후 아이폰을 만들었다. 뇌졸중으로 쓰러져 음악가로서의 생명은 끝났다고 진단받

리셋. 유

았던 헨델은 불굴의 의지로 다시 일어나 불멸의 오라토리오를 썼다.

또 아내의 등쌀에 견디다 못해 가출까지 해야 했던 톨스토이는 위대한 사상가로 우뚝 섰으며, 사형장에서 형이 집행되기 직전에 간신히 목숨을 건진 도스토옙스키는 그때의 경험으로 인간에 대한 심오한 통찰을 얻어 위대한 작품을 쓸 수 있었다.

당신은 혹시 자신의 결핍과 핸디캡, 장애 요인 때문에 낙심과 절망에 빠져 있지는 않은가? 그렇다면 힘들 것이다. 그러나 고난이 위대한 인물을 만든다는 사실은 기억해야 한다.

의심하지 않았기에 이룰 수 있었다
•

위대한 사람이 아닌 보통사람의 이야기도 있다. 시쳇말로 치면 개천에서 용이 난 경우라고 할까. 주인공은 랙슨 캐이라는 이름의 아프리카 소년이다. '하늘은 스스로 돕는 자를 돕는다'는 말을 증명한 그의 삶의 궤적을 따라가 보자.

랙슨은 공부가 하고 싶어서 어머니에게 미국에 가겠다고 말했다. 어머니는 미국이 어디에 있는지도 모르면서 흔쾌히 허락했다. 그는 바로 다음 날 출발했다. 집을 떠날 때 지닌 것이라고는 입고 있던 옷과 성경책, 《천로역정》, 호신용 손도끼 그리고 어머니가 바나나 껍질에 싸준 몇 개의 옥수수가 전부였다.

자신이 몇 살인지도 몰랐다. 대충 열여섯 아니면 열여덟 살 정도일 것으로 생각했다. 아버지를 일찍 여읜 그는 선교사들로부터 많은 것을 배웠다. 미국에 대해 알게 됐고, 훌륭한 사람이 되기 위해 미국에 가서 교육을 받아야겠다는 생각을 하게 된 것이다.

그는 한 번도 '바다 건너 저 먼 대륙에 과연 도착할 수 있을까?' 하고 의심하지 않았다. 일단 이집트로 가서 배를 타고 미국으로 갈 계획이었다. 집에서 거기까지는 3천 마일이나 되는 거리였지만 그는 그 거리가 어느 정도인지 전혀 알지 못했다. 다만 4~5일 정도면 도착할 것으로 생각했다. 며칠 지나지 않아 식량도 떨어졌고 수중에는 돈도 없었다.

그가 할 수 있는 거라곤 계속해서 전진하는 일밖에 없었다. 마을에서 숙식을 해결하기도 하고, 때로는 들꽃과 야생열매를 따 먹기도 했다. 1천 마일을 걸어 겨우 우간다에 도착했다. 벽돌공장에서 일하면서 그곳에서 6개월을 머물렀다. 번 돈은 모두 어머니에게 송금했다.

그러던 어느 날 미국 문화원 도서관에서 미국 대학의 주소록을 발견했다. 선교사로부터 우수한 아프리카인에게 장학금을 준다는 말을 들은 적이 있었던 그는 워싱턴에 있는 한 대학 앞으로 장학금을 받아 공부하고 싶다는 내용의 편지를 보냈다.

3주 후에 총장의 답변을 받았는데, 장학금과 직장까지도 알선해주겠다고 했다. 문제는 거기서 끝난 것이 아니었다. 여권과 갈 여비가 필요했다. 그래서 니아살랜드(지금의 말라위) 정부에 편지를 보내 여권을 부탁했지만 생년월일이 명확하지 않아 거절당하고 말았다. 우여곡절 끝에 선교사들의 주선으로 여권을 발급받을 수 있었다.

리셋. 유

그러나 여비가 없었기에 일자리를 얻어 숙식을 해결해가면서 하루에 20~30마일을 걸었다. 드디어 칼토움(북부 수단의 수도)에 도착했다. 그곳에서 미국 영사관을 찾아가 입국 절차에 필요한 사항을 안내받았다. 친절하게도 부영사인 에미트 M. 콕슨이 그의 간청을 대학 측에 알려주었고, 그 대학 학생들이 모금 파티를 열어 1,700달러를 모금했다는 소식이 날아왔다.

　1960년 12월, 마침내 랙슨은 성경과 《천로역정》, 두 권의 책을 가지고 평소 복장 그대로 워싱턴에 있는 대학에 도착하였다. 아프리카 오지의 밀림 소년이었던 그는 결국 미국 대학의 학생이 됐다.

길을 찾을 때는
너의 마음에 물어보라

비행기를 타고 구름 위로 오르면 언덕과 골짜기 등 시야를 가로막는 장애물들은 더는 눈에 들어오지 않는다. 시야가 확 트인다. 포근하고 산뜻한 느낌의 흰 구름과 시리도록 눈부신 파란 하늘이 머리를 맑게 해준다. 높은 산 정상에 오르거나 아무도 없는 새벽 바닷가 해변에서 파도소리를 들으며 생각에 잠겨 있어도 마찬가지다.

　구름 위에 떠 있거나, 산 정상이나 인적 없는 새벽 바닷가에 서 있어 본 사람은 안다. 분주하고 쳇바퀴 도는 듯한 삶의 일상적인 사고로부터 자유로워진다는 것이 어떤 느낌인지를. 그런 공간에서 마음을 가다듬은 채 잠시 눈을 감고 있으면 원초적이고 근원적인 무엇인가를 생각하게 된다.

리셋, 유

꿈을 잃어버리고 있지는 않은가? 원래 계획했던 방향으로 가고 있는가? 본이 되는 삶을 살고 있는가? 다른 사람의 마음을 아프게 하고 있는 것은 아닌가? 배려하는 마음이 줄어들고 있지는 않은가? 나는 누구인가?

근원적인 그 무엇이란 어릴 적 꾸었던 꿈에 대한 회상일 수도 있고, 자신의 참모습을 찾기 위한 몸부림일 수도, 미래에 대한 포부일 수도 있다. 아니면 타인과의 관계에 대한 고뇌일 수도 있다.

우리가 고민에 빠져 있거나 헤어나기 힘든 갈등으로 괴로워하고 있을 때, 혹은 깊은 사색에 빠져 있을 때 내면에서 들려오는 나지막한 목소리는 최종 결정자가 된다. 그 작은 목소리는 '영혼의 명령'이다. 중요한 것은 그 목소리를 따라 진심으로 행하느냐 행하지 않느냐 하는 것이다.

마음이 말해주는 길

•

바에라는 이름의 랍비가 스승에게 물었다.

"하나님께 헌신하는 방법을 가르쳐주십시오."

스승은 이렇게 대답했다.

"네가 어떤 길을 선택해야 할지 나는 말해줄 수 없구나. 너의 마음이 어느 길로 가고자 하는지 잘 들어보아라. 그리고 온 힘을 다해 그 길을 가도록 해라."

진실로 자신이 원하는 것을 알고, 온 힘을 다해 죽을 각오로 임하는 것보다 인생에서 중요한 것이 무엇이 있겠는가? 위대한 화가, 작곡가, 음악가, 시인, 작가들이 위대함의 반열에 오르게 된 것은 자신들의 내면에서 들려오는 작은 목소리에 귀 기울이는 습관을 형성했기 때문이다. 그리고 그 작은 목소리에 의지해 인생을 올인all-in한 것이다. 배수진을 치고 목숨을 건다는 각오로 최선을 다했다.

그렇다면 자신이 진실로 좋아하는 것이 무엇인지를 어떻게 하면 알 수 있을까? 가장 먼저 해야 할 일은 귀를 막는 것이다. 주위 사람들의 조언이나 충고를 그대로 받아들여서는 안 된다는 뜻이다. "당신에게는 이 일이 어울려", "그 일은 당신과 찰떡궁합이야"와 같은 다른 사람들의 말에 현혹되지 말아야 한다. 그다음에는 영혼이 늘 깨어 있도록 하여 스스로 고민하며 그것을 찾아야 한다.

개인마다 차이가 있겠지만, 우리는 우리가 살고 있는 이 세상에 일정 부분 영향을 줄 수 있을 만큼의 능력을 가지고 있다는 사실을 알고 있다. 그러나 대부분은 여전히 그 자신감을 행동으로 옮기지 않는다. 꿈을 향해 나아가라고 외치는, 최선을 다해 성장하고 결실을 보라고 촉구하는 작은 목소리가 들려도 아무런 대답도 하지 않는다.

한 발자국 앞으로 나아갈 수 있는, 그래서 남과 충분히 구별될 기회를 애써 외면하는 것이다. 대신 안락과 안주와 유희를 바라는 말초적 성향에 굴복해 스스로를 평범의 굴레에 묶어두려고 한다. 결국 자기 내면의 목소리에 충실하지 않은 사람들은 다른 사람에게 중요한 것이 자신의 중요한 것을 대신하는 안타깝고 어리석은 삶을 살게 된다.

결단으로 삶이 바뀐다

•
•

내면에서 들려오는 작은 목소리는 오직 자신만이 들을 수 있다. 그리고 그 목소리를 들었을 때 온 마음과 온 힘을 다해 실행하겠다는 결단을 하고 의지를 품을 수 있는 사람도 자기 자신뿐이다.

내면의 작은 목소리는 우리가 언제라도 다시 시작할 수 있고, 재기할 수 있다는 용기를 준다. 비록 잘못된 길로 접어들었거나, 그 잘못된 길로 한참을 걸어왔다 하더라도 우리는 지금 이 순간 발걸음을 돌리기로 결단할 수 있다.

우리 인간은 신이 아니기에 완벽할 수가 없다. 실수투성이, 문제투성이다. 설령 우리가 실수를 했다 할지라도, 심각한 문제를 일으켰을지라도, 혹은 머뭇거리다 중요한 기회를 놓쳤을지라도, 남에게 씻을 수 없는 상처를 주었다 할지라도 우리는 지금 이 순간부터 앞으로 남은 생애를 최고로 만들겠다고 마음먹을 수 있다. 물론 지난 일에 대한 철저한 반성과 회개는 반드시 있어야 한다. 재발을 막기 위해서다.

결단하기만 하면 삶이 달라지기 시작한다. 그동안 마음으로만 희미하게 그려왔던 삶을 살아갈 수 있다. 자신만의 특별한 재능을 발굴하고 계발하면서, 존재의 경이로움을 만끽하면서, 삶 자체를 이 세상에 주는 선물로 만들면서 말이다.

사람이라면 누구나 편안함을 추구하는 경향이 있다. 변화를 싫어하거나 두려워하기 때문이다. 오래된 옷, 익숙한 환경이 주는 편안함을 누리고 싶어하는 이유는 편리하기 때문이요, 특별한 노력과 주의를 기울일 필요가 없기 때문이다.

안주한다는 것은 꿈과 가능성을 포기하고 자신의 삶을 좀먹는 것과 같다. 내일의 희망을 위해서는 어제의 허물을 벗어 던지고 오늘의 편안함을 기꺼이 박차고 일어날 수 있어야 한다. 새 술은 새 부대에 담아야 하고, 새 옷을 입기 위해서는 헌 옷을 벗어야 하는 이치와 같다.

헌 옷을 벗어 던지기로 결단하기만 한다면, 우리 각자 삶의 변화와 발전을 넘어 인류 역사를 발전시키는 원동력으로 작용할 수도 있다. 괄목할 만한 흔적을 남긴 위인들은 하나같이 편안한 삶을 과감히 던져버리고 자신의 소명을 충실히 수행한 사람들이다.

노예가 아니라 주인으로서의 삶을 위해

•

인생이 항상 밝고 즐거울 수만은 없다. 서로의 욕망과 이기가 맞물리고 비틀어진 아수라장이요 전쟁터이기 때문이다. 누가 대신 살아주지 않는다. 각자 본인의 책임 아래 치열하게 마주해야 하는 것이 인생이다.

당신도 오늘 이 순간까지 힘들게 살아왔을 것이다. 천둥과 번개가 치고, 태풍이 불고, 길이 막히기도 하고, 눈길에 미끄러지기도 했을 것이다. 숲 속에 고립되거나 급류에 휩쓸린 경험도 있을 것이다. 힘들었을 것이다. 그리고 당연히 상처받았을 것이다.

궁금해진다. 무엇을 위한 몸부림이었을까? 장석주 시인의 산문집

《달과 물안개》에 나오는 〈대추〉처럼 태풍 몇 개, 천둥 몇 개, 번개 몇 개를 품고 세상과 통하기 위해서였을까?

우리 목적은 세상 풍파를 견뎌내며 붉어지고 둥글어지는 대추처럼 삶을 가능한 한 성공적이고 행복하게 영위하는 데 있다. 그렇기에 우리는 오늘이라는 시간과 공간과 환경을 행복을 향해 나아가는 무대로 삼고 치열하게 살아가야 한다.

치열한 삶을 살기 이전에 우리가 알아야 할 것이 하나 있다. 그것은 무엇을 잃기 전까지는 그것의 소중함을 잘 모른다는 사실이다. 그리고 무엇을 얻기 전까지는 우리에게 무엇이 부족한지를 깨닫지 못한다는 것 또한 사실이다.

사실, 우리가 존재한다는 사실 그 자체가 성공과 행복에 필요한 모든 것인데도 말이다. 그렇기에 우리는 삶의 노예가 되어서는 안 된다. 삶의 주인이 되어야 한다. 자연의 아름다움을 찬미하고, 아름다운 시를 읊조리며, 살아 깨어 있음을 감사할 줄 아는 충만하고 여유 있는 삶을 살아야 한다.

마음의 충만, 영혼의 풍요를 위해서는 육체보다 더 많은 영양분이 필요하다. 격려의 말과 밝은 미소, 마음을 따뜻하게 해주는 글과 마음을 맑게 해주는 시, 아름다운 음악과 예술 그리고 종교인이라면 영원한 존재자로부터 영양분을 얻는다.

가뭄에 갈라진 논바닥처럼 메마른 마음으로는 불가능한 일이다. 마음을 비가 온 뒤 촉촉이 젖은 대지처럼 항상 적셔두고 있어야 한다. 내면의 소리에 귀를 기울여야 하는 이유가 여기에 있다.

磨穿十研 禿盡千毫(마천십연 독진천호)
벼루 열 개의 바닥을 뚫고, 붓 천 자루를 닳아 없어지게 한다.

: 추사 김정희 :

3장

뜨거워지기

| 뛰며 걸으며 여유롭게 전진하라 |

그들은
왜 산에 오를까?

어니스트 섀클턴, 데이비드 리빙스턴, 헨리 모턴 스탠리, 프리드쇼프 난센, 로버트 에드윈 피어리, 로알 아문센, 닐 암스트롱….

아마 익히 들어본 이름도 있고 생소한 이름도 있을 것이다. 이들의 공통점은 탐험가들이라는 것이다. 탐험가라 불리는 사람들은 극지방, 정글, 사막, 대양, 우주여행, 비행선, 열기구 등의 관련어를 통해 끊임없이 인간의 한계를 뛰어넘는 시도를 해왔다.

최근에도 안나푸르나 같은 높은 산을 등반하다가 추락사한 탐험가와 등산대원들에 대한 이야기가 간간이 들린다. 생명의 위험을 무릅쓰고 육체의 한계를 넘어서는 도전을 하는 탐험가들은 일반인들에게 없는 그 무엇을 가지고 있는 것일까? 무슨 이유로 그렇게 힘든 탐험을 하느냐고 물으면 그들은 어떤 대답을 할까?

추측건대 들려올 여러 단어 중에는 열정이라는 단어가 반드시 들어 있을 것 같다. 이 열정이라는 단어는 탐험가에게만 어울리는 건 아니다. 예술가, 음악가, 건축가, 교육자, 천문학자, 운동선수 등의 분야와도 궁합이 잘 맞는다.

이들은 대부분 보통사람이 지니지 않은 비범한 감성과 감각, 영감과 통찰력을 타고난다. 하지만 원한다고 해서 그 재능을 주머니에서 사탕 꺼내듯 아무 때나 손쉽게 꺼내 쓸 수 있는 건 아니다. 자석이 쇳가루를 끌어당기듯 비범한 재능을 끌어낼 수 있는 촉매제가 필요하다.

가장 흔하면서도 가장 강렬한 것이 열정이다. 열정 중에서도 최고 등급을 받는 것은 당연히 순수한 열정이다. 말 그대로 모든 걸 온전히 쏟아붓는 것이다. 미술 작품이든 오페라든 발레리나의 절제된 몸짓이든 간에 순수한 열정의 그 아름다운 흔적을 느낀다는 건 정말이지 짜릿한 경험이다.

열정은 만병통치약
•

강력하고 순수한 열정을 불러일으키기 위해서는 마음속에서 뜨거운 불길이 일어나야 한다. 그 불길은 꺼지지 않는 것이어야 한다. 3일, 30일의 열정이 아니라 3년, 30년의 열정이어야 한다. 오래도록 꺼지지 않는 그런 불꽃을 마음속에 피우기 위해서는 두 가지가 필요하다. 하나는 도달해야 할 명확한 목표이고, 다른 하나는 목표를 반드시 이루어내고야 말겠다는 강한 의지력이다.

그 두 가지에 하나를 추가한다면, 부드러운 눈길로 세상을 바라볼 수 있는 따뜻한 마음을 가져야 한다는 것이다. 세상을 냉소와 경멸의 눈길로 응시하는 차가운 마음속에서는 불꽃이 피어날 수 없다.

열정은 만병통치약이다. 꺼지지 않는 불꽃처럼 타오르는 열정은 변화를 만들고, 차이를 만든다. 삶을 의욕으로 넘치게 하고, 곤경을 이기게 하는 힘을 준다. 심지어 긴장과 걱정, 공포를 없애주기도 한다.

때로는 열정적으로 사고에 몰입하다 보면 균형감각을 잃어버리는 우를 범할 수도 있다. 그렇지만 탁월함과 위대함에 도달할 수 있는 사람은 활화산처럼 끓어오르는 열정을 가진 사람뿐이다. 위대한 일은 열정 없이는 결코 이루어지지 않는다. 삶의 이치와 진리를 발견하는 것도 열정을 갖고 헌신한 사람만이 누릴 수 있는 특권이다.

열정의 반대말은 냉정이다. 냉정은 가끔 필요할 때가 있기도 하지만, 사실상 그 핵심은 실수를 저지르지 않으려는 것이고 주변을 배회하는 것이고 인생을 회피하려는 것이다. 냉정의 상태로는 창작이 일어날 수 없고 변화가 일어날 수 없다. 초연의 상태나 관조의 상태로는 내면의 불꽃을 피울 수 없기 때문이다. 내면을 뜨겁게 하는 것은 열정이지 냉정이 아니다.

열정과 몰입은 인생의 성패, 위대함과 평범함을 결정짓는 중요한 이유다. 위대함의 탄생은 핵심에의 몰입과 불필요함의 배제에 달려 있다. 다시 말해 핵심에 집중하고 불필요한 것은 하지 않음으로써 위

리셋, 유

대함이 탄생한다.

열정으로 불이 붙은 사람은 비록 화상을 입을지도 모르지만 좌절과 고통과 상처로 가득한 이 세상에 따뜻한 온기를 발산하게 된다. 반대로 열정이 식은 사람은 얼음처럼 꽁꽁 얼어붙어 냉기를 뿜어낼 것이다.

불꽃 같은 열정을 가슴 가득히 품고 있으면, 걱정에서 벗어날 것이다. 풀리지 않던 문제도 고치에서 실이 나오듯 술술 풀릴 것이다. 성취는 열정에서 나온다. 열정이 없다면 변명만 있을 뿐이다.

죽은 사람에게는 문제가 없다

·
·

죽은 사람에게는 문제가 없다. 문제가 있다는 것은 살아 있다는 표시다. 그러므로 문제가 많으면 많을수록 더 생기가 넘치는 사람이라는 증거다. '살아 있는 사람'이라고 하면 가장 먼저 떠오르는 것이 소설 속 주인공 돈키호테다.

스페인을 대표하는 소설가이자 극작가인 세르반테스의 풍자소설 《돈키호테》에 나오는 주인공은 깡마른 쉰 살의 신사다. 그는 기사도에 관한 책에 중독되어 정신착란을 일으켜 스스로를 기사라고 생각한다. 타고 다니는 말에 로시난테라는 이름을 붙이고, 우직한 농부 산초 판자를 자신의 종으로 만들어서 무모하지만 용기 있게 꿈을 향해 돌진한다. 비록 비현실적인 내용이기는 해도 좌충우돌하며 문제를 일으키는 돈키호테를 살아 있음의 대표주자라고 이야기하는 데

이의를 달 사람은 없을 것이다.

적극적인 사고를 하는 사람은 현실을 직시하며 난관을 극복한다. 또 문제를 해결할 방법을 찾아낼 줄 알며, 철두철미하고 강하다. 또 그들은 쉽게 좌절하지 않는 낙천주의자이자 실천가다. 이들처럼 문제를 두려워하지 않고 정면으로 돌파하려는 사람이 닥쳐온 문제를 남들보다 더 잘 처리하는 것은 당연한 일 아니겠는가.

이 세상에는 뜨겁지도 않고 차갑지도 않은 범주에 속하는 사람들도 있다. 미지근한 사람들이며 감정적으로 공허한 사람들이다. 우리 주변에는 언제나 이런 사람들이 있기 마련이다.

꽁꽁 얼어붙은 지식보다는 불길에 휩싸인 무지가 낫다. 열정은 인생의 조미료다. 삶을 맛깔스럽게 한다. 사람을 유쾌하게 하고, 부글부글 끓게 하고, 좌절을 딛고 일어서게 한다. 그리고 사랑이 충만한 사람, 밝고 명랑한 사람, 여유로운 사람, 용기 있는 사람으로 변모시킨다. 열정은 살아 있는 송장을 활기차게 하는 생명의 숨길이다.

사람은 다른 사람에게 영향을 주고 동시에 다른 사람으로부터 영향을 받는다. 그 영향의 주고받음을 잘하는 사람이 인격이 높은 사람, 성품이 좋은 사람이다. 열정은 상대방으로 하여금 마음의 문을 열게 하고 스스로를 소통의 대가로 만든다.

살다 보면 힘든 상황을 만나기 마련이다. 그때 좌절하지 말고 긍정적인 요소에 초점을 맞춰야 한다. 발명왕 에디슨은 힘들 때 긍정적인 요소에 초점을 맞추는 것이 얼마나 중요한지를 보여주는 좋은 사례를 남겼다.

그가 예순일곱 살 때의 일이다. 밤늦게 일어난 화재로 공장이 전소했다. 평생의 발명품 대부분이 사라져버린 것이다. 다음 날 화마가 삼키고 간 공장 터를 둘러보는 에디슨에게 친구들이 찾아와 위로와 유감의 뜻을 표했다.

에디슨은 그때 이렇게 말했다.

"친구들, 나는 이번 재난으로 큰 가치를 얻었네. 보게, 실수했던 것들이 다 사라졌어. 감사하게도 완전히 새로 시작할 수 있게 됐다고!"

놀랍게도 화재 발생 3주 후 에디슨은 인류에게 즐거움을 가져다준 새로운 발명품을 소개했다. 바로 축음기다.

꺼져가는 의욕의 불씨를 살려라

•

"그랬으면 좋았을 텐데…." "나도 저렇게 될 수만 있다면…."

삶을 주도적으로 관리하며 사는 사람들이 달가워하지 않는 표현들이다. 과거를 돌아보고 한숨지으며 뱉어내는 회한의 말들이기 때문이다. 이런 부류의 사람들은 자신의 삶에 대한 성찰이 부족하거나, 실행력이 뒤따라주지 않거나, 도전정신이 부족할 가능성이 크다.

그들은 다람쥐 쳇바퀴 도는 듯 구속된 삶에 환멸을 느끼면서도, 보란 듯이 삶을 반전시킬 기회를 스스로 차버린다. 다른 사람들이 자유롭게 도전적인 삶을 살아가는 걸 보면 부러워하기만 할 뿐 더 나은 삶을 살기 위한 치열한 몸부림으로 세상과 맞서지 못한다.

결국 그들은 '그랬으면 좋았을 텐데', '내가 조금만 더 젊다면'과 같은 가정법으로 가득한 삶을 살게 되고, 무덤까지 후회의 꽃을 피우게 된다. 많은 사람이 일상생활의 틀에 갇혀 근심과 걱정으로 찌든 삶을 살고 있다. 중요하지도 않은 잡다한 일들에 정신이 팔려 정말 중요한 의욕이라는 불씨를 꺼뜨린 것이다. 더 늦기 전에 의욕의 불씨를 다시 살려야 한다.

영화감독 겸 작가인 멜 브룩스는 살아 있음에 대해 이렇게 의미를 부여한다.

"사람은 시끄러워야 한다. 아니면 최소한 그 사람의 생각이라도 시끄럽고 생생하고 화려해야 한다. 그래야 그 사람을 죽은 사람으로 착각하지 않을 것 아닌가?"

불붙은 의욕, 즉 열정으로 이룰 수 있는 것에는 한계가 없다. 열정은 매력적이고 역동적인 개성을 창출해내며, 묘한 마력으로 사람을 끌어당긴다. 그래서 열정을 가진 사람을 좋아하지 않기란 사실상 불가능하다. 열정과 성공은 서로 떼어놓을 수 없다. 성공하려는 사람들에게는 열정이 반드시 필요하다. 열정은 없는데 인내력만 있다면 어떻게 될까. 이것은 전원이 들어가지 않은 오븐 속에 양념을 잔뜩 바른 닭을 넣어놓고 맛있게 구워지기를 기다리는 것과 다를 바가 없다.

지금 우리에게 가장 필요한 것은 열정을 발휘하는 능력이다. 열정이 없는 세일즈맨은 한낱 주문을 받는 심부름꾼에 지나지 않는다. 혼이 들어가 있지 않은 제품이 소비자의 마음을 감동시킬 수는 없는 법이다.

내게는 믿는 구석이 있습니다,
나 자신 말입니다

뿌리 깊은 나무는 흔들리지 않는다. 절대믿음도 마찬가지다. 절대믿음이 있으면 어떤 어려운 상황에서도 흔들리거나 좌절하지 않는다. 절체절명의 상황에서도 바위처럼 흔들리지 않은 조르주 팡반처럼.

제1차 세계대전 당시 프랑스 파리가 독일군에 점령당할 위기상황에 처했던 적이 있다. 프랑스군은 풍전등화의 상황이었지만, 천우신조로 독일군 사령부가 최전선 사령부에 타전한 중요 암호무선을 포착했다. 하지만 그것은 난해하기 짝이 없는 신종암호였다. 모두 불가능의 늪에 빠져 허우적거리고 있었다. 시간이 지날수록 해독을 포기하는 분위기가 확산됐다.

그런데 단 한 사람, 조르주 팡반은 달랐다. 그는 "반드시 해독할 수 있다"고 확신했다. 밤잠을 설쳐가며 암호해독에 몰입했다. 일주일 후 그의 체중은 15킬로그램이나 줄었지만 결국 암호는 해독되었고, 이로 말미암아 프랑스는 위기에서 벗어날 수 있었다. 그 암호에는 바로 집중공격 목표가 들어 있었다. 조르주 팡반의 성공에 대한 확신과 적극적 자세는 몇 년 후 그를 프랑스 최대 화학공업 회사의 총수 자리에 올려놓았으며, 파리 상공회의소 회장 자리까지 앉게 했다.

자기 확신의 중요성을 보여주는 또 하나의 사례가 있다.

어느 TV 강연에서 "쫄지 마! 질러봐! 될 거야!"를 외치는 김수영 씨를 보았다. '지구별을 무대로 83개의 꿈에 도전하는 쾌락주의자 유목민'이라고 자신을 소개하는 김 씨는 지난 7년간(2006~2012년) 70개국을 돌면서 46개의 꿈에 도전했다. 뮤지컬 무대 서기, 킬리만자로에 오르기, 책 쓰기, 영화 출연하기 등 정말 많은 꿈에 도전했다.

30대 초반의 이 당찬 여인은 1년짜리 꿈의 프로젝트를 계획한 후 우여곡절 끝에 '꿈 공모전'에 참가했다. 거기서 1,500명과 4개월간 경쟁을 한 끝에 우승 상금으로 1억 원을 받았고, 실제로 1년 동안 25개국을 다니면서 프로젝트를 진행했다. 이 이야기는 다큐멘터리로도 만들어져 SBS스페셜에서 방영되기도 했다. 촬영 김수영, 내레이션 김수영, 출연도 김수영이었다.

그녀는 강연 말미에서 이렇게 말했다.

"나는 믿는 구석이 있습니다. 바로 나 자신입니다. 설령 내가 지금 하는 것들이 생각만큼 되지 않더라도, 다시 실패를 하더라도, 나는 다시 일어설 자신이 있습니다."

리셋, 유

마음의 방향을 바꾸면 모든 것이 달라진다

:

사랑하는 사람의 죽음, 지울 수 없는 깊은 상처만 남긴 채 실패로 끝나버린 인간관계, 부실한 건강, 실직, 배신감, 꿈과 이상의 상실 등 많은 요인이 우리의 짧은 삶에 무게를 더하게 한다.

도저히 어떻게 할 수 없는 좌절이나 슬픔으로 말미암아, 아니면 현재의 고단한 삶에 지치고 쓰러져 더는 앞으로 나아갈 수 없는 사람들이 있다. 그들에게는 보다 가치 있는 삶을 살라고 격려하는 말마저도 고단함의 무게에 눌려 들리지 않는다.

절망적인 상황에 처하면 대부분의 사람은 마지막 희망의 끈마저 놓아버린다. 얼어붙은 벌판을 녹여주는 따뜻한 해를 더는 기대하지 않게 된다. 그들이 어떻게 하면 다시 한 번 삶을 뜨겁게 사랑할 수 있을까? 어떻게 하면 잃어버린 희망을 다시 찾을 수 있을까? 절망에 빠진 사람들에게 아침편지문화재단 고도원 이사장은 이렇게 조언한다.

"언덕길을 오를 때 몸의 방향이 어느 쪽이냐에 따라 오르막이 되기도 하고 내리막이 되기도 합니다. 바람도 똑같습니다. 자기 몸의 방향이 어느 쪽이냐에 따라 차가운 바람 방해하는 바람, 따뜻한 바람 밀어주는 바람이 됩니다. 마음의 방향, 생각의 방향을 바꿔야 합니다. 행복과 불행, 절망과 희망, 사랑과 미움은 같은 것입니다. 생각의 방향, 몸의 방향이 어느 쪽이냐에 따라서 영원한 절망의 길이 되고, 영원한 희망의 길이 됩니다."

고도원 이사장의 말대로 마음의 방향, 생각의 방향을 바꿔야 한다.

그런데 중요한 건 방향을 바꿀 수 있는 사람이 자기 자신밖에 없다는 사실이다. 누가 대신 해줄 수 있는 일이 아니지 않은가?

희망의 끈을 다시 붙잡아야 한다. 그리고 7전 8기의 노력으로 다시 한 번 일어나야 한다. 오직 자기 자신만이 할 수 있는 일이다. 그리고 고통을 함께 나누면서 우리에게 용기를 줄 수 있는 사람들의 도움도 받아야 한다.

자신의 삶을 다른 사람이 지배하도록 내버려둬서는 안 된다. 내 집 안방 침대에 다른 사람이 들어와 자도록 방치하는 것과 무엇이 다르겠는가?

할 수 있다는 믿음의 위력
•

인생의 어떤 영역에서도 할 수 있다는 믿음을 필요로 하지 않는 곳은 없다. 정치, 경제, 사회, 문화, 체육, 예술, 교육 등 모든 분야에서 마찬가지다.

할 수 있다는 믿음의 효력은 실로 대단하다. 그 믿음은 박사학위를 취득하거나, 기술을 개발하거나, 불후의 명작을 만들거나, 큰 부를 이루거나, 장군이 되거나, 경마에서 승리자가 되는 일처럼 모든 목표에 없어서는 안 될 요소다. 존 슈트어트 밀은 "믿음을 지닌 한 사람은 관심만 지닌 99명의 가치가 있다"고 했다.

절망의 끝에서 할 수 있다는 믿음 하나로 성공한 남자가 있다. 그는

리셋, 유

군 복무를 마친 직후인 1968년 작은 회사를 하나 설립했다. 서울 세운상가 2층 점포에서였다. 여관이나 호텔 등 빌딩에 사용되는 공전식 전화교환기를 수주해 제작을 의뢰해서 설치하는 사업을 했다. 그러나 얼마 지나지 않아 한계에 부딪혔다. 대형 빌딩은 납품경쟁이 치열해 계약 직전에 다른 업체로 넘어가 버리기 일쑤였다. 정치권이나 권력기관에 줄을 대고 있던 업체가 소위 '빽'을 이용해 하루아침에 빼앗아 가버리는 것이다. 스물아홉 살의 가슴에 좌절의 멍이 들지 않는 날이 없었다.

그는 이듬해 도어폰이라는 또 다른 사업을 시작했다. 당시로써는 기존 인터폰보다 한 단계 발전시킨 획기적인 제품이었다. 그러나 제품을 생산하기 시작한 후부터 걱정은 더 커져만 갔다. 제품 개발 과정에서 계획했던 것보다 몇 배의 자금이 소요됐기 때문이다. 모두 빌린 돈이었다. 제품은 팔리지 않고 부채는 계속 늘어갔다. 돈 갚으라는 독촉은 하루가 다르게 심해졌다. 헤어날 길이 없던 그는 죽음이라는 단어를 떠올렸다.

소주 한 병과 수면제를 들고 어린 시절 즐겨 놀던 남산으로 향했다. 하염없이 눈물을 흘렸다. 수면제를 입에 털어 넣으려는 순간 한 줄기 세찬 바람이 불어와 눈에 흙먼지를 뿌렸다. 소주병이 손에서 떨어졌다. 수면제를 쥐고 있던 손으로는 눈을 비벼댔다.

그 순간 '살아야 한다'는 욕망이 가슴 한편에서 안개처럼 일어났다. '성공하고야 말겠다'는 의지도 가슴 밑바닥에서 용솟음쳤다.

그 한 줄기 바람이 없었더라면 오늘의 그도 없었을 것이다. 그리고

40여 년이 지난 오늘날 홈 네트워크, 홈 오토메이션, 게이트 뷰 등 정보통신 솔루션 업계를 선도하는 코맥스도 없었을 것이다. 코맥스 설립자 변봉덕 회장의 이야기다. 그는 벼랑 끝에 섰을 때에도 자신에 대한 확고한 믿음을 잃지 않았다. 그리고 끈질기게 노력해 신화를 만들어냈다.

나는 내가 좋다
:

만일 변봉덕 회장이 그때 수면제를 삼켰다면 어떻게 됐을까? 한 사람의 역사가 달라졌을 것이고, 한 산업 분야의 판도가 바뀌었을 것이다.

실패와 좌절, 원한과 분노와 같은 어둡고 우울한 생각이나 감정이 누적되면 삶 전체가 부정적인 영향을 받을 수밖에 없다. 부정적인 생각은 부정적인 결과를 낳는 법이다. 이미 부정적인 심리가 고착된 상태라면 정상적인 상태로 회복시키기 위해 더 많은 노력을 기울여야 한다. 건전하지 못한 생각들이 의식 속에 머물지 못하도록 마음을 정화해야 한다. 그 정화 과정을 통해 불건전한 의식을 한데 묶어 털어내기만 한다면, 온몸에서 환희가 솟구쳐 오르는 것을 느끼게 될 것이다.

몇 년 전 어느 교육프로그램에 수강생으로 참여하고 있을 때 배운 것이 하나 있다. 자기 자신에게 "나는 내가 좋다"라고 외치는 것이다. 영어 표현으로는 "I like myself"를 썼다. 그렇게 지속적으로 외치다

리셋, 유

보니 거짓말처럼 나 자신이 더 좋아지고, 자신감이 생기고, 자존감이 더 높아지는 것을 느꼈다. 나는 지금도 가끔 우울해질 때면 그때 배운 것을 써먹는다.

자기 자신에게 좋은 소식을 말하는 것은 이처럼 효과가 있다. 자기 암시를 활용한 이 방법의 궁극적인 목적은 자기 자신을 믿게 하는 데 있다. 자신에 대한 믿음의 시작은 자신에 대한 사랑인 것이다.

내가 아는 한 여성 경영자는 아침에 눈을 뜨면 잠시 그대로 누워서 자신이 생각할 수 있는 좋은 것들을 스스로에게 말한다고 한다.

"나는 오늘 컨디션이 좋고 정신이 맑다. 오늘도 좋은 일이 많이 있을 것이다. 사업 전망이 밝아지는 것 같아서 마음이 가볍다. 출근해서 김 이사를 만나면 최근의 성과에 대해서 칭찬해야지. 나는 일이 재미가 있고 자신도 있다. 나는 나를 믿는다. 나는 오늘 하루를 즐겁고 알차고 보람 있게 보내리라!"

그렇게 5분 정도의 행복한 게으름을 부리고 난 다음에는 침대에서 튀어 오르듯 벌떡 일어난다고 한다. 그렇게 기쁨과 환희로 가득한 하루를 시작하는 것이다.

긍정의 자기암시

●

매일 아침 눈을 뜨면 우리 손에는 항상 두 개의 핸들이 쥐어져 있다. 하나는 냉담의 핸들이고, 나머지 하나는 열정의 핸들이다. 어떤 핸들을 선택할 것인가. 그 선택에 따라 그 하루의 성격이 결정된다. 그리고 그 하루하루가 모여 인생이 된다.

관찰해보라. 내 아내가, 혹은 내 남편이 매일 아침 잠자리에서 일어나면서 가장 먼저 하는 말이 무엇인지를. 긍정의 표현인가, 부정의 표현인가? 확신의 표현인가, 불안의 표현인가? 희망의 표현인가, 절망의 표현인가?

관찰 결과가 긍정의 표현, 확신의 표현이기를 바란다. 매일 아침 좋은 일을 자신에게 말하는 긍정적 자기암시는 비록 실망스러운 일이 생기더라도 빨리 극복하고 활기찬 하루를 보내는 데 많은 도움을 준다. 그리고 좋은 일을 많이 말하면 말할수록 그만큼 더 좋은 일이 일어나게 된다.

보다 숭고한 이상과 꿈을 추구하기 위해서는 먼저 사소한 것들을 결정하고 실천해야 한다. 사소함에 대한 결정은 더 중요한 일, 보다 가치 있는 일로 연결된다. 완벽하고 행복한 부부 관계를 원한다고 치자. 그렇다면 먼저 배우자에게 사랑의 표현, 긍정의 표현을 해야 한다. 부정적인 표현을 쓰면 관계는 순식간에 얼어붙고 만다.

소니야 류보머스키 미국 캘리포니아 대학교 심리학 교수는 《행복의 신화》라는 책에서 '5분의 기적'을 강조한다. 아침에 일어나 오늘은 어떤 말과 행동으로 배우자나 파트너를 5분 동안 기분 좋게 해줄 수 있을까를 생각하고, 그것을 실천에 옮기면 행복감을 계속 유지할 수 있다는 것이다.

그리고 그 비결은 거창한 데 있는 게 아니라 따뜻한 말 한마디, 부드러운 눈길, 그윽한 미소, 귀 기울여 경청하기, 등 두드려주기, 어깨 감싸주기, 손잡기 등 사소한 말과 행동에 있다고 조언한다. 그리고 행복한 결혼 생활을 유지하는 부부는 부정적인 언행을 한 번 할 때마다 평균 다섯 번의 긍정적 언행으로 부정적인 감정을 무마하는 것으로 나타났다고 말한다. 한마디로 그의 주장은 행복의 비밀은 멀리 있지 않다는 것.

어떤가? 따뜻한 말 한마디와 부드러운 눈길로 시작된 관계가 결국에는 삶을 행복하고 완전한 길로 인도하고 있음이 느껴지지 않는가? 용기와 자신감도 충만해지지 않는가? 긍정의 핸들과 부정의 핸들 중에서 어떤 핸들을 선택하느냐는 전적으로 우리 자신에게 달려 있다.

원대한 목표는 자신을 믿는 데서 시작된다

100미터를 20초에 뛰는 남자가 목표를 세웠다. 목표는 1초가 줄어든 19초. 몸무게 80킬로그램인 여자가 목표를 세웠다. 2킬로그램을 줄인 78킬로그램이 목표다. 그들은 비교적 쉽게 목표를 달성할 것이다. 목표를 아주 낮은 곳에 두었기 때문이다. 그들의 목표는 보잘것없거나 하찮은 것이다. 이 경우 남자는 적어도 3~4초를 줄이고, 여자는 적어도 10킬로그램 감량계획을 내놓아야 제대로 된 목표라고 할 수 있을 것이다.

세상에서 가장 강한 힘 중 하나는 자기 자신에 대한 확고한 믿음이다. 자신에 대해 믿음을 가진 사람은 목표를 원대하게 잡는다. 그리고 목표를 향해 강력한 의지로 나아간다. 목표를 낮게 잡는 이유는 자신에 대한 믿음이 부족하기 때문이다.

성취할 수 있다고 생각하는 것과 실제로 가능한 것의 차이는 아주 적다. 하지만 먼저 할 수 있다는 확고한 믿음을 가지고 있어야 한다. 달리기를 싫어하는 사람이 달리기 경주에서 우승한다는 것은 거의 불가능한 일이다. 또 남들 앞에 나서기를 주저하는 사람이 인기 있는 사회자가 되는 것도 불가능하다. 인생 경영에서도 마찬가지다. 자신감이 부족하고, 용기가 없는데 어떻게 멋진 인생을 살아갈 수 있겠는가?

꿈을 가지고 있으면서도 "나는 할 수 있다"라고 과감하게 말하지 못하는 사람들이 있다. 꿈에 대한 확신이 없는 사람들이다. 안전지대에 머물면서 행동하지는 않고 꿈 타령만 하는 나약한 사람들이다. 늘 꿈을 이야기하고 포부를 말하면서도 도전하지 않는 사람보다 더 비극적인 삶은 없다.

활활 타오를 에너지를 가지고 있으면서도 불꽃이 점화되지 않으면 무슨 소용이 있겠는가. 이들은 실패를 두려워하기에 이미 실패한 사람들이다. 꿈이 있다면, 기회가 왔을 때 꽉 붙잡아야 한다. 자신을 믿고 과감하게 시도해서 기회의 문을 활짝 열어야 한다. 내가 중심이 되는 삶을 살아야 한다. 이렇게 가치 있는 인생인데 작고 볼품없이 살기에는 너무 아깝지 않은가?

리셋. 유

지독하게 힘들 때,
그래도 계속 가라

우리는 살아가면서 한 번쯤은 지독하게 어려운 상황에 처하게 된다. 경제적이건, 신체적이건, 관계의 문제건 간에 도저히 어떻게 할 수 없는 상황 말이다. 그런 상황에 처하면 많은 사람이 좌절하고 주저앉아 한숨을 내쉰다. 하지만 그런 상황에서도 불굴의 의지로 극복해내는 사람들이 있다.

MIT공대 미디어랩에서 생체공학을 연구하는 휴 허 교수도 불굴의 의지를 가진 사람이다. 겉으로 보기에는 보통사람과 다를 바 없지만 '로봇 다리의 사나이'다. 얼마 전에 한국에도 다녀갔다. 열일곱 살 때 친구와 함께 얼음 덮인 암벽을 오르다 조난을 당했다. 영하 30℃에 가까운 밤을 세 번이나 보낸 후 간신히 구조는 됐지만 동상으로 다리를 잘라내야만 했다.

30년 전 당시에는 로봇 다리가 없어 일반 의족을 써야 했다. 불편했다. 그래서 자신이 직접 의족을 제작했다. 그리고 그 의족으로 암벽 등반을 다시 시작했다. 등반에 대한 열정은 여전했기 때문이다.

처음엔 힘들었지만 익숙해진 후에는 사고 전보다 난도가 높은 암벽도 오를 수 있었다. 그는 첨단 의족을 만드는 과학자가 되기로 했다. 과학기술로 신체적 한계를 극복해보겠다는 생각이었다. 펜실베이니아 주 밀러스빌 대학교에 들어가 물리학을 전공했다. 이어 MIT에서 기계공학으로 석사, 하버드 대학교에서 생물리학으로 박사학위를 받았다.

그의 로봇 다리는 자유자재로 이동할 수 있다. 탄소섬유와 티타늄, 실리콘 등을 볼트와 너트로 연결하고 컴퓨터 칩과 센서로 움직이도록 설계했다. 사람의 다리보다 더 강해졌고 더 잘 달릴 수 있게 됐다. 로봇 다리는 진짜 다리보다 가볍게 만들 수 있다는 것도 장점이다. 필요하면 다리 높이를 조절해 키를 크게도, 작게도 할 수 있다. 발을 아주 작게 만들어 사람의 발로는 디디기 어려운 좁은 바위틈도 디딜 수 있다.

휴 허 교수는 말한다. "기술의 진보가 계속된다면 10~20년 뒤에는 '600만 불의 사나이'처럼 로봇 다리를 하고 초고속으로 달리는 것도 불가능하지 않다"고. 불의의 사고를 당했지만 그는 지금 충분히 행복한 삶을 살고 있다. 그에게는 '600만 불의 사나이'라는 꿈도 있다.

리셋, 유

가장 빛나는 순간은 아직 오지 않았다

·

한때 자살의 다리로 불렸던 마포대교는 이제 힐링의 명소가 됐다. 사람이 걸어가면 LED등이 켜지고 글자판으로 말을 걸어온다. "혼자 왔어요?", "무슨 고민 있어?", "밥은 먹었어?", "요즘 바빠?", "목욕 한 번 가서 몸 좀 푹 담가봐" 하고 친구처럼 걱정해주기도 한다.

마음을 따뜻하게 위로해주는 훈훈한 글귀도 나타난다. "사노라면 언젠가는 좋은 날도 오겠지." "가장 빛나는 순간은 아직 오지 않았다."

힐링이 대세다. 여기저기서 위로의 이야기가 들린다. TV를 틀어도 라디오를 켜도 신문을 펼쳐도 온통 마음을 토닥여주는 이야기들이다. 그만큼 마음 아픈 사람이 많다는 이야기일 것이다. 살다 보면 더는 물러설 곳 없는 절망감에 내몰릴 때가 있다. 상실감에 삶의 의미를 잃어버리기도 하고, 배신감에 치를 떨며 뜬눈으로 밤을 새우기도 한다.

자살 이야기가 부쩍 많이 들린다. 세상이 각박해지고 살기가 팍팍해졌기 때문이다. 우리나라는 하루 평균 40여 명이 자살하는, 경제협력개발기구OECD 회원국 중 자살률 1위다. 더욱이 청소년들의 경우는 네 명 중 한 명꼴로 자살을 생각한다고 한다.

학생들은 학교폭력과 학업 스트레스 때문에, 동네 빵집 주인은 옆에 있는 대형 프랜차이즈 빵집이 들어서 장사가 안 된다며, 실직한 가장은 절망감에, 노동자는 회사를 증오하며, 노인은 외로워서 목숨을 끊는다. 자살은 이런저런 이유로 곳곳에서 일어나고 있다. 여기서 우리가 반드시 알아두어야 할 것이 한 가지 있다. 절망과 상실은 시간과 인내심을 가지고 조금만 더 참고 견디면 대부분 눈 녹듯 사라진다는 것이다.

괴테는 이렇게 말했다.

"하나님은 실망한 자를 일으켜 세우고, 약한 자를 돕는 수천 가지 방법을 알고 계신다. 때때로 우리의 모습은 겨울 들판에 서 있는 앙상한 나무일 때도 있다. 그 황량한 모습을 바라보면서, 이듬해 봄이 오면 이 나뭇가지에 싹이 나고 꽃이 피고 열매가 열릴 거라고 생각할 사람이 누가 있겠는가? 하지만 그것은 머지않은 미래에 실제로 일어날 일이다."

누구에게나 상처받기 쉬운 약한 면이 있기 마련이다. 또 살아가면서 상처에 약한 부분이 만들어지기도 한다. 넘어져서 생채기가 생기고, 무릎이 까지는 경우도 생긴다. 그러나 우리는 벌떡 일어나 툭툭 털고 아무 일 없었다는 듯이 다시 앞으로 나아갈 수 있다.

최악의 상황을 만났을 때
•

성공한 삶의 전환점은 대부분 위기의 순간에 찾아온다. 그리고 성공한 사람은 그 위기의 순간을 통해 새로운 사람으로 변화된 사람이다.

성공한 사람들도 처음에는 비참한 상황에서, 혹은 절박한 상황에서 출발했다. 우리는 이 사실을 잊어서는 안 된다. 그들 대부분은 절망적

리셋, 유

인 상황과 어려움을 극복하고 자신의 꿈을 실현했다. 자신이 처한 최악의 상황을 인생의 터닝 포인트로 만든 것이다. 그 전환기 시점은 진정한 자기 자신과의 만남이 이루어지는 순간이다.

《천로역정》의 저자 존 번연이 이 작품을 완성한 것은 종교적인 견해차이에 따른 종교재판으로 감옥에 갇혀 고통을 겪은 후의 일이다.

《마지막 잎새》, 《크리스마스 선물》, 《20년 후》 등으로 널리 알려진 O. 헨리가 처음으로 자신의 내부에 잠재된 천재적인 재능을 자각한 것은 오하이오 주의 수도인 콜럼버스의 지하감옥 독방 안에서였다. 그는 은행원이었을 때 공금을 횡령한 혐의로 고발돼 도망을 다녔는데 아내가 위독하다는 소식을 듣고 돌아와 체포됐다. 헨리는 3년간의 수인생활을 통해 또 하나의 자신과 만날 수 있었다. 그는 상상력을 적극적으로 활용하는 방법을 발견했고, 그 결과 자신이 위대한 작가가 될 수 있음을 자각하게 되었다.

상표를 붙이는 기능공 등 여러 가지 직업을 전전하며 생활해오던 찰스 디킨스에게는 실연의 상처가 그를 세계적인 작가의 길로 들어서도록 자극해주었다. 19세기의 영국을 대표하는 소설가로 셰익스피어에 버금가는 인기를 누렸다. 대표작에는 《황폐한 집》과 《위대한 유산》 등이 있다.

《실낙원》을 쓴 영국 시인 밀턴은 눈이 보이지 않았으며, 베토벤은 귀가 들리지 않았다. 헬렌 켈러는 19개월 되던 때에 열병을 앓은 후 청각·시각·언어 장애의 삼중고를 겪게 되었지만 앤 설리번 선생님의 헌신적인 도움으로 극복했다. 이후 작가, 정치활동가, 교육자로

왕성하게 활동하며 스스로 패배를 인정하지 않으면 그 누구에게도
패배란 있을 수 없다는 점을 입증해 보였다.

역경은 축복이다
:

역경은 그것이 견디기 힘든 것일수록 그 속에 그만큼 강력한 행복
의 씨앗이 숨겨져 있다. 그 행복의 씨앗이 불행을 행복으로 바꾼다.
역경을 통해 귀중한 경험을 쌓게 되기 때문이다. 역경은 결국 가면을
쓰고 찾아오는 축복인 셈이다. 그러니 역경에 처했을 때 우리가 해야
할 일은 너무나 자명하다. 먼저 역경을 축복으로 여기는 것 그리고
반드시 극복해서 또 다른 인생을 열어가겠다고 결심하는 것이다.

단순히 소망을 갖는 것과 소망을 현실의 것으로 만들려고 마음의
준비를 하는 것은 그 차이가 실로 엄청나게 크다. 마음을 준비한다는
것은 곧 믿는 것이다. 이처럼 소망하는 것이 반드시 실현될 수 있다
고 진심으로 믿는 것과 단순히 소망을 갖는 것에는 큰 차이가 있다.

신념을 가지려면 마음의 문을 활짝 여는 자세가 필요하다. 여유롭
게 활짝 열린 마음은 신념의 좋은 보금자리가 된다. 마음을 닫고 있
으면 신념은 싹틀 수 없다. 신념이 없는 삶은 탁월해질 수가 없다. 평
균에 머물 뿐이다. 평균에 만족하는 것보다는 탁월해지기로 마음먹
는 쪽이 훨씬 쉽고 간단한 일임을 알아야 한다. 평균은 눈에 보이지
않는다는 뜻이며, 별로 가치가 없다는 의미다. 탁월해지길 포기한 것

리셋, 유

을 듣기 좋게 부르는 말이 바로 평균이다.

다섯 개의 나이테

세상 모든 것은 아픔과 시련을 통해 더욱 단단하고 견고해진다. 고난과 상처가 없는 영혼은 속이 텅 빈 알갱이처럼 나약해질 수밖에 없다.

힘들고 어려운 시간이야말로 좌절과 슬픔을 극복하고 내적으로 성장할 기회라는 사실을 은유적으로 알려주는 감동적인 우화가 있다. 유대교의 랍비 크라우스가 《Why Me?》라는 그의 책에서 소개한 내용이다.

어느 날 두 나무꾼이 뿌리를 내린 지 백 년이 넘은 나무를 자르고 있었다. 나무를 자르자 나이테가 보였다. 젊은 나무꾼은 다섯 개의 나이테가 거의 붙어 있는 것을 발견하고는 "5년 동안 가뭄이 들었던 모양입니다"라고 쉽게 결론을 내렸다. 나이테가 붙어 있는 이유는 나무가 그만큼 자라지 않았기 때문이라는 사실을 알고 있었기 때문이다. 그렇지만 나이 많은 현명한 나무꾼은 젊은 나무꾼의 말에 동의하면서도 그와는 다른 관점 하나를 말하였다.

"가뭄이던 해는 실제로 그 나무의 생명에 가장 중요한 시기였네. 가뭄 때문에 그 나무는 땅속으로 뿌리를 더 깊이 내려야만 했겠지. 그래야 필요한 수분과 영양소를 얻을 수 있었을 테니까. 그리고 가뭄이 사라지자, 나무는 튼튼해진 뿌리 덕분에 더 크고 더 빠르게 성장할 수 있었을 것이네."

상처와 아픔을 이겨내면 그것이 곧 선물이요 축복이 된다. 고난이 축복인 셈이다. 휘몰아치는 폭풍우와 거센 파도가 유능한 선장을 만들듯이 우리에게 닥쳐온 시련과 고통은 우리 삶을 보다 견고하게 해준다.

히말라야의 눈 덮인 산 정상을 한번 생각해보자. 죽기 전에 그 아름다운 절경을 직접 눈으로 보고 발로 밟아보고 싶지 않은 사람이 어디에 있겠는가? 그러나 대부분의 사람은 엄두를 내지 못한다. 목숨을 잃을 정도로 위험하기도 하고, 살을 에는 매서운 바람도 달갑지 않기 때문이다. 굳이 사서 고생할 필요가 없다는 생각에서다. 그러니 사진으로만 보고 만족할 수밖에.

어떤 분야든 정상으로 향하는 길이 쉬울 수는 없다. 숲 속에서 길을 잃을 수도 있고, 낭떠러지를 만날 수도 있다. 가시에 찔릴 수도 있고, 늪에 빠질 수도 있다. 온갖 역경을 극복하려는 끈질긴 인내심과 노력 없이는 정상을 밟을 수 없다. 이것이 삶의 이치다.

인생길에서 크든 작든 고난이 없을 수는 없는 일이다. 고난 앞에 무너질 것인가, 고난을 딛고 일어설 것인가는 전적으로 우리 자신의 선택에 달려 있다. 그러나 반드시 알아야 할 사실은 고난의 터널 끝에는 우리가 그토록 바라던 무지개가 빛을 발하고 있다는 것이다.

리셋. 유

길이 없으면
만들면 된다

당신은 자신을 돌아보면 신념이 강한 편이라고 생각하는가, 어떤가?
신념의 강도에 스스로 점수를 주면 몇 점이나 줄 수 있겠는가?

신념은 굳게 믿는 마음이다. 자신이 가진 견해와 사상에 대하여 흔
들림이 없는 태도다. 실패하더라도 "꼭 해낼 수 있다. 반드시 해내고
야 말 것이다"라고 말할 수 있는 것, 실패를 성공을 향한 과정에 있는
장애물쯤으로 보는 것, 이런 정신을 우리는 신념이라고 부른다.

소망이 강할수록, 기대가 클수록 신념도 강해지고 확고해진다. 신
념이 있는 사람의 말은 힘이 있고 확신에 차 있어서 다른 사람들에게
신뢰를 주고 감동을 준다.

신념은 실행 가능성을 높여주는 힘이다. 신념이 강하면 어떤 일이

든 어렵지 않게 실행할 수 있다. 그뿐 아니라 실행 과정 역시 즐겁고 활기차다. 반대로 신념이 없는 경우라면 이런저런 이유로 아예 실행할 수 없거나, 힘들여 실행하더라도 맞는지 틀리는지 혼란스러워하기에 적극적이고 지속적인 실행이 어려워진다.

신념을 가진다는 건 이처럼 좋은 일이고 바람직한 일이다. 그렇다면 어떻게 하면 신념을 우리 마음속에 깊이 뿌리내리게 할 수 있을까? 가장 먼저 해야 할 일은 마음을 긍정모드로 돌려놓는 것이다. 희망, 사랑, 소망, 기쁨, 기대 등 긍정적인 감정들에 지배되는 마음은 신념이 깃들기에 가장 적합한 상태이기 때문이다.

이 말을 이해한다면 마음을 긍정적인 상태로 유지하려고 노력하는 것이 얼마나 중요한지를 알 수 있을 것이다. 마찬가지로 부정적인 감정들을 왜 없애버려야 하는지도 알 수 있을 것이다.

신념 하면 가장 먼저 떠오르는 사람이 있다. "길이 없으면 길을 찾고, 찾아도 없으면 만들면 된다"고 이야기한 현대그룹의 아산 정주영 전 회장이다. 이 말을 생각하고 있으면 그의 강인한 신념이 마치 전기가 통하듯이 내 심장으로 그대로 전해오는 것 같다.

언어 장애를 가지고 태어난 고대 그리스의 데모스테네스도 신념을 통해 원하는 목표를 달성한 '신념의 상징'이다. 웅변가가 되기로 마음먹은 그의 노력은 처절했다. 자갈을 입에 문 채 시를 낭송하거나 해변의 커다란 파도소리 속에서 연습하는 등 각고의 노력을 통해 당대 최고의 위대한 웅변가가 되었다.

리셋, 유

한 나라를 변화시킨 박사의 신념

∙

동서고금을 막론하고 자신의 분야에서 우뚝 선 사람들은 백이면 백, 모두 불굴의 신념을 가지고 있었던 사람들이다. 그들은 지칠 줄 모르는 투지로 '신념 앞에 불가능은 없다'는 말을 증명해 보였다. 그들은 다른 사람들의 말이나 비웃음에 쉽게 흔들리지 않고, 항상 성공을 향한 의지를 불태운다는 공통점을 가지고 있다.

마그마처럼 뜨거운 욕망이 자신의 가슴속에서 강렬하게 용솟음치지 않는 한, 자신의 두 손으로 반드시 쟁취하고야 말겠다는 확고부동한 신념이 없는 한, 절대로 성공자의 대열로 들어설 수 없다.

한 사람의 확고한 신념은 나라를 변화시키기도 한다. 베네수엘라의 청소년 음악학교인 '엘 시스테마'를 창립한 호세 구스타프 아브레우 박사도 그중 한 사람이다. 엘 시스테마는 1975년, 한 허름한 차고에서 열한 명의 학생으로 시작됐다. '음악이 세상을 바꾼다'는 신념을 가진 아브레우 박사와 그의 신념에 공감한 몇몇 어른들에 의해서였다. 지금까지 엘 시스테마를 거쳐 간 학생은 40만 명이 넘는다.

음악학교 설립 당시의 베네수엘라는 가난하고 세계 최고 수준의 범죄율을 자랑하는 나라였다. 아이들에게는 갱단이나 마약, 혹은 포르노가 넘치는 거리 이외에는 선택권이 별로 없었다. 이제 그 아이들이 엘 시스테마에 다닌다. 엘 시스테마는 전국에 180여 개의 센터를 두고 있고, 계속해서 성장해나가고 있다.

엘 시스테마의 목적은 아이들이 음악을 느끼고, 즐겁게 받아들이고, 그것이 자신의 몸 안에서 살아 있게 하는 것이다. 세월이 흐른 지금 베네수엘라는 음악 강국이 됐다. 동시에 청소년 범죄율도 큰 폭으로 떨어졌다. 아브레우 박사와 실제 학생들을 가르치는 교사, 운영하는 스텝들의 공유된 신념이 있었기에 가능한 일이었다. 한 사람의 신념이 조국의 미래를 변화시킨 것이다.

인류 역사에 큰 발자취를 남긴 위인들은 모두 아브레우 박사처럼 자신의 꿈을 이루기 위해 투철한 신념으로 이 세상을 다녀간 위대한 몽상가들이었다.

신념과 열정은 서로를 북돋워 키운다

동물소설 《야성의 절규》, 《바다 늑대》, 《흰 송곳니》 등으로 유명한 미국의 소설가 잭 런던. 신념을 토대로 한 행동하는 삶, 열정적인 삶을 살기를 원했던 그는 이런 글을 남겼다.

나는 먼지보다 재가 되길 원한다.

나는 건조와 부패로 말미암아 질식하여 죽기보다는

생명의 불꽃으로 나를 태워 빛나는 한 줄기의 타오르는 불길이 되고 싶다.

나는 잠자는 영원한 위성이 되기보다는

거대한 불꽃으로 나의 모든 것을 불태우는 눈부신 유성이 되고 싶다.

인간 고유의 본질적 기능은 단순히 존재한다는 것이 아니라,

리셋. 유

삶을 살아가는 것이다.

얼마나 멋지고 아름다운 말인가. 정말 그렇게 유성처럼 모든 것을 불태워버리는 뜨거운 삶을 살고 싶다는 마음이 용솟음친다. 자신의 삶에 대한 확고한 신념이 있고 자신의 삶에 완벽한 주인이 되면 그런 삶을 살 수 있으리라.

우리 대부분의 약점은 신념이 부족하다는 것이다. 다행히도 이 약점은 자기암시의 원칙을 통해 극복할 수 있다. 이 원칙은 원하고 소망하는 것을 항상 의식적으로 되새겨 마음속에서 잠재의식의 일부가 될 때까지 반복하는 것이다. 마치 담력이 부족한 아이가 높은 담에서 뛰어내려 보고, 높은 나무에 올라가 보고, 칠흑 같은 숲 속에서 하룻밤을 지새워보며 담력을 키우는 것과 같은 이치다.

성공은 신념과 의지로부터 시작되며, 성공을 확신하는 사람에게만 찾아온다. 결국 승리하는 사람은 할 수 있다고 생각하는 사람이다. 에디슨의 축음기, 헨리 포드의 8개의 실린더를 갖춘 V8 엔진, 마리 퀴리(연구 과정에서 방사선을 너무 많이 쫴어 백혈병에 걸림)가 발견한 라듐 등은 할 수 있다는 신념이 없었다면 세상에 태어나지 않았을 걸작들이다.

우리는 부족함을 느낄 때가 많다. 그러나 우리에게는 위대한 삶을 살 수 있는 충분한 잠재력이 있다. 중요한 건 그 잠재력을 활용해 기적을 만들어내려는 욕구가 우리에게 얼마나 강한가 하는 것이다. 그리고 그에 합당한 노력을 하고 있느냐 하는 것이다.

우리가 알고 있는 위대한 사람들, 많은 업적을 남긴 사람들 중에서 객관적으로 봤을 때 우리보다 부족한 면을 가진 이들이 얼마나 많은가. 눈이나 귀가 먼 사람, 신체적 또는 정신적으로 다양한 장애를 가진 사람을 우리는 헤아릴 수도 없이 찾아낼 수 있다.

그런데도 그들은 어떻게 해서 죽은 후에도 사람들의 입에 오르내리는 위대한 사람이 될 수 있었을까? 어떻게 그토록 많은 업적을 남길 수 있었을까? 현실에 굴복하지 않으려는 절실함, 원하는 것을 해낼 수 있다는 확고한 신념, 넘어지고 깨져도 끝까지 인내하며 추진하는 행동력, 삶을 바라보는 긍정적 태도 이외에 무엇으로 그것을 설명할 수 있겠는가?

신념은 실패를 치료하는 유일한 해독제다

능력보다 중요한 것이 신념이다. 신념은 불가능을 가능으로, 불행을 행복으로, 절망을 희망으로, 부정을 긍정으로 바꾸어주는 만능열쇠다. 기적이 일어나고 이성적으로 설명할 수 없는 이상한 현상이 생기는 것도 바로 신념의 힘에 의해서다. 신념은 커다란 자석같이 우리가 원하는 것과 관련된 것들을 끌어당긴다.

영국 총리 윈스턴 처칠은 거울 앞에서 연습하지 않고서는 절대로 중요한 연설을 하지 않았다고 한다. 거울 연습을 통해 잠재의식의 힘을 키우고, 대중 앞에 섰을 때 그 힘이 외부로 발산되어 청중에게 깊은 감명을 줄 수 있게 하기 위해서였다.

그는 거울을 보고 리허설을 하면서 연설하는 자신의 모습, 자신이 사용하는 단어와 목소리, 제스처 그리고 청중에 대한 태도 등을 마음속에 새겨 넣었다. 그렇게 잠재의식의 힘을 키움으로써 청중의 마음속에 짧은 시간 안에 빠르고도 깊숙이 파고들 수 있었다. 그가 명연설가가 된 것도 그의 신념 덕분이었다. 지금의 나라는 존재를 만든 것은 바로 자신의 생각이라는 사실, 성공의 비결은 외부에 있는 것이 아니라 자기 자신 안에 있다는 사실을 윈스턴 처칠도 증명해주었다.

신념은 긍정적인 감정들 가운데서도 가장 강력한 감정이며, 실패를 치료하는 유일한 해독제이기도 하다. 이 신념이 그것을 제대로 활용하고자 하는 사람을 만나면 실로 굉장한 일들이 벌어진다.

백성을 사랑하는 마음으로 한글을 창제한 세종대왕, 평화독립을 외쳤던 인도의 민족운동 지도자이자 인도 건국의 아버지인 마하트마 간디, 물리학에서 뛰어난 업적을 보이며 상대성이론을 발표한 아인슈타인, 사랑과 봉사의 삶을 살며 '20세기의 어머니'로 불리는 마더 테레사, 몽골의 유목부족을 통일하고 중국과 중앙아시아 동유럽 일대를 정복하여 인류 역사에서 가장 넓은 영토를 차지했던 몽골제국의 건국자 칭기즈칸⋯.

이 위인들은 하나같이 흔들리지 않는 확고한 신념으로 살았다. 그들이 없었다면 세상의 모습은 많이 달라졌을 것이다. 신념이 없는 삶은 밋밋한 삶이다. 신념이 없으면 감동을 주는 스토리도 없고, 성공도 없고, 위인도 없다!

네가 하고자 하는 일에
너를 바쳐라

《좋은 글》에 일본의 한 목각 대가에 관한 이야기가 나온다. 대강의 내용은 이렇다.

> 일본에 한 목각의 대가가 있었다. 107세의 나이로 세상을 떠났는데 사람들이 사후에 그의 작업장을 보고는 깜짝 놀랐다. 앞으로 30년은 충분히 작업할 수 있는 양의 나무가 창고에 가득 쌓여 있었기 때문이다.
>
> 107세 노인에게 30년간 작업할 나무가 왜 필요했을까? 창고에 쌓인 나무를 보면서 "앞으로 30년은 더 작품을 만들 수 있겠구나" 하는 마음을 갖지 않았을까?
>
> 만약 그 장인에게 열정이 없었다면 그저 평범한 노인에 불과했을 것이다.

그는 열정이 있었기에 107세의 나이에도 여전히 장인으로서의 삶을 살았던 것이다. 세상을 떠나는 그 순간에도 열정의 끈을 놓지 않았던 것이다.

이 글을 보면서 마크 트웨인의 말이 떠올랐다.

"죽음을 맞이하는 순간에도 살기 위해 노력하자. 장의사가 일을 시작해야 할지 말아야 할지 망설일 만큼."

삶의 모든 것을 변화시키는 인간의 값진 특질 중 하나가 열정이다. 열정은 우리로 하여금 평범의 늪에서 벗어나 전진할 수 있게 해주는 귀중한 연료다. 다른 어떤 것도 눈에 들어오지 않을 만큼 빠져 사는 것, 그래서 희생을 희생이라 여기지 않는 것, 그것이 열정이다.

열정이 싸늘히 식었을 때
.

난관에 봉착했을 때 우리의 반응은 두 가지로 나타난다. 하나는 인내하는 것이고, 다른 하나는 포기하는 것이다. 인내하는 사람과 중도에 포기해버리는 사람의 차이는 무엇일까? 좌절을 겪을지라도 성공할 때까지 결코 포기하지 않는 인내심은 어디에서 나오는 것일까?

나는 그것을 열정이라고 생각한다. 열정Enthusiasm이라는 말은 그리스어 엔데오스entheos에서 유래됐다. entheos는 '내부'를 뜻하는 접두어 'en'과 '신'을 뜻하는 'theos'로 구성돼 있다. 내부로부터의 신, 즉 마음속에 강한 정신력을 내포하고 있음을 뜻한다.

열정은 그것을 가진 사람과 그렇지 않은 사람 간에 명확한 차이를 만든다. 그리고 그 차이는 1등과 그 나머지, 불후의 명작과 아류작들을 구분한다. 열정은 그렇게 우열을 가려내서 한 인간의 역사를 만들고, 삶의 질을 좌우한다.

사소한 문제에서는 중도포기가 그다지 중요치 않을 수도 있다. 그러나 중요한 문제라면 사정은 달라진다. 잠시 우리 삶을 되돌아보자. 의욕이 상실되었던 순간들을 떠올려보면 열정이 부족했다는 사실을 깨닫게 된다. 열정이 없으면 자연스럽게 관심이 사라지고, 결국에는 그 일을 포기하게 된다.

다음은 어느 유명한 소설의 줄거리다.

작가 지망생인 주인공 해리는 막대한 유산을 상속받은 미망인 헬렌과 결혼했다. 해리는 아내와 사파리 여행을 하던 중 사냥하다 다리에 부상을 입었다. 다리 부상은 괴저병으로 진전됐다. 온몸에 퍼진 병균은 그의 다리를 서서히 마비시키고, 다리에서는 끔찍한 냄새가 난다. 그는 그렇게 아름다운 킬리만자로의 산 아래에서 조금씩 죽어간다. 하늘에는 독수리들이 원을 그리며 그의 죽음을 기다리고 있다. 침대에 누워 마지막 가쁜 숨이 차오르기를 기다리던 주인공은 잠시 자신의 과거를 회상한다.

뛰어난 재능 덕분에 그는 상류사회에 진입할 수 있었다. 거기서 현재의 아내도 만났다. 지난 수년 동안 쾌락과 안락에 빠진 채 더는 작가로서의 재능을 사용하지 않았다. 그의 열정과 욕망은 서서히 고갈되었다. 그는 괴저병으로 죽어가고 있었지만, 정작 그를 고통으로 몰아가는 것은 자신의

리셋, 유

잃어버린 과거에 대한 후회와 이제 다시는 자신의 재능을 꽃피울 기회가 없다는 사실이었다.

해리는 어니스트 헤밍웨이 소설 《킬리만자로의 눈》에 나오는 주인공이다. 헤밍웨이는 눈 덮인 정상에 메마르고 얼어붙은 표범의 주검이 있지만 표범이 그 높은 곳에서 무엇을 찾고 있었는지는 아무도 설명해주지 않는다는 이야기로 소설을 시작한다. 그는 소설에서 작가로서의 재능을 포기하고 안락과 편안함을 추구하다 병에 걸려 죽어가면서 후회하는 한 남자의 삶을 그렸다.

열정은 삶을 발전적으로 만들고자 하는 자발적인 마음가짐이다. 그 마음가짐의 여부가 승자와 패자로 가른다. 승자는 스스로 독창적으로 생각하고, 계획하며, 보다 긍정적인 마음으로 미래 지향적으로 행동한다. 소극적이고, 의존적이고, 부정적이며, 현실 안주적인 자세는 주인공 해리처럼 실패자의 것으로 남겨둔다.

열정은 행동하려는 성향이다

인생을 통해 무언가를 성취하고자 한다면, 먼저 편안함과 안락함을 추구하는 우리의 게으른 본성을 극복해야 한다. 게으름은 계획과 실천 사이의 거리를 한참이나 떨어뜨려 놓는다.

존 F. 케네디는 게으름에 대해 이렇게 경고했다.

"행동에는 비용과 위험이 따르지만 우리 인생 전체를 망치는 게으름에 비하면 그 위험은 아무것도 아니다."

열정은 평범한 삶을 살아가는 사람들의 마음에 탁월함을 추구할 수 있는 용기와 자신감을 불어넣는다. 모든 성장의 밑바닥에는 사람을 활기차게 하고 충만하게 하는 열정이 깔려 있다. 열정이 있을 때 성취가 있다. 열정 없이는 어떤 위대한 업적도 만들어질 수 없다.

그렇다면 열정은 어떻게 계발할 수 있는가? 방법은 그렇게 어렵지 않다. 목표를 달성하기 위해 마음을 목표에 집중시키기만 하면 된다. 한눈팔지 말아야 한다.

존 거든 영국 케임브리지 대학교 명예교수의 연구실은 고작 폭 3.5미터, 길이 4미터 정도다. 책상 맞은편에 실험장비가 놓여 있어 소파나 탁자를 놓을 공간도 없다. 세 개 있는 의자 중에서 현미경 앞에 있는 것은 낡아서 가운데가 찢겨 있다. 그런 환경에서 그는 2012년 노벨 생리의학상을 공동 수상했다. 한눈팔지 않고 오직 연구에만 몰두해서 거둔 업적이다.

2009년 노벨 문학상을 받은 헤르타 뮐러는 영혼이 지칠까 봐 되도록이면 행사나 인터뷰를 피한다고 한다. 독일 베를린 복판에서도 그를 알아보는 사람이 거의 없을 정도다. 조용히 글만 쓰고 싶은 게 소망이라는 그가 한눈을 팔았을 리 없다.

세계적인 경영석학 톰 피터스는 명저 《탁월함을 찾아서》에서 '열정의 법칙'을 최고의 원리로 언급하고 있다. 그가 말하는 열정의 법칙은 행동하려는 성향이다. 열정이 있으면 늘 새로운 것을 시도하게 되

리셋, 유

고, 발전적인 것을 지향하게 된다는 것이다.

비록 열정을 갖고 있더라도 유지하는 방법을 모른다면 이내 식어버릴지도 모른다. 열정을 유지하기 위해서는 열정의 불꽃이 내면의 깊은 곳에서부터 타오르도록 해야 한다. 내면에서 타오르는 불꽃은 쉽게 꺼지지 않기 때문이다. 외부의 힘으로 강제로 붙여진 불길은 작은 바람이나 변화에도 쉽게 꺼지기 마련이다.

비평가들의 비난은 그저 의견일 뿐

•

"당신의 음악은 너무 광범위해서 깊이가 없습니다."

미용재료 도매상을 운영하던 유대인의 아들로 태어난 이 음악가는 번번이 비평가들의 혹독한 비난을 들어야만 했다. 그러나 그는 그런 비난에 굴복하지 않고 꾸준히 자기 길을 걸어갔다. 비난하는 사람들의 입을 막기 위해 이를 악물고 악착같이 노력했다. 결국 그는 세계적인 명성을 얻었다.

그의 이름은 레너드 번스타인이다. 번스타인은 그의 전성기에 심포니 뮤직, 브로드웨이 뮤지컬, 발레, 영화, TV음악 등 10여 개 분야에서 왕성한 활동을 펼쳤다. 〈피터 팬〉, 〈원더풀 타운〉, 공전의 히트를 기록한 〈웨스트사이드 스토리〉 같은 뮤지컬과 〈예레미야 교향곡〉 등의 작품을 남겼다.

불꽃 같은 열정과 활화산처럼 터져 나오는 뜨거운 에너지로 뭉친

번스타인은 이렇게 말했다.

"나는 토스카니니처럼 평생 똑같은 악보 50개만 연구하고 또 연구하는 데 내 인생을 허비하고 싶지 않다. 나는 지휘하고, 피아노를 치고, 음악을 만들고, 교향곡을 쓰고 싶다. 나는 세상의 온갖 다양한 것을 느끼며, 표현하고, 그러한 일들을 계속하고 싶다. 그리고 내 생각에는 이러한 일들이 모두 나에게 잘 어울리는 것 같다."

세상을 움직이는 것은 시련과 좌절에도 굴하지 않는 열정이다. 열정을 가진 사람은 역동적으로 살아 움직인다. 살아 움직이는 사람은 자신이 하는 일을 뜨겁게 사랑하는 사람이다. 세상을 변화시키는 데 영감을 받은 열정적인 사람보다 더 중요한 요소가 무엇이 있겠는가?

극진의 삶

•

실패는 경력의 오점, 개인적인 굴욕감, 재정적 고통, 건강 악화를 수반한다. 개인의 희망을 산산이 부숴버리기도 하고 가족과 친구들에게 고통을 안겨주기도 한다.

그러나 고난의 연단 과정 없이는 어떠한 좋은 결실도 볼 수 없다. 고난의 연단 과정이 끝나면 밝은 희망이 기다리고 있다. 고난이 주는 유익도 있다. 고난의 시기는 자신의 진정한 가치를 발견할 수 있는 매우 중요한 기회이기도 하다. 진정으로 믿을 수 있는 사람들을 발견하며, 자신의 새로운 특성을 찾아내기도 한다.

리셋, 유

벽에 부딪히면 한발 물러서서 호흡을 가다듬고, 장애물을 새로운 도전의 기회로 힘껏 껴안아야 한다. 비전은 행동으로 뒷받침되지 않는 한 뜬구름에 지나지 않는다. 우리가 아는 모든 영웅적 인물들은 좌절과 슬픔을 딛고 일어나 보란 듯이 승리를 거머쥔 사람들이다.

전설적인 무도인 최배달(본명 최영의)은 극진極眞이라는 말을 좋아했다. 말 그대로 핑계나 변명 없이 진실하게 끝까지 한다는 뜻이다. 그가 만든 공수도의 이름도 '극진가라테'다.

그는 생전에 이런 말을 했다.

"시작하지 않고 준비만 하는 것, 마음만 먹고 실행하지 않는 것은 가짜다. 세상을 살 때 가장 중요한 건 목숨을 거는 거다. 네가 하고자 하는 일에 너를 바쳐라. 실천이 없으면 증명이 없고, 증명이 없으면 신용이 없으며, 신용이 없으면 존경도 없다."

극진의 삶을 사는 사람들은 리더의 삶을 살아가는 사람들이다. 리더는 혁신시키고 발전시키는 사람들이다.

토머스 G. 커밍스의 《퓨처 리더십》에는 리더로서의 삶을 살아온 타라 처치라는 이름의 여성이 소개되어 있다. 불과 여덟 살 때 '우리 마을 나무 심기 프로젝트'로써 '나무 심는 용사들'을 공동 설립해 이 조직을 수백만 명이 참여하는 전국적인 비영리법인으로 성장시켜온 사람이다. 숱한 난관이 있었지만 극진의 정신과 열정으로 뚫고 왔다.

열정 없는 성공이란 있을 수 없다. 열정은 온갖 장애와 싸워 극복하게 하고, 성공으로 들어가는 문을 열어주는 열쇠 중의 열쇠다.

그는 왜
청소부로 남았을까

왼쪽 눈으로밖에 볼 수 없는 한 여인이 있었다. 그나마도 심한 상처 때문에 눈 가장자리의 작은 틈새를 통해 겨우 볼 수 있을 뿐이었다. 책을 볼 때도 큰 활자로 된 책을 눈썹에 닿을 만큼 가까이 가져가야만 했다. 그녀의 마음속에는 늘 아주 실명해버리지나 않을까 하는 공포감이 자리하고 있었다.

그러던 어느 날 기적이 일어났다. 그녀의 나이 쉰두 살 되던 해였다. 병원에서 수술을 받은 것이다. 수술받기 전보다 40배나 잘 볼 수 있게 되었다. 새롭고도 아름다운 세계가 그녀 눈앞에 펼쳐졌다. 그녀의 삶은 온통 축복이었다. 설거지하던 접시 위 거품을 손으로 떠서 햇빛에 비추면 하나하나의 거품 속에서 작은 무지개의 찬란한 색채를 볼 수 있었다. 부엌 창문을 통해 펄펄 내리는 눈 속을 날아가는 참새를 볼 수도 있었다.

　이 이야기는 50년이 넘는 긴 세월을 거의 장님으로 지내야 했던 보르힐드 다알이라는 여성이 쓴 《나는 보기를 원한다》에 나오는 내용이다. 그녀는 자신의 책 마지막 페이지를 다음과 같은 구절로 끝맺었다. "사랑하는 하나님, 하늘에 계신 우리 아버지시여, 나는 당신께 감사합니다. 나는 당신께 감사합니다."

　그녀는 왜 감사하다는 말을 한 걸까. 거품 속에서 알알이 부서지는 무지개를 볼 수 있어서, 눈 속을 날아가는 참새를 볼 수 있어서 감사하다는 것이다. 하늘과 바다와 산을 바라볼 수 있어서 감사하다는 것이다. 두 눈이 건강한 사람에게는 아무것도 아닌 일인데도 말이다.

　가슴을 펴고 주위를 둘러보면 감사할 것 천지다. 아침 밥상을 차려놓은 아내가 감사하고, 어느새 자란 나의 아이들이 감사하다. 가족, 친구, 건강, 재능, 자유, 사랑, 기회도 감사하고 머리 위의 지붕, 태양과 달과 별, 새로운 것을 배우는 것, 나 자신을 깨닫게 해주는 경험도 감사하다. 어느 것 하나 감사하지 않은 것이 없다.

　사람에 치이고 생활에 찌든 현실의 무게는 늘 버겁지만, 사랑과 관계에 배고픈 일상은 언제나 외롭지만, 그럼에도 감사할 수 있어 우리는 행복하다. 부족한 것에 주목하기보다 이미 누리고 있는 것에 주목하고 감사할 줄 아는 것이 삶의 지혜다. 그리고 이 지혜마저도 감사하다.

25퍼센트 더 행복하게 사는 법

:

미국 캘리포니아 주립대의 로버트 에몬스 교수는 감사한 마음을 가지고 사는 사람이 그렇지 않은 사람보다 더 행복하고 더 오래 산다고 강조한다.

로버트 교수는 12세부터 80세까지의 사람을 두 그룹으로 나누어 한 달 동안 실험을 했다. 한 그룹의 사람들에게는 매일 다섯 가지 정도의 감사해야 할 일들을 글로 적게 했고, 다른 그룹의 사람들에게는 아무런 조처를 하지 않았다. 실험 결과 매일 감사해야 할 일을 글로 적은 그룹의 행복지수가 훨씬 높았다.

감사하는 사람은 그렇지 않은 사람보다 25퍼센트 더 행복하고, 25퍼센트 더 이타적이며, 33퍼센트 더 운동을 많이 하며, 10퍼센트 더 오래 자고, 15퍼센트 더 상쾌하게 깨어나며, 20퍼센트 덜 시기하거나 덜 화내고, 혈압이 10퍼센트 떨어지며, 9년을 더 오래 산다. 이것이 로버트 교수의 연구 결과다.

긍정심리학자들은 감사하는 마음을 갖는 것이 명상이나 기분 좋은 일을 생각하는 것보다 효과가 더 뛰어나다고 말한다. 특히 감사하는 마음을 글로 표현하면 그 효과가 높아진다며 감사일기 쓰기를 권한다.

하루도 거르지 않고 감사일기를 쓰는 것으로 유명한 사람이 오프라 윈프리다. 거창한 것이 아니라 그날 있었던 일상에서 감사할 일을 다섯 가지씩 찾아 적는다고 한다. 예를 들자면 '오늘도 건강하게 잠자리에서 일어날 수 있게 해주셔서 감사합니다', '눈부시게 푸른 하늘

리셋, 유

을 볼 수 있게 해주셔서 감사합니다', '얄미운 짓을 한 동료에게 화내지 않게 인내의 마음을 주셔서 감사합니다' 등 사소한 것들이다.

조지 버나드 쇼는 자신의 묘비에 '우물쭈물하다가 내 이럴 줄 알았지'라고 적어넣어 죽어서도 묘지를 찾는 사람들에게 웃음을 제공한 극작가다. 그의 생전에 어떤 기자가 물었다.

"세상의 모든 책이 불타버려도 단 한 권의 책이 남아 있어야 한다면 어떤 책일까요?"

그는 주저하거나 망설이지 않고 이렇게 대답했다.

"성경의 욥기입니다. 구약성경의 욥은 재산을 모두 잃었어도, 병에 걸려 몸이 무척 괴로웠어도, 자식을 잃은 참척의 슬픔으로 견디기 힘들었어도 그리고 아내가 자신을 떠나버렸어도, 항상 모든 것에 감사할 줄 아는 사람이었기 때문입니다."

감사하는 마음을 갖는 순간 우리 몸에서는 도파민과 세로토닌 같은 마음을 평온하고 기쁘게 해주는 일종의 행복호르몬이 분비되기 시작한다고 한다. 감사하는 마음은 인생에 대한 우리의 태도를 긍정적으로 바꾸게 한다. 감사하는 사람들이 훨씬 더 생기 있고 활발하며 흥미롭고 열정적인 이유다.

현재의 삶이 고달프고 힘들지라도 주변에 널려 있는 모든 것에 감사한 마음을 가질 줄 안다면 우리 삶은 지금보다 훨씬 행복해질 것이다. 그리고 어렵고 힘든 시기를 지나가는 데 큰 도움이 될 것이다. 진정한 행복은 우리가 갖지 못한 것을 얻었을 때 오는 것이 아니다. 우리가 이미 가진 것에 대해 깨닫고 감사할 때 따라오는 것이다.

날마다 기막힌 아침

•

만약 누군가가 당신에게 당신의 두 눈을 10억 원에 팔라고 하면 어떻게 할 것인가? 또 당신의 심장을 100억 원에 팔라고 하면 어떻게 할 것인가? 당신의 팔은? 당신의 다리는? 귀는? 혹은 가족은?

이런 요구에 응할 사람이 있을까? 우리는 이미 '열려라 참깨'로 유명한 동화 속 알리바바의 금은보화가 부럽지 않을 만큼 많은 부를 소유하고 있다. 자신이 가진 바꿀 수 없는 것들의 가치를 합산해보라. 그 가치를 알게 된다면 전 세계 100대 부자들의 돈을 모두 준다 하더라도 자신이 가진 것을 팔 생각이 없을 것이다.

우리는 우리 자신이 태어나면서부터 받은 축복의 진정한 가치를 제대로 알지 못하고 있다. 이미 가진 것에 대해서는 너무나 당연하게 생각하며 거의 가치를 부여하지 않는다. 반면 가지고 있지 않은 것에 대해서는 너무 많이 생각하는 경향이 있다.

남과 비교하면 부러움이 생기고 시기와 질투가 생겨난다. 남과 비교하는 것은 불행의 씨앗을 심는 것과 같다. 자기에게 없는 것은 생각하지 않고 자기가 가진 것에 만족함으로써 행복해진다. 없는 것을 마음 아파하거나 슬퍼하지 않고, 가지고 있는 것을 기뻐하는 사람이 지혜로운 사람이다.

감사한다는 것은 무엇일까? 욕심을 내려놓는 것이다. 현실을 인정하는 긍정의 토대 위에서 더 나은 내일을 꿈꾸는 것이다. 욕구불만 상태에서는 불평과 비난과 부정만 나온다. 한 시간 안에 스트레스를 푸는 방법이 운동이라면, 바로 지금 이 순간에 스트레스를 푸는 방법은 감사를 마음에 심는 것이다.

하루를 감사의 하루로 만드는 좋은 방법이 있다. 아침에 눈을 뜨면 바로 일어나지 말고 침대에 누운 채로 감사해야 할 일들을 생각해보는 것이다. 하나하나 생각하다 보면 50가지, 100가지가 넘을 수도 있다.

오늘도 살아 눈을 뜰 수 있다는 기쁨, 사랑스럽게 잠들어 있는 아내와 아이들의 모습, 책을 읽을 수 있는 눈과 아름다운 음악을 들을 수 있는 귀, 마음을 전달할 수 있는 목소리, 맛있는 음식을 맛볼 수 있는 혀, 맑은 공기, 혼자만의 사색의 시간, 일을 가지고 있다는 것, 감사해야 할 고마운 사람들….

어떤가, 감사할 일이 정말 많지 않은가? 매일 아침 감사의 제목들을 떠올려보는 것도 축복 중 하나다. 날마다 기막힌 아침을 여는 방법이기도 하다.

늘 감사했을 뿐인데

•

남아프리카공화국 최초의 흑인 대통령이자 흑인 인권운동가인 넬슨 만델라는 종신형을 받고 무려 27년을 복역하면서 세계 인권운동의 상징적인 존재가 된 인물이다. 그가 출옥할 때 사람들은 아주 허약한 상태로 나올 것으로 생각했지만, 정반대였다. 일흔 살이 넘었는데도 무척 건강하고 씩씩한 모습이었다.

취재기자 중 한 사람이 물었다.

"다른 사람들은 5년만 감옥살이를 해도 건강을 잃어서 나오는데, 어떻게 27년 동안 감옥살이를 하고서도 이렇게 건강할 수 있습니까?"

그러자 그가 대답했다.

"하나님께 늘 감사했습니다. 하늘을 보고 감사하고, 땅을 보고 감사하고, 물을 마시며 감사하고, 음식을 먹으며 감사하고, 강제노동을 할 때도 감사하고, 늘 감사했기에 건강을 지킬 수 있었습니다."

감사가 일궈낸 또 하나의 기적이다. 넬슨 만델라는 감사할 줄 아는 사람은 모든 위기 상황에서도 지혜롭게 잘 극복하고 마침내 별처럼 빛나는 인생이 된다는 것을 증명한 인물이다.

우리 주변에는 넬슨 만델라처럼 이 세상을 보다 아름다운 곳으로 만들기 위해 노력하는 사람들로 넘쳐난다. 오랜 인고의 세월을 거쳐 탄생한 아름다운 음악과 예술, 평생을 바쳐 발견하고 표현한 위대한 사상과 문학, 우리 삶에 기쁨과 윤택함을 가져다주는 수많은 제품과 서비스 등이 그것이다.

우리는 매일 너무나도 자연스럽게 인간의 가장 숭고한 결실들을 보고 사용하며 체험하고 있다. 감사한 손길들이 맺은 결실의 혜택을 누리고 있는 것이다. 이것도 감사, 저것도 감사, 모든 게 감사해야 할 일이다.

받기만 하면 미안한 법이다. 우리 모두는 현재 자신이 서 있는 곳에

리셋, 유

서 더 나은 세상의 밑그림을 그릴 수 있다. 성장배경과 직장, 성격, 꿈 등 모든 것이 다르지만 각자 나름대로 할 수 있는 무엇인가가 있다. 각자의 자리에서 주어진 의무와 책임을 다하고, 현재의 능력을 가지고 최선을 다하면 된다. 그것이 감사한 세상에 감사를 표시하는 길이다.

인생에는 리허설이 없다. 인생은 흘러가는 강물과 같다. 일단 한번 지나가면 돌이킬 수 없는 것이 인생이다. 행복한 삶을 사는 가장 좋은 방법은 늘 감사한 마음을 가지는 것이다. 그리고 감사의 초점을 과거나 미래가 아니라 현재에 맞추는 것이다.

욕망 리스트를 버려라
•

사람들은 대개 현재 가지고 있는 것이 언제나 이전과 별로 차이가 없다고 생각하는 경향이 있다. 그래서 자신의 욕망 리스트에 늘 새로운 목록을 끼워 넣으려고 애쓴다. 바로 이것이 우리가 만족스러운 삶을 살지 못하는 가장 큰 이유다. 욕심을 버리지 못하기에 행복을 얻지 못하는 것이다.

'이것만 바라는 대로 되면 나는 행복해질 거야'라는 사고방식을 가진 사람은 일단 욕구가 충족되면 또 다른 욕구를 찾아 나선다. 계속해서 새로운 것을 추구하고, 원하는 것을 얻지 못할 때는 그것에 집착한다. 행복보다는 불행하다고 느껴질 때가 많고, 남들은 행복한 것 같은데 나만 불행하게 느껴질 때가 많은 것도 그 때문이다.

힘들게 원하는 것을 얻었을 때도 만족감은 그리 오래가지 않는다. 동일한 사고와 행동의 과정을 반복하는 오류를 범하게 된다. 사람의 욕심은 끝이 없다. 주기보다는 받기를 바라고, 손해보다는 이익을 바라며, 땀 흘리기보다는 행운을 바라고, 기다리기보다는 한순간에 얻어지길 바라는 것도 욕심의 뿌리가 그만큼 깊기 때문이다. 그렇기에 늘 행복하면서도 행복하다는 것을 잊고 살 때가 많다. 굳이 행복을 찾지 않아도 이미 행복이 자기 속에 있는 걸 발견하지 못하는 것이다.

항상 새로운 것을 바라고 갈망하는 사람에게는 행복이 쉽게 깃들지 못한다. 언제나 욕구불만 상태이기 때문이다. 그러나 다행히도 욕구불만을 행복으로 전환할 방법이 있다. 관심의 초점을 원하는 것으로부터 현재 가지고 있는 것으로 돌리면 된다.

"내가 원했던 인생은 이런 게 아니야. 나의 인생은 지금과는 달라져야 해"라며 자신을 불행의 구렁텅이로 몰아넣는 생각이 들 때면 이렇게 해보면 어떨까. 일단 호흡을 가다듬고 지금 자신에게 주어진 축복과 은혜가 무엇인지를 감사하는 마음으로 떠올려보는 것이다.

예를 들어보자. 대상이 아내라면 잔소리보다는 쾌활한 미소에 초점을 맞추는 것이고, 일이 힘들다고 불평하는 대신에 일할 수 있는 건강과 일자리가 있음을 감사하는 것이고, 교통사고를 당했을 때는 살아 있음에 감사하는 것이다. 어떤 일이든 이런 식으로 축복과 은혜를 먼저 떠올려보자는 이야기다.

행복은 그렇게 멀리 있는 게 아니다. 아주 가까이에, 내가 미처 깨닫지 못하는 곳에 존재한다. 고요하게 흐르는 물줄기처럼 마음속에 부

리셋. 유

드럽게 흘러가는 편안함이 있다면 바로 그것이 행복이다.

행복해지기로 결심하기

•

《행복한 청소부》라는 제목의 그림동화책이 있다. 독일의 작가와 음악가의 거리를 청소하는 한 청소부에 대한 이야기인데 마음에 적지 않은 울림을 준다.

청소부는 표지판을 열심히 닦기만 할 뿐 다른 것에는 별 관심이 없다. 어느 날 그는 자신이 열심히 닦았던 길거리 표지판이 유명한 음악가와 작가의 이름이라는 것을 알게 된다. 그들이 어떤 사람인지 궁금해서 책을 찾아 읽기 시작한다. 공부를 계속하다 보니 유명해져서 대학교수직까지 제안을 받는다. 하지만 청소부는 거절하고 계속 청소부로 일하면서 틈틈이 좋아하는 음악과 문학을 공부하는 데서 행복을 느낀다.

당신이 이 청소부 입장이라면 어떻게 하겠는가? 대답이 궁금해진다. 세상 사람들이 높다고 평가하는 대학교수를 마다하고 청소하는 일에 자족하며 행복을 느끼는 그에게서 배울 점은 두 가지다. 하나는 자신이 좋아하는 인생을 선택할 수 있는 용기이고, 다른 하나는 적당한 선에서 만족할 줄 아는 절제다.

당장 코앞의 끼니를 걱정해야 하는 사람이 부자 앞에서 당당할 수 있는 것이 용기고, 부자가 될 수 있는 상황에서도 과도한 욕심을 부리지 않는 게 절제다. 결국 용기와 절제의 두 가지 덕목을 조화롭게 잘 갖추는 것이 행복한 인생을 사는 비결이다.

그러나 우리는 행복해지고 싶다고 해서 굳이 저 행복한 청소부 수준까지 올라갈 필요는 없다. 그저 자신이 받은 축복을 확인하기 위해 메모를 작성해보는 수준이면 족하다. 목록을 하나하나 진솔하게 적어나가다 보면 막연히 생각할 때와는 달리 자신의 삶이 훨씬 괜찮아 보일 수도 있다. 어쩌면 난생처음으로 행복이 무엇인지 알게 될지도 모른다.

우리는 스스로를 부끄럽게 생각해야 한다. 행복을 자신의 안주머니 속에 넣어놓고도 언젠가는 행복해지리라고 믿으며 힘겨운 하루하루를 보내고 있기 때문이다. 학교를 졸업하고 나면, 좋은 직장에 들어가면, 결혼을 하면, 열심히 일해서 일찍 승진하면, 빚을 다 갚으면 행복해질 것이라고 늘 자신에게 주문을 건다. 우리는 이렇게 인생의 각 단계에서 '지금 이 시기를 벗어나면' 행복해질 것이라고 말한다. 그러는 가운데 인생은 흐르는 강물처럼 계속해서 흘러가고 이마에 주름살도 늘어간다.

인생에는 항상 어려운 도전이 넘쳐나기 마련이다. 불안과 걱정을 없애고 행복해지고 싶다면 문제나 어려움보다 현재 누리고 있는 축복을 생각하면 된다. 어떤 상황에서도 행복해지기로 마음먹으면 된다. 이것이 행복한 삶을 살기 위한 최선의 방법이다. 행복을 움켜잡기에 '지금'보다 더 나은 때는 없다.

리셋, 유

배수의 진을 치고
하나에 집중하다

'뜻이 있는 곳에 길이 있다.'

'우물을 파되 한 우물을 파라. 샘물이 날 때까지.'

목표의 중요성을 강조할 때 자주 쓰는 말이다. 먼저 뜻을 세우면, 그곳에서 길이 보인다는 의미다. 목표를 세우고 나면 평소에 보이지 않았던 것들이 눈에 띄기 시작한다. 간절히 원하면 끌어당김의 법칙에 의해 온 우주가 도와준다는《시크릿》의 한 구절처럼 말이다.

여러 갈림길에서 길을 결정할 때 어떻게 하면 후회하지 않을 선택을 할 수 있을까? 답은 쉽고도 간단하다. 여러 길 중에서 가장 걷고 싶은 길, 가장 행복한 삶으로 이어질 것 같은 길을 선택하면 된다. 그리고 앞만 보고 걸어가면 된다.

신은 자신이 원하는 것을 알고, 그것을 얻겠다고 독하게 마음먹은 사람의 편에 선다. 어떻게 아느냐고? 하늘은 스스로 돕는 자를 돕는다고 했으니까. 무엇이든 뚜렷한 목적에 분명한 계획이 더해지기만 하면 성취할 수 있다.

그 불타는 집념으로 목표를 달성한 사람이 있다. 발명왕 토머스 에디슨을 그림자처럼 따라다닌 사람이다. 그의 이름은 에드윈 C. 반스다. 에디슨의 사업파트너가 되겠다는 목표를 가졌던 그는 5년이라는 짧지 않은 세월을 보낸 후에야 그 목표를 이룰 수 있었다.

에디슨의 주변 사람들은 낮은 임금으로 일하는 그를 별 볼 일 없는 말단 종업원 정도로 여겼다. 그러나 그는 자신의 꿈을 한시도 잊은 적이 없었다. 결국 그는 에디슨의 당당한 사업파트너가 됐고, 성공자의 대열에 들어섰다.

반스가 성공할 수 있었던 것은 구체적이고 확실한 목표를 설정한 뒤 자신의 모든 에너지와 역량을 총동원하여 목표 달성을 향해 매진했기 때문이다. 그는 에디슨의 사업파트너가 되는 목표 이외에는 모든 것을 포기하는 배수진을 쳤다.

배수진을 쳐서 목표 달성에 성공한 또 다른 예가 있다.

옛날 어느 장군이 반드시 승리해야만 하는 전투를 앞두고 묘책을 궁리하고 있었다. 적은 아군보다 훨씬 숫자가 많고 막강했다. 드디어 결단을 내린 장군은 병사들을 배에 태우고 적진으로 향했다. 목적지에 도착해 병사와 무기를 하선시킨 그는 자신들을 싣고 온 배를 즉각 불살라 없애라는 명령을 내렸다. 그리고 병사들에게 다음과 같이 말했다.

"이 전쟁에서 승리하지 못한다면 우리가 돌아갈 방법은 없다. 이제 선택의 여지가 없다. 승리하지 못하면 오로지 죽음만이 있을 뿐이다."

그들은 죽을 각오로 싸움에 임했고, 당연히 승리했다.

한번 물면 놓지 않는다
•

짧은 주둥이와 눌러놓은 듯한 코, 넓은 어깨와 휘어진 다리가 특징인 개가 있다. 바로 불도그다. 이 개는 고통에 대한 엄청난 참을성과 용맹스러운 기질을 가지고 있다. 그래서 불도그를 설명할 때는 '한번 물면 놓지 않는다'는 수식어가 따른다.

목표 달성을 갈망하는 사람은 불도그 기질을 가지고 있어야 한다. 목표를 이루고야 말겠다는 확고한 신념과 강한 의지를 가진 사람은 스스로를 최상의 결과로 이끌어 간다. 목표 달성을 위해 우리가 해야 할 일은 체념이 빠른 사람에서 한번 물면 놓지 않는 끈질긴 사람으로 변신하기만 하면 되는 것이다. 다른 사람들이 다 포기해도 "나는 결코 포기할 수 없다"고 소리치며 각오를 다지기만 하면 된다.

목표를 향해 나아가려면 목표에 다가갈 수 있도록 해주는 것만을 바라보아야 한다. 중요하지 않은 것에는 눈길조차 주지 말아야 한다. 우리를 둘러싼 수많은 요구를 충족시키려고 노력하다 보면 에너지만 고갈될 뿐, 정작 손안에는 아무것도 남아 있지 않게 된다. 정원사가 나무에 가지치기를 해서 가장 굵은 한두 개의 가지만 올라갈 수 있도록 해주는 것처럼, 잡다한 일을 정리하고 한 가지 혹은 몇 가지 중요한 일에 모든 힘을 집중해야 한다.

조이스 브라더스 박사는 《인생에서 원하는 것을 얻는 방법》에서 이렇게 말했다. "당신의 에너지는 야망만큼 무한하다. 당신의 모든 힘을 한 가지 일에 집중하라."

심리학자들이 발견한 성공한 사람들의 공통분모 중 하나는 완전한 집중이다. 완전한 집중은 몰입하는 것을 말한다. 어떤 일에 완전히 빠져드는 것이 몰입이다. 사람들은 축구, 농구, 배구, 야구, 테니스, 격투기 등 스포츠에 곧잘 빠져든다. 왜 그럴까? 경기에 몰입하는 동안에는 다른 모든 것을 잊을 수 있기 때문이다. 시간이 지나가는 줄도 모른다.

불꽃 같은 열정과 무한한 야심을 가지고 목표에 이르기를 원하는 사람들은 완전한 집중을 희생으로 생각하지 않는다. 목표 달성을 위해 버려야만 했던 주위의 다른 요소들을 전혀 아깝게 여기지 않는다.

10만 개의 이쑤시개로 재현한 샌프란시스코

•

폴란드 시인 로르비트는 세 가지를 갖춰야 조화로운 삶이 이루어진다고 했다. 하나는 먹고사는 것, 둘째는 삶의 의미를 주는 것, 셋째는 목숨을 바칠 만큼 좋아하는 것. 이 세 가지 조건을 충족하면 균형 잡

리셋. 유

힌 삶이 된다는 것이다.

그중 '목숨을 바칠 만큼 좋아하는 것'을 위해 평생을 바친 사람들이 있다.

미국의 조각가 스캇 위버는 35년이라는 시간을 들여 '이쑤시개 도시'를 만들었다. 10만 개가 넘는 이쑤시개를 사용해 미국 샌프란시스코의 주요 풍경을 초현실적으로 재구성한 작품이다. 작가는 금문교, 부둣가, 군함, 앨커트래즈 감옥 등 샌프란시스코를 상징하는 대표적인 관광명소를 멋지게 재현했다.

그의 작품에서 볼 수 있는 특이한 점은 탁구공이 나온다는 점. 그 탁구공은 마치 롤러코스터처럼 움직이며 작품 속 샌프란시스코 곳곳을 이동한다. 독창적이고 상상을 뛰어넘는 작품이라는 평가를 받는 이유다.

쉰두 살의 나이에 TV 프로그램에서 거짓말처럼 퀴즈 영웅에 등극한 열쇠 수리공의 사연도 있다. 학교를 제대로 다닌 적이 없는 그는 퀴즈왕이 되고 싶어서 17년을 홀로 공부했다고 했다. 목숨을 바칠 만큼 좋아했기에 가능한 일이다.

'한국 홍보 전문가'가 직함인 서경덕 씨는 〈뉴욕타임스〉에 독도 광고를 낸 사람이다. 아르바이트를 하며 밥값까지 아껴 광고비를 장만했다고 한다. 이후에 동해와 비빔밥, 위안부 문제를 알린 '들리시나요?' 등의 광고를 게재하며 세계에 한국을 홍보하고 있다.

이처럼 사람들의 관심 분야는 각기 서로 다르다. 기호와 취향에 따라 음악, 예술, 건축, 의학, 정치, 스포츠 등 다양한 분야에 관심을 가질 수 있다. 특별히 관심이 가고, 또 자신에게 특별한 기쁨을 줄 수 있는 일을 먼저 찾자. 깊이 매료되어야만 최고의 결과를 얻을 수 있기 때문이다.

그러고 나서는 불필요한 곳에 투입되는 시간을 최대한 줄이고 자신의 삶을 충만하게 할 수 있는 것만을 바라보도록 노력해야 한다. 자신에게 주어진 땅을 잘 경작하지 않으면서 남의 땅에 눈길을 준다면 어떻게 자기 땅에서 잘 익은 낟알을 건지겠는가?

핵심에 집중하라
•

기업도 마찬가지다. 기업의 성공은 핵심사업의 성공에 달려 있다. 세계적인 사업 전략 컨설팅 회사인 베인&컴퍼니의 크리스 주크는 《핵심에 집중하라》라는 책에서 이렇게 강조한다.

"기업은 인접사업으로 영역을 확장하기 전에 누구도 넘볼 수 없는 경쟁력이 확고한 핵심 사업을 가지고 있어야 하며, 먼저 이 핵심 사업을 통해 이윤을 창출하도록 해야 한다."

이른바 '한 우물 파기 경영'을 강조한 것이다. 집중으로부터 성장이 나오고, 범위를 좁힘으로써 확장할 수 있다는 역설이다.

한 우물 파기로 성공한 기업을 우리 주위에서도 쉽게 찾아볼 수 있다. 명화금속은 1961년 설립 이래 '나사'라는 한 우물만 파왔다. 800여 종의 나사를 개발해서 30여 개국에 수출하고 있으며, 나사공화국

리셋, 유

으로 불린다. 홍진HJC는 1971년 설립 이래 전 세계인의 사랑을 받는 헬멧을 생산하며 글로벌 기업으로 성장했으며, 1974년 설립돼 오로지 황동봉만을 고집해온 대창도 오늘날 세계 시장을 선도하고 있다.

이들 회사의 성공 요인은 한 분야에 최선을 다하는 외길 경영이었다. 다른 사업을 해보라는 주위의 말에 귀가 팔랑거렸다면 어떻게 됐을까? 과연 오늘날처럼 큰 성공을 거둘 수 있었을까?

우리 삶도 마찬가지다. 목표를 향해 시간과 에너지를 쏟아부을 수 있도록 삶을 단순화해야 한다. 생각과 의지력, 시간과 정력이 여러 갈래로 분산되고 흩어지면 큰 힘을 낼 수 없다.

《좋은 기업을 넘어 위대한 기업으로》의 저자 짐 콜린스 역시 이렇게 충고한다. "핵심을 보존하고 발전을 자극해야 한다." 세상에 집중력처럼 무서운 것은 없다. 하나의 초점에 집중하면 신비한 힘이 생기고 놀라운 성과를 거두게 된다. 한 우물을 파는 것, 그것이야말로 성공의 비결이요 승리의 길이다.

감정은 통제가 아니라
관리의 대상이다

인간의 시조인 아담과 이브는 하나님이 먹지 말라고 금지한 열매(선악과)를 따 먹었다. 그래서 에덴동산에서 쫓겨났다. 아담의 아들인 가인은 질투심에 사로잡혀 동생 아벨을 돌로 쳐 죽였다. 성경에 기록된 인류 최초의 살인이다.

기원전 4세기 인물인 알렉산더 대왕은 스물아홉 살의 나이에 당시 알려진 세계를 모두 정복했다. 더는 정복할 세계가 없다는 사실 때문에 우울증에 시달리던 그는 술독에 빠져 살다가 서른두 살에 사망했다. 어려서부터 체질화된 반유대주의자였던 아돌프 히틀러는 대대적인 유대인 말살정책을 펼쳤다. 그리고 무려 600만 명에 달하는 유대인을 학살했다.

리셋, 유

이 사례들은 모두 감정을 관리하지 못해 빚어진 비극들이다. 감정이 인간을 망친 사례는 이처럼 동서고금을 막론하고 쉽게 찾아볼 수 있다.

인간 본성을 연구하는 학자들에 따르면 인간은 감정에 기초해 판단을 내리고, 그 판단을 이성과 논리로 정당화한다고 한다. 인간이 감정의 동물이라는 말이다. 감정은 조심스럽게 다뤄야 하는 유리 같은 것이어서 잠시라도 소홀히 다루면 깨져서 산산조각이 난다.

감정은 힘이 세다. 통제되지 않은 감정에 따라 행동한 결과는 인생을 바꿀 정도의, 혹은 인생을 끝장낼 정도의 힘이 있다. 증오와 복수, 탐욕과 시기 등 부정적인 감정들이 우리의 이성과 지성을 삼키고 판단력을 좌우하면 재앙을 피할 수 없게 된다.

셰익스피어는 이렇게 경고했다.

"너의 원수 때문에 불을 뜨겁게 지피지 마라. 오히려 그 불이 너 자신을 태우리라."

그렇다면 이렇게 막강한 힘을 가진 감정을 어떻게 하면 효율적으로 통제할 수 있을까? 우선은 감정에 좌우되지 말아야 한다. 그리고 자신의 적극적인 의지로 감정을 다스려야 한다. 감정관리에 도움이 될 것 같아서 인구에 회자되고 있는 '감정관리 10계명'이라는 제목의 글을 소개한다.

1. '참자'라고 생각하라.
2. '원래 그런 거'라고 생각하라.

3. '웃긴다'라고 생각하라.

4. '좋다, 까짓 것'이라고 생각하라.

5. '그럴 만한 사정이 있겠지'라고 생각하라.

6. '내가 왜 너 때문에'라고 대범하게 생각하라.

7. '시간이 약'이라고 생각하라.

8. 거꾸로 생각하라. 세상만사는 마음먹기에 달렸다.

9. 즐거웠던 순간을 회상하라.

10. 눈을 감고 심호흡을 하라. 물을 삼키듯 화를 삼켜보라.

공감이 되는가? 감정을 통제한다는 게 말처럼 그렇게 쉬운 것은 아니지만 화날 일이 생길 때 떠올려보면 도움이 될 것이다. 자신의 감정을 관리할 수 있는 사람은 작은 일에 크게 신경을 쓰지 않는다. 에이브러햄 링컨도 "자신에게 최선을 다하는 사람은 사사로운 감정에 매달릴 여유가 없다"고 말했다.

화는 화를 낸 사람에게 되돌아온다

:

'I have a dream'이라는 제목의 연설로 유명한 미국의 흑인해방 운동가 마틴 루서 킹 목사는 이렇게 말했다.

"눈에는 눈, 이에는 이로 대응하는 구습은 모든 사람을 눈멀게 한다. 이것은 상대방을 이해하는 것이 아니다. 받은 대로 되갚아서는

리셋. 유

상대뿐 아니라 나에게도 아무런 도움이 되지 않는다. 폭력은 증오를 키운다. 폭력은 공동체를 파괴하고 형제애를 불가능하게 한다. 폭력은 결국 스스로를 망하게 한다. 폭력은 피해자에게는 가슴 깊은 상처를, 가해자에게는 잔인성을 불러일으킨다."

어떤 상황에서 발생했든 간에 감정은 절대적으로 통제해야 할 대상이다. 통제되지 않은 감정은 평생 잊지 못할 후회를 낳는다. 회사에서 화가 난다고 씩씩하게 사표를 제출한 사람, 신용카드를 한도까지 채워 쓰며 매일 근근이 살면서도 또 충동구매로 값비싼 옷을 사는 사람, 부부싸움하다 화를 참지 못해 물건을 집어 던지고 부수는 사람, 술집에서 술 마시다 옆 테이블 사람과 시비 붙는 사람….

우리 주변에서 어렵지 않게 볼 수 있는 모습들이다. 감정을 관리하지 못한 결과다. 화를 내는 최대 원인은 '나는 잘못한 게 없어'라는 생각이다. 중요한 것은 화는 화를 낸 사람에게 반드시 되돌아온다는 사실이다. 사람들이 자신의 감정을 제대로 관리하는 법만 배웠더라면 세상이 요즘처럼 이렇게 흉흉하지 않을 것이고, 교도소가 이렇게 꽉 차지도 않을 것이다.

감정을 관리한다는 말의 의미는 감정을 느끼는 것을 중단하거나 감정 표현 자체를 중단해야 한다는 것이 아니다. 과잉반응 또는 과소반응해서는 안 된다는 의미다. 감정관리란 잠시 물러서서 전체 상황을 판단해 적절히 대처한다는 의미이며, 극한 상황을 통제함으로써 표출된 감정이 인생을 망치기보다 흥하게 하는 데 기여하도록 한다는 의미다. 다시 말하면 감정을 자신에게 불리하지 않게, 즉 유리하게 활용할 수 있어야 한다는 뜻이다.

외롭거나 슬프면 울어야 한다

•

캔디 증후군이라는 것이 있다. 외롭거나 슬퍼도 울지 않으려는 심리를 말한다. 한 시대를 풍미했던 추억의 만화 〈캔디캔디〉의 주인공 캔디의 이름에서 나온 것이다. 외로워도 슬퍼도 울지 않고, 용기를 잃지 않는 고아 소녀 캔디 말이다.

그러나 이 증상은 겉으로는 좋게 보이지만 실상은 그렇지 않다. 마음뿐 아니라 몸까지도 아프게 하기 때문이다. 외로움과 슬픔, 아픈 기억은 적절하게 표출돼야 오히려 건강에 도움된다.

미국의 심리학자 제임스 페이베이커의 실험이 이를 증명해준다. 1989년 샌프란시스코 지진과 1991년 걸프전을 경험한 주민들을 대상으로 11주간 연구한 결과다. 발생 첫 2주간은 사건에 대해 많이 생각하고 주변 사람들과 이야기를 나누었으나, 3주에서 8주 사이에는 여전히 생각은 많지만 그 주제를 가지고 대화하길 꺼렸다. 사건과 관련한 대화가 그만큼 줄어들었다.

그런데 바로 이 3주에서 8주 사이에 주민들에게는 불안감, 말다툼 등의 이상 증세가 크게 늘었다. 감정 억제 탓이었다. 드러내서 치유해야 할 감정을 억제한 결과였다. 슬픔을 나누면 반이 된다는 말이 괜한 위로의 말만은 아닌 것이다.

리셋, 유

심리학자들은 인생의 흥망을 결정할 힘을 가진 세 가지 감정이 있다고 말한다. 두려움, 근심, 의욕이 그것이다. 이 감정들을 유익하게 사용할 방법도 다음과 같이 제시하고 있다.

: 두려움

두려움을 관리하는 핵심은 문제에 정면으로 부딪쳐보는 것이다. 많은 사람이 두려움으로부터 숨음으로써 피하려고 한다. 두려움을 관리하는 최선의 방법은 그것을 이해하여 방해물이라기보다 동기부여제로 활용하는 것이다. '항구에 정박된 배는 안전하다. 그러나 그것은 애초 배가 만들어진 목적은 아니다'라는 말이 이 상황에 가장 어울리는 경구다. 안전하게 가는 것이 해결책은 아니다.

: 근심

근심을 관리하는 가장 좋은 방법은 바로 소파에서 일어나 생산적인 활동을 시작하는 것이다. 근심의 문제점은 바로 귀중한 시간을 허비하게 한다는 점이다. 우리가 늘 경험하듯이 근심으로 얻을 수 있는 것이 두통과 불면증 이외에 무엇이 있는가? 미국의 유명한 메이요 클리닉 병원의 공동 창립자 중 한 사람인 찰스 메이요 박사는 "과로로 죽은 사람은 못 봤어도 근심 때문에 죽은 사람은 여럿 봤다"고 말했다.

: 의욕

의욕과 열정이 없으면 세상에서 이룰 수 있는 것이 거의 없다. 의욕과 성공은 동전의 양면과 같아 서로 떼어놓을 수 없다. 미국의 유명한 시인이자 철학자 랄프 왈도 에머슨은 "위대한 일은 의욕 없이 이루어지지 않는다"라고 말했다.

건설적인 감정과 파괴적인 감정
•

머릿속을 긍정적이고 적극적인 감정으로 가득 채우고, 부정적이고 마이너스가 되는 감정은 모두 버려야 한다. 앞에서도 이야기했듯이 긍정적인 감정으로 지배된 마음은 신념의 좋은 토양이 된다.

감정에는 건설적인 것과 파괴적인 것이 있다. 심리학자들에 따르면 파괴적인 감정은 그대로 두어도 잠재의식 속에 끼어들어 오지만, 건설적인 감정은 자기암시의 힘을 빌리지 않으면 그렇게 되지 않는다고 한다. 그만큼 우리 잠재의식이 파괴적인 감정에 취약하다는 것을 의미한다.

| 건설적인 감정 일곱 가지 |

신념 · 소망 · 사랑 · 성 · 정열 · 낭만 · 희망

리셋, 유

| 파괴적인 감정 일곱 가지 |

공포 · 질투 · 증오 · 원망 · 탐욕 · 미신 · 분노

건설적인 감정과 파괴적인 감정이 하나의 마음을 동시에 지배할 수는 없다. 반드시 어느 한 쪽이 지배한다. 따라서 건설적인 감정이 마음을 지배하도록 노력해야 한다. 파괴적인 감정이 끼어들 틈이 없도록 해야 한다.

그럼에도 파괴적인 감정이 개입돼 최악의 상황에 처한다면 어떻게 하면 될까? 중국의 석학 임어당은《생활의 발견》에서 이렇게 해법을 제시했다.

"참다운 마음의 평화는 최악의 사태를 감수하는 데서 얻어지며, 이는 또 심리학적으로 에너지의 해방을 의미한다."

감수한다는 것은 마음을 편하게 먹고 그냥 받아들이는 것을 의미한다. 이왕 일어나버린 일을 받아들인다는 것은 온갖 불행의 결과를 이겨내는 첫 단계다. 그야말로 확실한 반전이다. 파괴적인 감정이 개입돼 상황이 나빠진다 하더라도, 그때 다시 긍정모드로 전환할 수 있기 때문이다.

미국의 제3대 대통령인 토머스 제퍼슨도 감정관리와 관련해 이렇게 조언했다.

"만약 화가 나거든 무엇인가를 하거나 말을 하기 전에 열을 세도록 하라. 그래도 여전히 마음이 가라앉지 않거든 백까지, 그래도 안 된다면 천까지 세도록 하라."

불필요한 걱정을 피하고 싶다면

∙

걱정 없는 사람이 세상에 있을까? 누구나 다 하는 것이 걱정이다. 걱정은 잠을 못 자게 하고, 식욕도 없게 하고, 현실로부터 무작정 멀리 달아나고 싶게 만들 정도로 위력이 대단하다. 머릿속에 수많은 시나리오를 썼다 지웠다 하면서 상당한 에너지가 낭비된다. 너무 오래 가면 슬럼프에 빠지고 우울증이 올 수도 있다.

어니 J. 젤린스키의 《느리게 사는 즐거움》에는 걱정과 관련된 다음과 같은 글이 나온다.

"우리가 하는 걱정의 40퍼센트는 절대 일어나지 않을 사건들에 대한 것이고, 30퍼센트는 이미 일어난 사건들, 22퍼센트는 사소한 사건들, 4퍼센트는 우리가 바꿀 수 없는 사건들에 대한 것들이다. 나머지 4퍼센트만이 우리가 대처할 수 있는 진짜 사건이다."

걱정이 많은 사람에겐 희소식이다. 걱정의 96퍼센트가 기우에 불과하다고 하니 말이다. 걱정의 존재는 신기루 같은 것이다. 걱정에 사로잡혀 있다면 지금 당장 노트를 펼쳐 무엇을 걱정하고 있는지 적어보라. 이것저것 생각나는 대로 적어보라. 그리고 하나씩 생각해보라. 걱정과 관련해서 내가 무엇을 얻을 수 있는지를. 결론은, 걱정은 해답도 없고 해결방안도 찾을 수 없다는 것이다.

불필요한 걱정을 피하고 싶다면 '오늘'을 살면 된다. 잠자리에서 일어나면서부터 취침할 때까지 오늘의 일만을 생각하고 생활하라는 의미다. 오늘에 집중하면 대부분의 걱정은 생각조차 나지 않게 된다.

리셋, 유

불필요한 걱정을 계속한다면 건강을 해치는 엄청난 대가를 치르게 된다는 것을 잊지 말아야 한다. 걱정만큼 사람을 빨리 늙게 하고 추하게 하는 것은 없기 때문이다.

둑의 제방이 낮으면 마을에 물이 범람해 들어오기 쉽다. 마음도 마찬가지다. 마음의 제방이 낮으면 쓸데없는 걱정이 들어오게 된다. 어떻게 하면 마음의 제방을 높일 수 있을까? 감정관리를 통해 자기 마음의 완벽한 주인이 되는 것이 가장 확실한 방법이다.

어둠을 탓하기보다는
한 자루의 촛불을 켜라.

: 스코틀랜드 속담 :

4장

행복해지기

| 희망의 끈, 절대로 놓지 마라 |

단 한 줄 남은 하프로
희망을 노래하다

지구본 위에 앉아 있는 여인을 그린 화가가 있다. 그림 속 그녀의 눈은 안대에 가려져 있고, 손에는 하프가 쥐어져 있다. 그런데 하프에는 단 하나의 줄만 남아 있고 나머지는 모두 끊어져 있다.

화가는 이 그림에 '희망'이라는 제목을 붙였다. 왜일까? 상황은 분명히 절망인데 왜 제목을 희망이라고 붙였을까? 아직 한 줄이 남아 있고, 그러므로 희망의 끈을 놓아서는 안 된다는 것을 강조하고 싶었기 때문이 아닐까?

희망이 없으면 절망에 이르고, 절망하면 죽음으로 내닫게 된다. 덴마크 종교사상가인 키르케고르는 《죽음에 이르는 병》에서 "절망은 죽음에 이르는 병"이라고 했다.

리셋, 유

그렇다면 우리가 해야 할 일은 너무나 명확하지 않은가? 꿈을 노래하는 삶, 희망을 연주하는 삶을 살아야 한다.

많은 사람이 '꿈'이라는 단어를 비현실적 것을 뜻하는 '환상'과 비슷한 의미로 받아들이는 것 같다. 또 꿈은 이룰 수 없거나 이루기 힘든 것으로 생각하는 데 익숙해져 있는 것 같다. 그래서인지 몽상이나 공상과 같은 표현들도 비슷한 의미로 사용한다.

그러나 꿈은 환상과 전혀 다르다. 꿈은 '실현하고 싶은 희망이나 이상'이다. 가치 있게 여기고 믿는 것의 최종 성과를 위한 설계도다. 꿈은 당연히 실현될 수 있는 것이다. 반면에 환상은 실현 가능성이 없는 헛된 생각이나 공상이다.

꿈은 무한한 힘을 가지고 있다. 우리의 발목을 붙잡고 있는 이 세상으로부터 영혼을 자유롭게 하는 힘이 있고, 고난 중에도 전진하게 하는 힘이 있다. 그리고 꿈에는 삶을 열정과 에너지로 충만하게 해주는 힘이 있고, 부정적이고 비판적인 사고로부터 보호해주는 힘이 있다.

혹시 꿈이 없는 사람에게 활력이 넘치는 것을 본 적이 있는가? 아마 없을 것이다. 왜냐하면 꿈이야말로 우리 삶의 활력소이며 내일을 여는 힘이기 때문이다. 꿈이 없는 사람이 어떻게 활력이 넘칠 수 있겠는가?

가슴을 뛰게 하는 꿈 하나 없이 일생을 살아간다면, 세상을 무지갯빛으로 바라보게 하는 희망 하나 없이 세월을 보낸다면, 생을 마감할 시점에는 분명 허무의 한숨을 내쉬게 될 것이다. 가슴을 펄떡이게 하는 꿈에 우리가 늘 사로잡혀 있어야 하는 것도 그런 이유에서다.

왜 나한테만 재능이 없을까

•

인간은 누구에게나 무한한 가능성이 있다. 중요한 것은 내면에 잠재한 그 가능성을 어떻게 밖으로 끄집어내느냐 하는 것이다.

TV를 켜거나 신문을 보거나 주변을 둘러보면 잘나가는 사람들이 너무나 많다. 멋지고 아름다운 연예인들은 왜 그렇게 많은지, 어떻게 그렇게들 사업을 잘하는지, 얼마나 공부했기에 저 정도로 전문가가 되었는지, 골프 축구 야구 테니스 등 프로 선수들은 어떻게 저렇게 운동을 잘하는지, 한 가지 하기도 바쁜 세상에 어떻게 두 가지 세 가지를 병행하며 활기차게 살 수 있는지….

괜히 나만 뒤처진다는 느낌마저 들 정도다. 왜 저런 재능이 나에게는 없을까 불평도 생긴다. 앞에서 열거한 사람들은 분명히 자기가 제일 잘하는 분야에서 자신의 음악을 연주하는 중이다. 과거에 뿌려놓은 씨앗의 열매를 거두고 있는 것이다.

안타깝게도 대부분의 사람은 자신의 타고난 재능을 발견하지 못한 채 평범한 삶을 살아간다. 물론 평범하다는 것이 나쁜 것만은 아니다. 그렇지만 존귀한 인간으로 태어났으면서도 자신의 탁월함을 제대로 한번 발휘해보지도 못하고 사라진다는 건 비극이 아닐 수 없다.

자신의 음악을 연주하면서 산다는 것은 자기가 가장 잘할 수 있는 일에 불꽃 같은 열정을 쏟아부으며 뜨겁게 살아가는 것이다. 발전을 추구하지 않는다면, 현재의 안전지대를 벗어나는 위험을 감수하지 않는다면, 지금 있는 자리에 영원히 머무를 수밖에 없다. 그게 삶의

리셋, 유

잔인한 이치다.

거센 파도가 훌륭한 선장을 만들어내듯, 내면의 탁월함을 발굴해 내기 위해서는 '전투함 인생'을 살아야 한다. '유람선 인생'이어서는 안 된다. 탁월함은 치열하고 긴박하고 절박한 순간에 나타나기 때문이다.

진정으로 하고 싶은 일을 하는 사람들

●

이렇게 질문해보라.

"이 일이 내가 진정으로 하고 싶어하는 일인가?"

"이 일이 내가 누구보다 잘할 수 있는 일인가?"

"나의 궁극적인 목표에 가까이 다가서는 것과 연관된 일인가?"

"삶의 의미를 더해줄 수 있는 일인가?"

"세상에 기여할 수 있는 일인가?"

진지하게 생각해보니 대답이 '아니오'로 나온다면, '예'라고 자신 있게 말할 수 있는 일, 마음속에서 하고 싶어서 핏줄이 꿈틀대는 일을 찾아 나서야 한다. 그런 과정을 통해 '예'라고 자신 있게 말할 수 있는 일을 찾았다면, 그다음에 할 일은 목숨을 걸고 노력하는 것이다.

우리 주변에는 목숨을 걸 정도로 독하게 노력한 사람들이 있다. 그래서 자신의 분야에서 최고의 경지까지 오른 사람들이다.

열여섯 살 때 판소리에 빠져 소리꾼이 되기로 한 사람이 있었다. 무작정 집을 나와 전국 곳곳의 유명하다는 선생들을 찾아다니며 소리를 익혔다. 지독한 노력파였던 그는 명창의 길에 들어서기 위해 틈만 나면 독공獨功에 매달렸다. 독공은 득음得音하기 위해 토굴이나 폭포 앞에서 하는 발성수련이다. 고향인 충남 공주시 장기면의 헌 절터에 움막을 짓고 백일 공부를 할 때에는 똥물을 먹어가며 몸을 다스렸다고 한다.

마침내 그는 우리나라 최고의 소리꾼이 되었다. 2003년 타계한 국악계의 큰 별 인간문화재 박동진 옹의 이야기다. "소리꾼은 소리를 하다가 죽는 게 영광이고, 후진을 기르다가 죽는 것이 남은 욕심"이라던 두 가지 바람을 모두 이루고 우리 곁을 떠났다.

또 한 사람은 6·25전쟁을 빨치산의 장남으로 버텨내야 했고, 휴전 뒤에도 그 꼬리표 탓에 혹독한 감시와 가난 속에 뒹굴어야 했던 사람이다. 어머니는 음독자살을 기도했고, 아버지는 무능한 농부로 생을 마쳤다. 중학교를 중퇴하고 열여덟 나이에 가출한 것은 그런 굴곡에 대한 저항이었다.

바로 〈씨받이〉(1986년 베니스영화제 여우주연상), 〈아제아제 바라아제〉(1989년 모스크바영화제 여우주연상), 〈서편제〉(1993년 제1회 상하이영화제 감독상, 여우주연상), 〈취화선〉(2002년 칸영화제 감독상)을 촬영한 임권택 감독이다.

2013년 3월 말에는 생존 감독으로는 세계 최초로 자신의 이름을 딴 임권택영화박물관이 개장됐다. 동서대학교가 101편의 영화를 만든

리셋, 유

한국 영화계 거장의 업적을 기리고, 한국 영화 연구 발전에 기여한다는 취지로 설립한 것이다. 부산 영화의전당 바로 뒤편인 동서대 해운대 센텀캠퍼스 2층에 총 340제곱미터(100여 평) 규모로 만들어졌다.

"사람들이 내게 대표작이 뭐냐고 물으면, 내 대표작은 아직 만들어지지 않았다고 답합니다. 내게는 항상 지금 만드는 영화가 대표작일 뿐입니다."

소설가 김훈의 단편 《화장》을 원작으로 하는 102번째 영화를 준비 중인 임 감독, 영원한 청춘을 꿈꾸는 그의 말에서 진정한 프로 냄새가 난다.

꿈을 실현하는 세 단계
●
●

꿈은 구체적이고 실현할 수 있는 것이어야 하며, 자신의 모든 정열을 쏟아부을 수 있어야 한다. 꿈을 실현하기 위해서는 아주 간단한 3단계의 과정을 거치면 된다. 제1단계는 꿈을 생각하고, 제2단계는 꿈을 형상화(이미지화)하고, 제3단계는 꿈을 계획하는 것이다. 꿈을 계속해서 생각하면 긍정적인 감정이 상상력을 자극해 미래에 되고자 하는 자신의 모습이 머릿속에 그려진다.

〈마스크〉, 〈덤 앤 더머〉, 〈라이어 라이어〉 등의 영화로 유명한 영화배우 짐 캐리는 명확한 비전이 가지는 힘을 잘 이해한 사람이다. 젊은 시절 그는 자신의 꿈을 적었고, 과감하고 창의적인 행동을 통해 꿈을 비전으로 형상화했다.

캐리는 자기 자신을 수취인으로 하는 액면가 1천만 달러 수표를 발행하고, 1995년 추수감사절(매년 11월의 넷째 목요일)을 결제기일로 정했다. 놀랍게도 캐리는 1995년 11월 말에 마스크 속편의 주연을 맡는 대가로 1천만 달러의 출연료를 제의받았다.

명확한 비전의 힘을 보여주는 또 다른 성공 사례가 있다. 월트 디즈니는 만화에나 나오는 생쥐를 수백억 달러에 달하는 다국적 기업으로 키워냈다. 모든 연령대의 사람이 즐길 수 있는 환상의 놀이공원을 탄생시키겠다는 그의 꿈은 너무나도 선명했다. 결국 수백만 평에 달하는 캘리포니아의 농지를 세계 최초의 성공적인 테마공원인 디즈니랜드로 바꾸어놓았다.

월트 디즈니는 이렇게 말했다.

"꿈꿀 수 있는 것이라면 해낼 수도 있습니다. 이 모든 일이 하나의 꿈과 한 마리의 생쥐로부터 시작되었다는 사실을 항상 기억하세요!"

우리는 같은 하늘 아래 살고 있지만 우리 모두의 지평선은 각각 다르다. 분명한 것은 각자의 현재 위치와 장차 서 있고자 하는 위치의 간격을 메울 수 있는 것은 자기 자신의 꿈꿀 수 있는 능력이라는 것이다.

심리적 죽음이 시작되는 때

•

　사람의 죽음을 재촉하는 심리적인 요인에는 두 가지가 있다고 한다. 첫째는 독서를 중단하는 것이다. 독서의 중단이란 곧 배움과 성장을 멈춘다는 것을 의미한다. 둘째는 무엇인가에 대한 가능성을 믿지 않는 태도다. 이것은 꿈꾸기를 중단하는 것을 의미한다. 독서와 꿈꾸기가 중단되었을 때, 다시 말하면 심성이 냉소적으로 변해 더는 새로운 가능성을 믿지 않을 때 죽기 시작한다는 것이다.

　징검다리 몇 개, 혹은 몇십 개를 건너면 닿을 수 있는 개울 저편에는 온갖 기회로 가득한 놀라운 세상이 발견되기를 기다리고 있다. 또 끝없는 모험의 세계가 경험되기를 기다리고 있다. 꿈을 꾸고 발길을 내딛기만 한다면 새로운 세상이 열리는 것이다.

　강한 의욕이 수반된 소망은 기적을 낳는다. 소망하는 것을 이루기 위해서는 대담하고 신중하게 계획을 짜야 한다. 그리고 계획이 짜이면 과감하게 행동해야 한다. 나아가 소망이라는 것이 결코 쉽게 이루어지는 것이 아니기에 인내는 필수요소다.

　인내는 포기의 순간을 참고 넘기는 것이다. '1퍼센트의 영감, 99퍼센트의 노력'이라는 말을 남긴 에디슨이 몸소 실천해 보였듯이 역사는 천재가 아니라 노력하고 인내하는 보통사람에 의해 움직인다. 보통사람에게는 기쁜 소식이 아닐 수 없다. 저마다의 소질에 인내를 덧붙이면 원하는 것을 얻을 수 있다니 왜 안 그렇겠는가.

　강력한 소망과 구체적인 계획, 피나는 노력을 통해 새로운 역사를 만들어온 사람들의 이야기는 우리의 가슴을 뜨겁게 달군다. 말이 끌지 않고도 갈 수 있는 탈것에 대한 꿈을 꾸다 자동차를 개발한 헨리 포드가 그랬고, 수많은 실험 끝에 전구를 개발한 토머스 에디슨이 그랬다. 노예 해방을 이룬 에이브러햄 링컨, 하늘을 나는 기계를 꿈꾸며 비행기를 만들어낸 라이트 형제도 원대한 꿈과 강렬한 소망이 있었기에 인류사에 위대한 업적을 남길 수 있었다.

"갈구하는 것이 확고하며, 한 가지 목표만을 향해 자신의 전부를 내던지는 사람은 반드시 원하는 것을 성취한다."

에디슨은 우리에게 모든 것을 바쳐서라도 이루고 싶은 확고한 꿈을 가지라고 말했다. 빅토르 위고 역시 "과감히 밀어붙여라. 보다 나은 운명이 당신을 기다리고 있다"라며 우리에게 과감하고 뜨겁게 행동하라고 요구했다.

그게 어때서?

•

손쉽게 이룰 수 있는 것이라면 그게 정말 꿈일까? 오늘 꿈을 꾸고 일주일 후나 한 달 후에 달성해낼 수 있다면 그것을 진정한 꿈이라고 할 수 있을까? 물론 그것이 꿈일 수는 있다. 그러나 목표가 아주 낮은 꿈이거나 꿈이라고 하기에는 조금 민망한 것일 가능성이 높다. 사람들은 그 정도로는 꿈이라고 인정해주지 않는다.

꿈은 조금은 거창해야 한다. 남들이 꿈이라고 인정해줄 수 있을 만

리셋. 유

큼은 돼야 한다. 꿈이 하루아침에 이루어질 수 없는 것도 이 때문이다. 오랜 세월에 걸쳐 한발 한발 앞으로 나아가며 시간의 흔적이 켜켜이 쌓임으로써 달성되는 게 꿈이다.

우리는 꿈을 추구하는 과정에서 믿음을 흔들고 인내력의 한계를 테스트하는 장애물들을 만나게 된다. 앞에 놓인 바위를 끌로 파면서 길을 만들어야 할 때도 있을 것이고, 막혀 있지 않은 옆길을 찾아내거나 뒤로 한 걸음 물러나 목표를 재점검해야 할 때도 있을 것이다. 아무리 노력해도 장애물을 뛰어넘을 수 없을 때면 능력의 한계를 한탄하며 절망감에 휩싸일 때도 있을 것이다.

이런 게 꿈을 향한 길이다. 꿈을 향한 길에는 반드시 불굴의 의지가 있어야 하고 땀과 고뇌의 흔적이 있어야 한다. 물론 적당한 시간도 필요하다. 만약 신이 우리 마음속에 불가능하게 보이는 꿈을 심어주었다면, 신은 우리에게 적절한 때에 그것을 성취할 방법도 알려줄 것이다. 어떤 핸디캡에도 굴하지 않고 아무리 힘든 장애물도 두려워하지 않는다면, 소망은 머지않아 개울 저편에서 무지개처럼 그 찬란한 모습을 드러낼 것이다.

몇 주 정도 스파르타식 훈련을 받는다고 올림픽에서 금메달을 딸 수 있는 것은 아니다. 오페라의 감흥이 하루아침에 만들어질 수는 없는 법이다. 위대한 인물, 위대한 작품과 업적은 대부분 마찬가지다. 모든 위대한 역사와 위대한 업적과 위대한 인물은 조금씩 단계적으로 만들어진다. 순식간에 꿈을 이루는 마술 같은 방법도 없다.

〈I Just Called To Say I Love You〉라는 노래로 유명하며, 20세기

후반 가장 창조적인 음악가 중 한 사람으로 평가받는 세계 최고의 재즈 가수 스티비 원더. 태어나자마자 시력을 잃은 그는 다음과 같은 인상적인 말을 남겼다.

"그게 어때서? 앞을 못 본다는 사실이 내가 위대해지는 것을 막게 내버려두지는 않을 거야!"

겨울이 길다 해서
봄을 포기할 순 없다

| 제임스 조이스의 《율리시스》 |

"이 작품은 불발탄인 것 같다. 산만하고 맛이 없다. 잘난 체한다. 명백한 감각에서는 물론, 문학적 감각에서도 점잖지 못하다."

| 허버트 조지 웰스의 《타임머신》 |

"일반 독자들에겐 충분히 흥미롭지 않고, 과학 독자들에겐 전혀 흥미롭지 않다."

| 조지 오웰의 《동물농장》 |

"미국에서 동물 이야기를 판다는 것은 불가능하다."

"나는 이 소녀가 이 책을 '호기심' 수준 이상으로 끌어올려 줄 특별한 감성
을 가지고 있지 않다고 생각한다."

이탈리아의 저명한 기호학자이자 철학자인 움베르토 에코의 저서
《추의 역사》에 나오는 글들이다. 추함의 역사를 이야기하는 이 책은
시각 문화와 예술 작품 속의 아름답지 않은 것, 불쾌한 것과 같은 추
의 개념이 어떻게 변화해왔는지를 탐색한다. 미의 개념이 어떻게 변
화해왔는지를 규명하고자 했던 전작 《미의 역사》와 대조되는 책이다.

앞에 언급한 작가들의 저서는 세월이 흐른 후에 아주 유명해졌지만
처음에는 비평가들로부터 저렇듯 신랄한 비평을 받았다. 가슴을 후
벼 파는 듯한 이런 혹독한 비평을 받는다면 어떤 느낌이 들까? 아마
도 열에 아홉은 분노를 느낄 것이다.

만약 저 작가들이 비평가들의 스쳐 지나가는 한마디 부정적인 말에
실망하고 좌절했다면 어떻게 되었을까? 그래서 능력의 한계를 느끼
고 글쓰기를 포기했다면? 우리는 당연히 이 걸작들을 만날 수 없었을
것이고, 세상도 이 위대한 인물들을 기억할 수 없었을 것이다. 그러니
그들이 감정을 잘 다스려준 것은 실로 감사한 일이 아닐 수 없다.

실패의 길로 가느냐 성공의 길로 가느냐 하는 것은 이처럼 작은 결
단 하나에 달려 있다. 자신의 감정 상태를 잘 조절해서 인내하며 계
속 앞으로 나아가면 성공의 길을 걷게 되고, 반대로 감정을 잘 조절
하지 못해서 중도포기하면 실패의 길을 걷게 된다. 우리의 발전을 가

리셋, 유

로막는 유일한 장애물은 우리 자신이 만든 정신적 제약인 것이다.

삶의 스위치를 돌려라
.
.

세상의 사람들을 두 부류로 나누는 데에는 여러 기준이 있다. 잘난 사람과 못난 사람, 부자와 빈자, 긍정적인 사람과 부정적인 사람, 해 본 사람과 안 해본 사람, 가해자와 피해자, 염치를 아는 사람과 모르는 사람, 자기 잘못을 인정하는 죄인과 인정하지 않는 죄인, 행복을 좇는 사람과 고통에서 도망치는 사람, 참된 진리를 추구하는 사람과 외면하는 사람….

우리는 두 부류 중 반드시 어느 하나에 속해 있다. 당신은 어디에 속하는가?

자신의 재능을 마음껏 발휘하면서 사는 사람들은 앞으로 더 많은 일을 할 수 있다고 생각한다. 그들은 계획을 과감하게 실천으로 옮기면서 자신의 더 큰 가능성을 발견한다. 그들의 활동범위는 점점 넓어지고 꿈과 이상을 실현하는 단계에까지 이른다. 그들의 삶은 만족스럽고 보람되며 완전해져가는 선순환 사이클이다.

우리는 언론을 통해 그런 사람들을 자주 만날 수 있다. 가수이면서도 국제변호사에 합격한 사람, 모델이면서도 싱어송 라이터가 된 사람, 악기 연주자가 된 회사 대표, 성악가로 변신한 의사, 화가가 된 작가 등 열정과 노력으로 자신의 영역을 넓히고 한계를 확장해나가는 사람들은 수도 없이 많다.

반면 자신에게 어떤 재능이 있는지 모르거나 혹은 어렴풋이 알면서도 그 재능이 빛을 발하도록 적극적으로 계발하지 않는 사람들이 있다. 게으름과 두려움, 잘못된 가치관에 굴복한 사람들이다. 그들의 삶은 정체되고 지루하며 무미건조한 나날로 전락한다. 그리고 점차 목적과 삶의 의미를 상실해가는 악순환의 사이클에 빠져든다.

그들의 삶이 비커 속 개구리의 삶과 다른 점이 무엇인가? 자신의 잠재된 재능을 제대로 계발해보지도 못한 채 평범의 수렁으로 빠져들어 가는 자신의 모습을 보는 것보다 더 큰 고통이 어디 있겠는가?

이 두 가지 삶 중에서 어떤 삶을 살게 될 것인지는 전적으로 자기 자신의 선택에 달려 있다. 후자를 선택할 사람은 거의 없을 것이다. 목적과 의미가 있는 삶, 기쁨과 행복이 충만한 삶을 살기 위해서는 자신의 재능과 능력을 최대한 꽃피워야 한다. 그러기 위해서는 삶의 스위치를 힘껏 돌려야 한다. 무의미함에서 유의미함으로! 고통에서 환희로!

울면서 장수를 베는 심정으로
•

삶의 스위치를 돌리기 위해 가장 먼저 해야 할 일은 결단하는 것이다. 결단은 "더 나은 삶을 살겠다", "목표가 있고 의미 있는 삶을 살겠다"고 이를 악물고 작심하는 것이다.

리셋, 유

그리고 그 결단은 올바른 방향이어야 한다. 600만 명의 유대인을 학살한 아돌프 히틀러의 결단이어서는 안 된다. 세상을 악에서 구원하는 배트맨의 결단, 슈퍼맨의 결단이어야 한다. 사사로운 감정을 버리고 엄정히 법을 지켜 기강을 바로 세우기 위해 '울면서 몹시 아끼던 마속의 목을 벤泣斬馬謖' 삼국지의 주인공 제갈량의 결단이어야 한다.

좋은 결과는 항상 올바른 판단에서 나온다. 올바른 판단은 다양한 경험과 진지한 성찰의 결과다. 그리고 경험이란 가끔은 잘못된 판단의 결과일 수도 있다. 결국 많은 경험과 깊은 사고를 통해 시행착오의 가능성을 최대한 낮춘 판단이 올바른 판단이다. 그때에야 좋은 결과를 얻을 수 있다.

우리가 잊지 말아야 할 것은 힘들고 고통스러운 경험이 때로는 인생을 풍성하게 하는 귀한 재료가 되기도 하고, 삶을 극적으로 반전시키는 모티브가 되기도 한다는 것이다. 위대한 인물은 실패와 부끄러움을 마다치 않고 발전의 디딤돌로 삼는 법이다.

자신의 재능과 능력을 최대한 꽃피우기 위해 개인적인 경험 못지않게 중요한 것은 본받을 수 있는 대상, 즉 역할 모델을 갖는 것이다. 멘토라고 불리는 역할모델은 우리보다 앞서서 험한 세상과 부딪치며 몸으로 삶의 지혜를 체득한 사람, 그래서 우리가 뒤따를 수 있는 유능한 리더 역할을 해주는 사람이다.

멘토가 굳이 사회적으로 명망 있거나 유명세를 치르는 사람일 필요는 없다. 물론 그런 사람들을 멘토로 둘 수 있다면 더할 나위 없이 좋겠지만. 그러나 그런 사람들이 바쁜 나머지 내가 필요로 하는 때에 제대로 시간을 할애해줄 수 없다면 그림의 떡일 수밖에 없다.

진정한 멘토는 늘 가까이에서 진심으로 조언해주고, 부족한 부분을 채워주고, 해결방안을 찾아내기 위해 자기 일처럼 고민해주고, 높은 전문성을 가지고 있는 사람이다. 이런 멘토를 둔 사람은 천군만마를 얻은 것과 다를 바 없다.

우리는 인생이라는 강줄기를 타고 있다. 소용돌이치는 곳을 지날 때면 크고 작은 바위에 부딪힐 수도 있다. 혹여 바위에 부딪혀 위태로운 상황에 처할지라도 절망해서는 안 된다. 비관해서도 안 된다. "내 인생에 실패는 없다"고 외치며 소용돌이를 뚫고 나와야 한다. 그리고 그 힘들고 아팠던 경험을 더 나은 내일을 위한 참고자료로 활용해야 한다.

고난의 유익
•

목적지에 도달하려면 장기적인 안목을 가져야 한다. 일이 진행되는 과정에 일희일비해서는 안 된다. 원대한 목표를 향해 나아가는 길에서는 수없이 많은 고난을 겪게 되기 마련이다. 해변에 밀려오는 파도처럼 고난은 쉬지 않고 다가온다. 인간의 삶 자체가 고난의 숲을 헤쳐나가야 하는 여정이다.

고난을 만나면 먼저 피하고 싶은 마음이 든다. 그리고 어느 정도 노력해보다 안 되면 이겨내지 못할 것으로 생각하고 자포자기 심정이

리셋, 유

된다. 생존을 위한 밥벌이 때문에 별과 구름의 아름다움을 보지 못하게 되는 것이다. 아주 작은 파편에 맞았을 뿐인데도 말이다.

어떻게 하면 고난을 슬기롭게 헤쳐나갈 수 있을까? 고난이 다가오면 새로운 장애물을 만났다는 정도로 여기면 좋을 듯하다. 하나의 장애물을 넘어서면 또 다른 장애물이 기다리고 있겠지만, 목표 지점에 그만큼 더 가까이 다가섰다고 생각하면 되는 것이다. 그 과정에서 깊이 있는 사색을 하게 되는 것은 고난의 또 다른 유익이다.

인생의 오르막과 내리막은 계절의 변화와 같다. 겨울만 계속될 수 없는 것처럼, 인생에도 내리막만 계속되지는 않는다. 현재 고난을 겪고 있다 하더라도 다가오는 봄을 포기할 수 없는 이유다.

르네상스 시기의 프랑스 철학자인 미셸 드 몽테뉴는《수상록》에 이런 말을 남겼다.

"나는 즐거움의 결과로 더 큰 고통이 찾아온다면 그 즐거움을 피할 것이고, 나중에 더 큰 기쁨이 주어진다면 고통도 기꺼이 원할 것이다."

구원의 목소리는 진정으로 들으려고만 한다면 누구나 들을 수 있다. 온갖 고난과 좌절을 겪으며 고통 속에서 몸부림쳐온 사람들, 새롭게 재기를 꿈꾸는 사람들에게는 더욱 그렇다.

구원의 목소리는 소망하는 것을 간절히 이루기 바라는 가슴속의 뜨거운 열망이다. 목적지의 문과 성공의 길은 성취하고자 하는 구체적인 대상에 대해 강렬하고 뜨거운 열망이 선행될 때에만 열린다. 그리고 어떤 상황에서도 패배를 인정하지 않는 필승의 신념이 뒷받침될 때에만 열린다.

10년 후 모습 그리기
•

빗나간 화살은 과녁을 맞히지 못한다. 당연한 말이다. 당연한 걸 왜 이야기하느냐고? 생각해볼 것이 하나 있기 때문이다. 화살이 과녁을 빗나가는 이유는 무엇일까? 집중하지 않고 대충 활시위를 놓았기 때문일 수도 있고, 집중하려고 노력했음에도 잘 안 되었기 때문일 수도 있다. 이유야 어떻든 결과는 똑같다. 화살이 빗나간 것이다. 결국은 집중의 문제다.

대부분의 사람이 자신이 원하는 것을 이루지 못하는 가장 중요한 이유도 능력을 집중하지 않기 때문이다. 그냥 취미 삼아 해보는 것이다. 거기에는 '되면 좋고, 안 돼도 그만'이라는 식의 안이한 인식이 깔려 있다. 절실함이 없는 것이다.

목표를 달성할 수 있는 확실한 방법은 능력의 집중이다. 한 가지 분야에 자신이 가진 모든 자원을 집중하는 것이다. 한곳으로 조절된 집중력은 마치 레이저 광선 같아서 가로막는 어떤 것이라도 뚫고 나갈 수 있다.

과녁을 맞히기 위해서는 능력의 집중만큼 중요한 것이 하나 더 있다. 최고의 전략을 짜는 것이다. 최고의 전략 중 하나는 본받을 사람, 즉 당신이 원하는 결과를 이미 얻은 사람을 찾아 그들의 방법을 알아

리셋, 유

내는 것이다.

그들이 어떤 생각을 했는지, 어떤 준비를 했는지, 난관을 어떻게 극복했는지 등을 알아내는 것이다. 이렇게 하면 시행착오를 반복할 필요가 없어서 많은 시간을 절약할 수 있다. 그리고 좀 더 정밀하게 가다듬어 훨씬 더 나은 결과를 만들어낼 수도 있다.

시간이 흐르면 10년 후는 분명히 올 것이다. 그때 우리 모습은 어떻게 변해 있을까? 어디서 무엇을 하고 있을까? 발전했을까, 퇴보했을까? 과거를 돌아보면서 기쁨에 충만해 있을까, 아니면 불안해하고 있을까? 이왕이면 지금보다 훨씬 더 나은 삶이기를 바라는 마음이다.

중요한 것은 다가올 10년 인생을 설계할 시기가 바로 지금이라는 것이다. 이 말에 공감이 가는가? 공감이 간다면 지금 이 순간부터 고민해야 할 것은 다음과 같은 질문들이다.

10년 후 나의 모습을 어떻게 설정할 것인가?
다가올 10년은 내 인생 전체에서 어떤 의미를 지닐 것인가?
결심한 내일을 만들기 위해 오늘을 어떻게 살 것인가?

이 질문들에 진지하게 생각해서 결정해야 한다. 지금 하는 행동을 보면 10년 후의 모습이 보인다.

언제까지 얕은 물가에서
배회할 것인가

모든 것은 선택에 달려 있다. 현 상태에 머물 것인지, 아니면 조금 더 나은 삶을 살 것인지. 평범함에 머물 것인지, 아니면 비범함으로 나아갈 것인지.

중요한 건 그 선택권이 전적으로 우리 자신에게 있다는 것이다. 우리는 언제나 올바른 선택을 하는 건 아니지만 최대한 그렇게 하려고 노력한다. 우리가 할 일은 스스로를 성장시킴으로써 어제보다 나은 오늘을 만들겠다는 결심이다.

일흔의 나이에 한글을 배워 틈틈이 쓴 69편의 시를 모아《치자꽃 향기》라는 시집을 펴낸 진효임 할머니. 동네 복지관에서 한글을 배운지 3년 만에 시집을 냈다. 할머니는 "못 배운 사람이라 긴 글을 못 써서 시를 썼을 뿐"이라고 말한다.

〈엔딩 노트〉라는 일본의 다큐멘터리 영화가 있다. 은퇴 후 제2의 인생을 시작하려는 순간 말기 암 판정을 받은 아버지는 다가오는 삶과의 이별 앞에서 놀랍도록 담담하다. 그리고 인생의 마지막 프로젝트인 엔딩 노트를 꼼꼼하게 써내려간다. 소홀했던 가족과 행복한 여행 다녀오기, 손녀들과 한 번 더 힘껏 놀기, 장례식 초청자 명단 작성하기 등 소박하고 간단한 꿈을 기록한다. 영화의 감독이자 주인공의 실제 딸이 내레이션을 맡았다. 감독은 이 영화를 통해 죽음이 삶의 연장선에 있다는 사실을 들려준다.

곡선처럼 여유로운 삶을 살 것인지 직선처럼 빠른 삶을 살 것인지, 찌르는 삶을 살 것인지 부드럽게 감싸는 삶을 살 것인지, 목을 길게 빼고 앉아서 노심초사 기다릴 것인지 온몸으로 걸어서 마중을 나갈 것인지, 치자꽃 향기를 노래한 할머니 시인처럼 변신의 삶을 살 것인지 어제와 변함없는 정체된 삶을 살 것인지, 엔딩 노트처럼 담담하게 죽음을 맞을 것인지 생에 연연하는 마지막 모습을 보여줄 것인지, 작은 것이 아름답다고 외칠 것인지 큰 것을 추구할 것인지, 가슴 아팠던 어제의 망령에 사로잡혀 살 것인지 오늘에 충실할 것인지 또는 오지도 않은 내일을 두려워하며 살 것인지…. 이 모든 것은 우리의 선택에 달려 있다.

이왕이면 따뜻하고 향기 나며, 부드럽고 아름다운 그리고 발전적이고 적극적인 삶을 선택하는 것이 바람직하지 않겠는가.

브레이크 페달에서 발을 떼라

:

우리는 발전하려는 선택을 할 수 있다. 우리는 변화하려는 선택을 할 수 있다. 우리는 회복하려는 선택을 할 수 있다. 더 많이 발전할 수 있고 더 많이 성취할 수 있는 사람들이 왜 현재 상태에 머물고 작은 것에 만족하며 사는 걸까? 생사가 걸린 듯 치열하게 살지 않고 시늉만 하는 이유는 무엇일까? 왜 인생이라는 컵을 반이나 남았다고 보지 않고 반이 비었다고 보는 걸까? 왜 브레이크 페달에 발을 올려놓고 인생을 살아가는 것일까?

결코 재능이 없기 때문은 아닐 것이다. 욕망이 없기 때문도 아닐 것이다. 재능도 있고 욕망도 있지만 삶에 대한 치열한 고민이 없고 어떤 인생을 살 것인지에 대한 명확한 비전과 목표가 없기 때문이다. 자신의 가치를 증대시키거나 인생을 발전시키는 방법을 모르고 있고 이해하지 못하고 있기 때문이다. 그렇기에 자신의 삶을 활활 타오르는 장작처럼 쓰지 못하고, 언제 꺼질지 모르게 흔들리며 시들어가는 양초의 불꽃처럼 쓰고 있는 것이다.

스마트폰 시대에 손목시계는 불필요해졌다. 그렇지만 스위스 시계는 여전히 세계 곳곳에서 최고가로 판매된다. 왜일까? 시계가 시간을 확인하는 단순한 도구가 아니라 자신의 존재감을 나타낼 수 있는 명품으로 발전했기 때문이다. 도구는 실용성에 그치지만 명품은 멋스러움과 향기를 남긴다. 우리 삶도 도구의 삶을 넘어 명품의 삶이 되면 좋지 않을까.

리셋, 유

셰익스피어는 이렇게 말했다.

"사람이 하는 일에는 밀물이 밀려오는 것처럼 기회를 잡을 수 있는 조류가 있다. 그런데 많은 사람은 비참하게도 얕은 물가에서 배회하고 있다."

모세는 이스라엘 민족 열두 지파에서 지파별로 한 사람씩을 뽑았다. 그들에게 40일의 기간을 주면서 하나님이 주시기로 한 약속의 땅 가나안에 들어가 보라고 했고, 돌아올 때는 견본을 가지고 오라고 했다. 비밀리에 파견돼 정탐을 하고 온 그들은 입을 모아 "그 땅은 젖과 꿀이 흐르는 곳"이라고 보고했다. 그리고 거기서 가지고 온 포도와 석류를 보여주었다. 이스라엘 백성은 열광했다.

그런데 열두 명 중 열 명이 "그 땅이 좋은 것은 틀림없지만, 차지하기는 어렵다"고 보고했다. 그들은 또 "그들은 우리보다 강하다. 우리 모습은 스스로 보기에도 메뚜기 같다"고도 했다. 결국 이스라엘 백성은 가나안 땅으로 가던 행렬을 멈추었다. 기회가 왔는데 불행하게도 기회를 놓치고 만 것이다.

기회를 잡기 위해서는, 발전하기 위해서는 앞으로 나아가야 한다. 그리고 앞으로 나아가기 위해서는 브레이크 페달에서 발을 내려놓아야 한다. 브레이크 페달에 발을 올려놓은 상태로는 앞으로 나아갈 수가 없지 않은가.

장애물이 나타나면 피하지 말고 이겨라

:

사실 우리 대부분은 이스라엘 백성처럼 '약속의 땅' 경계선에 서 있다. 그런데 많은 사람이 젖과 꿀이 흐르는 그 땅을 차지하지 못한다. 누구는 경계선을 넘는데 누구는 넘지 못한다. 왜 그럴까?

우리 앞에 놓여 있는 장애물에 위기의식을 느끼고 거기에만 온통 정신을 쏟고 있기 때문이다. 장애물을 극복하려고 생각하는 것이 아니라 어떻게 하면 장애물을 피할 수 있을까를 생각하기 때문이다. 믿음의 눈 대신에 절망의 눈으로 장애물을 바라보는 것이다.

인류 역사에 발자취를 남겼던 위인들은 모두 이 장애물을 잘 극복한 사람들이다. 그들은 장애물을 장애물로 보지 않고 목적지에 가까워지는 과정으로 보았다. 충분히 뛰어넘을 수 있는 것으로, 충분히 극복할 수 있는 대상으로 보았고, 그들은 실제로 장애물을 극복해냈다.

우리가 발전하지 못하고 변화하지 못하는 또 다른 이유는 기꺼이 대가를 지불하려고 하지 않기 때문이다. 현 상태를 벗어난다는 것이 귀찮기도 하고, '바꿔본들 무슨 소용이 있을까?'라는 생각을 하는 것이다.

스마트폰과 독서를 예로 들어보자. 사람들의 스마트폰 중독 현상은 심각한 수준이다. 전철에서도, 모처럼 외식을 나온 가족 식사 자리에서도 각자의 스마트폰을 들여다보느라 제대로 대화 한마디 나누질 않는다. 그리고 수시로 딩동거리는 카카오톡과 소셜네트워크서비스 sns의 대표주자인 페이스북, 트위터에 온통 정신이 팔려 있기 일쑤다.

리셋. 유

이런 상태에서는 독서를 하기가 쉽지 않다. 독서 습관을 회복하려면 마음을 독하게 먹어야 한다. 스마트기기를 사용하는 데 시간제한을 두거나 각종 서비스에서 탈퇴하는 등 강력한 수단을 동원해야 한다. 독서 습관 하나를 회복하는 데도 이처럼 험난한 심리적 전쟁을 치러야 한다. 여기서 우리가 기억해야 할 것은 약속한 땅이 결코 쉽고 값싸게 주어지는 것이 아니라는 사실이다. 결코 실패하지 않겠다는 강한 집념이 있어야만 비로소 성공은 그 모습을 드러낸다.

다만 몇 가지 분명한 사실이 있다. 우리에게는 누구에게나 훌륭한 삶을 살 기회가 주어져 있고, 오늘이라는 선물이 매일 똑같이 공급되고 있다는 점이다. 또 고통이 얼마나 크고 심하든지, 희생이 얼마나 크든지 간에 평생을 두고 평가해보면 자신을 정복할 만한 가치는 충분히 있다는 점이다. 평범한 삶을 살기로 선택하는 것이 성공과 번영의 삶을 살기로 마음먹는 것보다 치러야 할 대가가 훨씬 더 크다는 사실을 알아야 한다.

우린 모두 두 개의 봉투를 갖고 태어났다

무엇을 할 것인가, 어떻게 살 것인가, 할 것인가 말 것인가 등은 각자의 선택에 달려 있다. 어떤 인생을 살 것인지 어떤 사람이 될 것인지도 우리의 선택에 달려 있다. 우리는 발전의 길을 선택할 수 있고 퇴보의 길을 선택할 수도 있다.

발전의 길을 선택하는 것은 그 자체만으로도 우리가 하는 모든 행동에서 우리의 가치를 극적으로 높여주는 효과가 있다. 왜냐하면 그 선택 자체가 발전과 변화를 위한 고민을 시작한다는 의미이기 때문이다. 그리고 그 고민은 때로 사람의 운명을 바꾸기도 하고 새로운 시대적 흐름을 탄생시키기도 한다.

1969년 7월 20일 프랑스. 아폴로 11호의 역사적인 달 착륙 장면을 TV를 통해 지켜보던 50대 중반의 화가가 있었다. 그는 그날로부터 3년의 세월을 끙끙 앓았다. 우주 공간에 시간 개념을 더한 4차원의 세계를 어떻게 2차원의 평면 캔버스에 담을 것인가 하는 화두를 안고서다.

3년간 계속된 그의 고민은 그림 속에서 컴퍼스를 이용한 원과 나선형 그리고 사선으로 나타났다. 그렇게 해서 탄생한 것이 한국 추상미술 1세대의 기하 추상이다. 프랑스에서 활동한 우리나라 화가 한묵의 이야기다. 한 사람의 지독한 고민이 또 하나의 미술 사조를 탄생시킨 것이다.

우리 인생도 마찬가지다. 지난 5년보다 미래의 5년이 더 나아지기를 바란다면, 바로 지금 이 순간에 변화를 위한 용틀임을 시작해야 한다. 인생은 타이밍이다. 변화를 위한 몸부림을 시작하기에 지금 이 순간보다 적절한 타이밍은 없다. '봄 주꾸미 여름 농어 가을 전어 겨울 숭어' 하듯이 말이다.

우리는 이미 이 세상에 태어날 때 두 개의 봉투를 받았다. 하나의 봉투에는 우리 자신의 노력과 의지력을 통해 삶을 발전시켰을 때 주어지는 보상과 행복에 관한 긴 리스트가 들어 있다. 다른 하나의 봉투에도 긴 리스트가 들어 있는 건 마찬가지다. 그러나 이것은 자신을 제대로 활용하지 못했을 때 주어지는 벌의 리스트다.

'모든 것은 마음먹기에 달려 있다.' 이 말이 가진 위력에 대해 진정으로 실감하고 있는 사람은 얼마나 될까. 아마 그리 많지 않으리라 생각된다. 사람의 능력에 한계는 없으며, 목표를 향한 문은 우리 모두에게 열려 있다. 결국 목표의 달성 여부는 우리가 얼마나 독해지느냐에 달렸다.

자신의 책을 출간하겠다고 마음먹으면 출간할 수 있고, 몸무게를 줄이고 싶으면 줄일 수 있고, 1년에 50권의 책을 읽고 싶다면 읽을 수 있다. 물론 절실함이 있어야 하고 절실함을 뒷받침하는 행동이 뒤따라야 한다.

세상에는 지혜롭고 행복한 사람, 어리석고 불행한 사람, 지혜롭지만 아직 불행한 사람이 있다. 우리는 지혜롭고 행복한 사람이 되기를 원한다. 그러려면 실패하는 삶보다 성공하는 삶을 선택해야 한다. 그리고 행동하는 삶을 살아야 한다.

꿈은
협상대상이 아니다

용두사미, 용의 머리에 뱀 꼬리라는 뜻으로 시작은 거창했지만 끝이 보잘것없음을 뜻한다. 실제로 우리는 용의 머리처럼 멋있고 크게 출발하지만 그것을 성공적으로 훌륭하게 마무리하는 일은 드물다. 좌절과 실패의 첫 번째 징후만 보여도 벌써 포기할 준비를 한다.

살아가면서 많은 사람이 실패에 따른 절망감 때문에 다시 일어서지 못하는 것을 본다. 그렇지만 실패했다 해서 모두가 절망하는 것은 아니다. 똑같이 힘든 상황에 처했으면서도 더 많은 노력을 기울이겠다는 결의를 다짐으로써 묵묵히 실패의 쓰라림을 감내하는 소수의 사람도 볼 수 있다.

얼마 전에 신문에서 가슴을 뜨겁게 하는 사연을 접했다. 중소기업

리셋, 유

을 경영하다 실패해 벼랑 끝에 선 '전직 사장님'들이 경남 통영시 한산면의 외딴섬 죽도에 모여 재기의 의지를 다진다는 내용이었다. '죽고 싶으면 죽도로 오라'는 말을 듣고 남쪽 바다 외딴 섬에 도착한 이들은 재기중소기업개발원이 개최한 경영자 힐링 캠프를 찾았다.

선착장에서 5분 거리인 연수원 입구에는 '허밀청원虛密淸園'이라 적힌 현판이 손님을 맞는다. '묵은 마음 비우고 맑고 둥근 마음만 가득 채워가는 곳'이란 뜻에서 붙여진 이름이다.

4주간의 교육기간에 연수생들은 자신과의 처절한 싸움을 벌인다고 한다. 술ㆍ담배는 물론 커피까지 끊고 다양한 프로그램을 통해 상처받은 심신을 추스른다. 밤에는 야산에 텐트를 치고 들어가 홀로 명상에 잠기기도 하고, "할 수 있다"를 외치며 4미터 구간, 550℃의 뜨거운 숯불 위를 걷는 용기도 낸다.

이들 연수생처럼 도저히 저항할 수 없을 정도의 좌절에 직면해서도 끝까지 싸워 이기겠다고 노력하는 사람들의 가슴속에는 어떤 힘이 존재한다. 그 어떤 힘에 굳이 이름을 붙인다면 인내력이라 하겠다. 인내력을 가진 사람들의 인생에는 후진 기어가 없는 것처럼 보인다.

우리 모두가 알고 있는 것 한 가지는 인내력을 갖추지 못한 사람은 어떤 분야에서도 눈에 띄는 성공을 거둘 수 없다는 사실이다. 끈기는 이미 하던 고된 일이 싫증 난 후에도 계속하는 것이다. 비록 좁고 구부러진 길일지라도 사랑과 존경을 받을 수 있는 길이라면 계속 걸어가야 한다.

팝콘과 KFC

•

오빌 레덴바허는 우리가 놀이공원이나 극장에서 먹는 팝콘으로 백만장자가 된 사람이다. 바삭하고 감칠맛 나는 팝콘은 그냥 쉽게 만들어진 것이 아니다. 무려 20년간 3만 종의 교배종을 가지고 실험한 이후에 탄생한 것이다.

파니 허스트는 인내력으로 미국 브로드웨이를 정복한 여인이다. 그녀는 자신의 글을 책으로 내줄 출판사를 찾아다니느라 4년 동안 뉴욕의 거리를 헤매야만 했다. 한 출판사로부터는 서른여섯 번에 걸쳐 거절의 편지를 받았다. 이것은 그 숫자만큼 원고를 보냈다는 것이기도 하다. 그러나 그녀는 굴복하지 않았다. 대신 마음속으로 이렇게 다짐했다. "좋아, 브로드웨이. 너는 다른 사람들을 채찍질해서 쫓아버릴 수 있을지 몰라도 난 아니야. 나는 네가 무릎 꿇게 하겠어!" 결국 그녀는 인내력이라는 무기를 앞세워 브로드웨이를 무릎 꿇렸다. 그녀의 소설 《큰 웃음소리》는 대성공을 거두었으며, 영화로도 제작되었다.

우리가 잘 아는 켄터키 프라이드 치킨KFC의 창시자인 커넬 샌더스도 인내력으로 성공한 사례다. 커넬 샌더스는 예순다섯의 나이에 2년간 미국 남부의 식당들을 찾아다니며 자신만의 치킨요리 비법을 팔려고 했지만 모두 실패했다. 결국 어떤 친절한 식당 주인이 그를 불쌍히 여겨 요리시연 기회를 줄 때까지 무려 1,008곳의 식당에서 거절당했다.

수없이 많은 사람이 이들처럼 인내를 통해 성공자의 대열에 들어섰다. 종교지도자와 실업가, 예술가, 과학자 등 놀라운 위업을 달성한 사람들은 확고하고 선명한 목표와 집중적인 노력 그리고 인내심이라는 3대 성공 요인을 모두 갖추고 있었다. 진실로 인내하는 자에게 보답이 찾아오는 법이다. 세상의 어느 것도 인내를 대신할 수 없다. 인내심이 비워진 자리는 다른 어떤 성품으로도 채워질 수 없다.

목사이자 인권운동가인 제시 잭슨은 이렇게 말했다.

"그 누구도 자신의 꿈을 협상대상으로 삼아서는 안 된다. 꿈은 자유로이 높게 날아가야 한다. 정부도 입법부도 당신의 꿈을 제한할 권리를 갖고 있지 않다. 당신의 꿈을 포기하는 데에는 결코 동의하지 말아야 한다."

인내심 부족은 실패의 주된 원인 가운데 하나다. 인내심의 정도는 전적으로 욕망의 강도에 비례한다. 약한 불꽃이 소량의 열밖에 낼 수 없는 것처럼 약한 욕망은 빈약한 결과를 낳을 수밖에 없다. 그러므로 인내심 부족이라는 단점을 치료하려면 더욱더 강한 욕망의 불을 지펴야 한다.

거미의 끈기

•

"하늘이 장차 그 사람에게 큰 사명을 주려 할 때는 반드시 먼저 그의 마음과 뜻을 흔들어 고통스럽게 하고, 그 힘줄과 뼈를 굶주리게 하여 궁핍하게 만들어 그가 하고자 하는 일을 흔들고 어지럽게 하나니, 그것은 타고난 작고 못난 성품을 인내로써 담금질하여 하늘의 사명을 능히 감당할 만하도록 그 기국器局과 역량을 키워주기 위함이다."

맹자가 남긴 이 말은 인내의 중요성을 일깨워준다. 인내를 좌우명으로 삼은 사람은 언젠가는 실패라는 놈이 제풀에 지쳐서 떠나는 모습을 볼 수 있다. 실패는 결코 인내를 당해낼 수 없기 때문이다. 인내는 한 번에 끝을 보는 장거리 경주가 아니라 계속 꼬리에 꼬리를 물고 이어지는 단거리 경주의 연속이다.

인내하는 습관을 계발한 사람들은 마치 실패에 대비하여 보험을 들어둔 것과 같다. 그들은 아무리 힘든 상황에 직면하더라도 오뚝이처럼 다시 일어난다. 힘들 때마다 오뚝이처럼 벌떡 일어나서 성공한 사람들의 손에는 창과 방패가 쥐어져 있다. 창의 이름은 '의지력'이고 방패의 이름은 '인내력'이다.

때로 인생에는 온갖 종류의 좌절을 겪게 함으로써 사람을 테스트하는 보이지 않는 손길이 있는 것처럼 느껴지기도 한다. 그 보이지 않는 손길은 눈물겹도록 힘든 인내력 테스트 관문을 거치지 않고는 누구도 위업을 이룩하지 못하게 한다. 대신 그 관문을 통과하기만 하면 그동안의 인내에 대하여 충분한 보상을 받게 해준다.

'산소 탱크'라는 별명을 가진 축구선수 박지성, '역도 여제' 장미란, 세기의 발레리나 강수진도 인내력 테스트 관문을 통과한 사람들이다. 4전 5기로 유명한 권투선수 홍수환, 960번의 도전 끝에 운전면허를 취득한 70대 어느 할머니, 《붉은 수수밭》으로 유명하며 외로움과 허기가 자신의 창작재산이라고 밝힌 중국인 최초 노벨문학상 수상자

모옌, 정규교육이라고는 3개월밖에 받지 못했으면서도 세계적인 발명왕이 된 토머스 에디슨도 마찬가지다.

어디선가 '거미의 끈기'라는 제목의 글을 읽은 적이 있다. 대강의 내용은 이렇다.

> 전쟁에 여섯 번이나 지고 쫓겨 다니던 어느 왕이 슬픈 운명을 한탄하며 폐허가 된 오두막집 추녀 밑에 앉아 있었다. 이때 거미 한 마리가 그 집 추녀 밑에서 집을 지으려고 오르내리고 있었다. 가느다란 실을 뽑아서 지붕 밑에 걸쳐놓으려 했지만 여섯 번이나 실패하는 거미를 바라보며 왕은 자신의 신세를 닮은 거미에게 쓴웃음을 지어 보였다. 그러나 거미는 포기하지 않고 그 일을 계속 되풀이했다. "그렇다. 여섯 번 해보아도 안 되면 일곱 번, 여덟 번 계속해보자." 왕은 자리에서 벌떡 일어섰다.

삶의 길을 가다 보면 주저앉고 싶을 때가 많다. 그러나 잠시 쉴지언정 마냥 주저앉아 있어서는 안 된다. 인생은 우리에게 인내의 값을 요구하기 때문이다. 힘든 순간이 오면 거미의 끈기로 다시 일어서야 한다.

인내, 열정의 또 다른 이름

•

누구든 살아가면서 열정이 불타오르는 때가 있다. 어떤 사람은 30

분 동안 또 어떤 사람은 30일 동안 열정으로 뜨거워진다. 하지만 뭔가를 이루려면 그 정도로는 부족하다. 의미 있는 무엇인가를 이루는 사람은 3년, 30년 동안 열정을 갖는 사람이다.

3년이나 30년은 결코 짧지 않은 세월이다. 어떻게 하면 그 긴 세월 동안 열정을 잃지 않고 뜨거움을 유지할 수 있을까? 정답은 인내다. 인내가 없으면 그 긴 세월을 불꽃처럼 타오를 수 없다. 인내가 '열정의 또 다른 이름'이라 불리는 이유다.

인내심이 사람의 정신에 미치는 영향은 탄소가 철의 강도를 결정짓는 것과 같다. 탄소 함유량이 많을수록 철의 강도가 높아지듯이 인내심이 많을수록 사람의 정신도 강인해진다는 의미다. 인내심이 있다면 다른 여러 장점을 가지고 있지 않아도 성공을 이룰 수 있다. 우리가 유일하게 의존할 수 있는 행운이 바로 인내심이다.

성공을 추구하는 많은 사람 중에서 실제로 성공을 거두는 사람의 숫자가 적은 이유가 무엇인지 아는가? 절대 다수의 사람이 중도에 포기하기 때문이다. 힘든 시기가 오더라도 어떻게든 참고 견뎌내야만 한다. 어두운 시기는 생각보다 그리 길지 않다. 솔로몬 왕도 "지금 이 순간도 지나가리라"라며 위로하지 않았는가.

진심으로 이겨내겠다고 이를 악무는 사람은 길을 찾아내지만, 다른 사람들은 변명거리를 찾기에 바쁘다. 조금만 더 가면 기다리고 있을 기회의 문을 열 것인가, 핑계의 무덤으로 들어갈 것인가는 전적으로 자기 자신에게 달려 있다.

미국의 제30대 대통령이었던 캘빈 쿨리지는 다음과 같은 글을 남

리셋, 유

졌다.

"이 세상에 끈기를 대체할 수 있는 것은 없다. 재능은 아니다. 재능 있는 실패자는 너무나 많다. 천재성도 아니다. 인정받지 못한 천재는 세상의 웃음거리다. 교육도 아니다. 세상에는 교육받은 낙오자가 너무나 많다. 끈기와 결의는 무한한 힘을 가지고 있다. 인류의 문제는 '계속하라'라는 표어로 해결되어왔고, 앞으로도 그러할 것이다."

참고 견뎌내기만 한다면 다소 늦고 빠르고의 차이는 있겠지만 기회의 문은 반드시 열릴 것이다. 오랫동안 큰 소리로 문을 두드린다면 분명 안에 있는 누군가가 잠을 깨고 나오지 않겠는가?

위대함을 위해
사소함을 버리다

우리는 사소한 일에 너무나 많은 시간을 보낸다. 사소한 일은 대개 시간이 흐르면 기억도 나지 않는다. 흔적조차 남지 않는다. 기억도 나지 않고 흔적조차 남지 않는 사소한 일에 마음을 쓰는 것은 어리석은 짓이다.

그렇다면 어떤 일이 사소한 일인가? 내 생각과 다른 의견을 무시하거나 결함을 찾아내려 하는 것, 반대로 누군가 나를 비난하는 것에 대해서 너무 민감하게 반응하는 것, 의미도 없는 일에 너무 걱정하는 것, 별로 중요하지도 않은 일에 너무 매달리는 것 등이다.

목적 없는 활동이나 의미 없는 고민으로 시간을 보내는 것도 여기에 해당한다. 결혼 생활에서 불행의 원인이 되는 것도 참으로 사소한

리셋, 유

일들이다. 대개 숲을 보지 못하고 나무만 보는 경우들이다. 심지어 나무조차 보지 못하고 나무 끝에 매달린 나뭇잎 한 장 가지고 호들갑을 떠는 일도 있다.

어제의 잘못에 대한 염려와 내일의 결과에 대한 걱정으로 에너지를 소비하는 것은 얼마나 부질없는 일인가! 오죽했으면 '법률은 사소한 일에는 관여하지 않는다'는 금언도 있겠는가!

걱정과 고민이라는 작은 벌레, 손끝으로 쓱 문질러버릴 수도 있을 만큼 작은 벌레 때문에 마음을 좀먹히고 있어서는 안 된다. 우리는 인생을 가치 있는 일, 의미 있는 일에 투자하고 몰입해야 한다. 가치 있고 의미 있는 일이란 무엇인가. 오늘의 행위가 내일의 모습에 도움이 되는 것을 말한다.

흐트러지거나 산만하지 않고 한결같은 행위는 조금씩 모이고 쌓이면 거목과도 같은 형상으로 우리 앞에 모습을 드러낸다. 현재에 충실한 삶, 내일에 초점을 맞추고 사는 삶, 가장 중요한 것을 먼저 하면서 마지막을 염두에 두는 삶을 살아야 한다. 이런 삶이라면 결코 작게 사는 삶이 아니다.

위대함의 규칙

아이들은 새로운 것에 끊임없이 호기심을 나타낸다. 이는 자신의 한계를 시험해보려는 자연스러운 본성이다. 그러나 나이가 들어갈수록 점차 호기심이 사라진다. 실패를 두려워하기 때문이다. 다른 사람에게 어리석게 보이거나 상처받는 것이 두려워지기 때문이다. 이러한 사소한 두려움은 바위를 뚫는 낙숫물처럼 우리의 능력을 좀먹는다.

많은 사람은 조금만 더 노력하면 지금보다 나은 삶을 살 수 있다는 것을 잘 알고 있다. 그럼에도 현재의 삶을 고수한다. 왜일까? 자신의 능력을 의심하거나 자기 안에 거대하고 놀라운 잠재력이 숨어 있다는 것을 깨닫지 못하기 때문이다.

작가와 사상가, 예술가와 정신적 지도자들의 수많은 지혜의 목소리는 우리 귀에 끊임없이 속삭인다. 자신만의 타고난 재능을 계발하고, 독특함과 개성을 표현하며, 우리 삶을 우리가 살고 있는 세상에 대한 선물로 만들어야 한다고.

우리 내면에는 놀라운 능력이 잠들어 있다. 우리가 가장 원하는 꿈이 깃든 미지의 땅은 그리 멀지 않은 곳에 있다. 그곳까지 항해할 수 있는데도 무슨 이유로 해변을 헤매고 있단 말인가?

《좋은 기업을 넘어 위대한 기업으로》를 쓴 짐 콜린스는 평범함이라는 안락의자에 안주하는 우리에게 자리를 박차고 일어나 위대함을 추구하라고 촉구한다.

"위대함의 규칙을 따르게 되면 힘의 낭비가 없어져 오히려 홀가분해진다. 또 의미 있는 일을 할 때 비로소 삶은 의미를 지니게 된다. 위대함을 추구하는 과정에서 고요tranquility가 찾아오고 마침내 희열satisfaction을 맛볼 수 있는 것이다. 이왕 세상을 산다면 멋있게 살아야 하지 않겠는가?"

리셋, 유

짐 콜린스의 말처럼 후회하지 않으려면 멋진 인생을 살아야 한다. 반쯤 깨어 있는 몽롱한 정신을 흔들어 깨워야 한다. 꺼져 있는 열정에 다시 불을 지펴야 한다. 미완성으로 남아 있는 그림을 완성하기 위해 다시 붓을 잡아야 한다. 그 이전에, 열정에 불을 붙이고 손에 붓을 다시 잡기 전에, 자신에게 먼저 이런 질문을 던져보아야 한다. 그리고 진지하게 답을 내놓아야 한다.

"나는 무엇 때문에 사는가?"
"나는 무엇을 할 것인가?"
"나는 무엇으로 기억될 것인가?"

새는 날기 위해 뱃속을 비운다

•

여기 사소한 것에 집착하지 않고, 의미 있는 삶을 살기 위해 부단한 노력을 기울인 사람들의 명단이 있다. 우리에게 이미 익숙한 사람들로 모두 위대함의 규칙을 따른 이들이다.

놀라운 발견을 통해 인간의 생명을 구하고 우리가 사는 이 세계를 이해하도록 도와준 과학자들, 우리의 영혼을 일깨워주고 살아 있음을 감사하게 하는 아름다운 노래와 시와 그림을 창조한 예술가들, 인간의 몸이 가진 놀라운 힘과 민첩성을 상기시켜주는 운동선수들, 가치 있는 제품과 서비스를 시장에 선보임으로써 그런 것들 없이 어떻게 살았는지 우리를 새삼 놀라게 하는 발명가들….

이런 사람들은 대부분 그들의 노력과 탁월함에 대한 보상을 받는다. 보상은 재정적인 풍요로움과 동료로부터의 인정, 타인들로부터의 존경 등 다양한 방식으로 나타난다. 그러나 더 중요한 것은 그들 내면의 고요와 희열이다. 이것은 내적 욕구에 진실하게 따르지 않은 사람들에게서는 발견할 수 없는 열정과 기쁨, 의미와 보람이다.

위대함과 탁월함을 추구하는 가치 있는 삶은 결코 사소한 것에 목숨 걸지 않는다. 가치 있고 의미 있는 삶은 핵심에 집중함으로써 본질적인 변화를 추구하는 삶이다. 본질을 변화시킨다는 것은 장기간의 고통을 감내하고 욕구를 억제해야 하는 어렵고 고된 작업이다. 그러나 신기하게도 가치 있는 삶을 살기로 작정한 사람들은 이 과정을 잘 견뎌낸다.

본질적 변화의 방향성과 목표가 명확하지 않은 상태에서의 노력은 한마디로 부질없는 몸부림에 불과할 뿐이다. 혹시 동전이 흙 속에 묻혀 있을지도 모른다며 후벼보는 부질없는 관심을 버려야 한다. 머리를 들어 눈을 부릅뜨고 광활하고 푸른 하늘을 바라보아야 한다.

넓게 그리고 높게 멀리 볼 때 사소한 것에서 벗어날 수 있다. 높이 나는 새는 몸을 가볍게 하려고 심지어 뼛속까지 비운다고 한다. 위대함을 추구하기 위해 사소함을 버려야 하는 것도 같은 이치다.

큰 것을 보는 자가 이긴다

•

어느 날 양주가 양왕을 만나 말했다. "천하를 다스리는 것은 손바닥을 다스리는 것보다 쉽습니다."

양왕이 물었다. "선생은 한 집안에서 단 한 사람의 아내와 한 사람의 첩도 잘 거느리지 못하고 얼마 되지 않는 밭의 김도 제대로 못 매면서 천하를 다스리는 것이 손바닥 뒤집기보다 쉽다고 하니 무슨 말입니까?"

양주가 답했다. "임금님께서는 양치는 목동을 보신 적이 있으시지요? 백 마리나 되는 양의 떼를 키가 다섯 자밖에 안 되는 작은 아이가 채찍 하나를 어깨에 메고 몰고 갑니다. 양의 무리를 몰 때 동으로 가고 싶으면 동으로 몰고 가고, 서쪽으로 몰고 가고 싶으면 서쪽으로 몰고 갑니다. 그러나 옛날 한 나라의 임금이었던 요임금에게 앞에서 양 한 마리를 끌게 하고 그 뒤에서 순임금에게 채찍을 메고 몰아가라 하면 아마 잘 몰고 나가지 못할 것입니다. 그뿐 아니라 제가 듣기에 '배를 집어삼킬 만한 물고기는 작은 개천에서는 헤엄치지 않고, 하늘 높이 나는 기러기는 더러운 물에서는 모이지 않는다'고 들었습니다. 왜냐하면 그것은 극히 멀리 날아가기 때문입니다. 또 '황종과 대여는 세속적인 음악을 시끄럽게 연주하는 무도곡에 박자를 맞추지 않는다'고 합니다. 왜냐하면 그 소리가 너무 조잡하기 때문입니다. '장차 큰 것을 다스리려고 하는 사람은 작은 것을 다스리지 않고, 큰 공을 이루려는 사람은 작은 일을 하지 않는다'라고 한 것은 이를 두고 한 말입니다."

중국의 고전《열자》에 나오는 내용으로 작은 일에 연연해서는 안 된다는 교훈이 담겨 있다. 윗글은 김정빈의《리더의 아침을 여는 책》에서 발췌했다. 많은 잔재주가 중요한 것이 아니라 하나의 큰 재주가 중요한 것이다. 큰 재주를 가진 사람, 질적으로 뛰어난 사람, 멀리 높게 보는 사람이 되어야 한다. 양보다는 질이 삶의 성패를 결정하기 때문이다.

그렇게 되기 위해서는 생각의 우물을 깊게 파야 한다. 육안(肉眼)을 넘어 혜안(慧眼)이나 심안(心眼)을 가져야 한다. 큰 것을 보는 자가 이기고, 생각이 깊은 자가 이기는 법이다.

삶을 의미 있고 풍성하게 하고, 영혼을 충만하게 하는 일이라면 묵묵히 자기 자신의 길을 걸어가야 한다. 자신의 길을 걸어갈 때 필요한 것은 자신에 대한 절대 확신이다. 주위의 의견은 그리 신경 쓸 것이 되지 못한다. 대개 주위의 의견은 비난이거나 의욕을 꺾는 것이거나 사소한 것들이다.

우리가 기억해야 할 것은 이 세상에는 자신의 재능을 한 번도 제대로 꽃피워보지 못한 채 한평생을 보낸 사람이 수없이 많다는 사실이다. 안타깝게도 그들은 이름 없는 들꽃처럼 그렇게 사라져간다. 그렇지만 인생은 작게 살기에는 너무도 소중하다.

멀리 가려면
그만둘 일을 먼저 찾아라

세 사람이 계획을 세웠다. 첫 번째 사람은 완벽한 계획을 세우기 위해 수정에 수정을 거듭하며 끙끙거렸다. 두 번째 사람은 크고 원대한 계획을 세운 뒤 매일 아침 그날 해야 할 일의 계획을 세부적으로 다시 세웠다. 세 번째 사람은 머릿속으로만 대충 계획을 세웠다.

한 달 뒤에는 어떻게 되었을까? 첫 번째 사람은 계획만 짜다가 실천할 시간을 놓쳐버렸고, 세 번째 사람은 계획이 얼마나 진행됐는지 점검할 수가 없었다. 두 번째 사람은 매일 아침 하루 계획을 세워 추진하면서 큰 계획의 진행을 점검하며 성과를 이루어나가고 있었다.

세 사람 중 현명한 계획을 세운 사람은 당연히 두 번째 사람이다. 크든 작든 현명한 계획은 모든 성공의 시작이다. 계획은 스스로를 제어하고 시간을 다루는 일이다. 세상을 변화시킬 원대한 계획도, 코앞에 닥친 시험공부 계획도 마찬가지다. 시행착오와 실패까지 계산되어 있다면 성공의 깃발을 꽂을 날은 그리 멀지 않을 것이다.

계획 없는 꿈은 말 그대로 꿈에 불과하다. 꿈은 그것을 이룰 수 있다는 자신이 있는 사람을 격려하고 자극할 수는 있지만, 그 꿈을 이루기 위한 필수 단계를 거치지 않는다면 신기루일 뿐이다. 그 필수적인 단계는 계획을 세우는 것이다.

그렇다면 계획은 어떻게 세울 수 있는가? 첫째, 명확하고 구체적이어야 한다. 구체적이거나 명확하지 않으면 실천할 가능성이 많지 않기 때문이다. '독서를 열심히 하겠다'보다는 '한 달에 한 권을 읽겠다'라는 식으로 구체적이어야 한다. 둘째, 간결해야 한다. 긴 설명이 필요한 계획은 아직 덜 무르익었다는 의미다. 셋째, 절실해야 한다. 절실함이 있을 때 더 잘해낼 가능성이 높다.

그런 다음에는 끈기가 있어야 한다. 끈기는 열정의 또 다른 이름이다. 한결같은 자세로 실천해야 한다. 계획을 실행하는 과정에서 많은 장애물을 만나게 된다. 장애물과 유혹을 극복해나가며 소처럼 묵묵히 앞으로 나아가야 한다.

20-10 원칙, 그만둘 일 목록 정하기
•

계획을 세우는 데 도움이 될 만한 내용 하나를 추천한다. 짐 콜린스

리셋. 유

가 2003년 12월 30일에 〈USA투데이〉에 기고한 것으로 '최고의 새해 결심? 그만둘 일 목록 정하기'가 제목이다. 글의 핵심은 '20-10 원칙'에 관한 것이었는데, 콜린스가 20대 중반 스탠퍼드 경영대학원에 다닐 때 수강하던 '창의성과 혁신'이란 강좌의 로첼 마이어스 교수로부터 받은 조언이라고 한다. 내용은 다음과 같다.

'내일 두 통의 전화가 걸려 오는데 한 통은 2천만 달러를 아무 조건 없이 유산으로 상속받게 됐다는 소식이고, 다른 한 통은 불치의 병에 걸려 앞으로 10년밖에 못 산다는 통보라는 것. 이 같은 내용의 전화 두 통을 받는다면 당신은 당장 무엇부터 그만둘 것인가?'

로첼 교수의 이 조언은 콜린스의 인생을 완전히 바꿔놓았다. 그때부터 콜린스는 매년 새해가 되면 올해 하지 말아야 할 일, 그만둬야 할 일 목록을 만든다고 했다. 《좋은 기업을 넘어 위대한 기업으로》라는 책을 쓰기 위해 연구하는 과정에서도 평범한 기업을 탁월한 기업으로 탈바꿈시키는 촉매는, 무엇을 할 것인가에 대한 결정이 아니라 무엇을 그만둘 것인가에 대한 결정이었다는 사실을 깨달았다고 한다.

내가 진정으로 열정을 갖고 있는 일은 무엇인가?
내가 재능을 타고났다고 생각되는 일은 무엇인가?
나를 경제적으로 먹여 살려주는 일은 무엇인가?

짐 콜린스는 이 세 가지 질문에 해당하지 않는 일을 그만두는 것이 최고의 결심이고 계획이라는 것을 우리에게 조언하고 있다. 그의 조언처럼 위대함은 무엇인가를 더하는 데서 출발하는 것이 아니라 불필요한 것을 모두 제거하고 남은 단순한 데서 출발한다.

로첼 교수는 콜린스에게 "당신의 인생을 창의적인 예술 작품으로 만들라"고 말해줬다고 한다. 위대한 예술 작품들은 하나같이 불필요한 부분을 제거하고 꼭 필요하고 조화되는 부분만을 남겼기에 탄생할 수 있었다. 우리 인생도 마찬가지다. 불필요한 부분을 제거하는 노력과 절제야말로 인생을 위대한 작품으로 만드는 요인이다.

계획 수립의 원칙
•

우리는 유년 시절부터 계획 만들기에 익숙해져 있다. 그래서 전 생애에 걸쳐 온갖 계획에 둘러싸여 산다고 해도 과언이 아니다. 마치 계획 박람회를 여는 것 같은 느낌마저 든다. 일이 계획대로 이루어져서 기뻐하고 흡족했던 기억도 있고, 계획대로 되지 않아 마음 졸이거나 계획이 오히려 족쇄로 작용했던 기억도 있다.

누구나 느끼는 한 가지 분명한 사실이 있다. 잘 짜인 계획은 계획대로 진행돼 목표를 달성할 가능성이 높은 반면에 계획이 아예 없거나 뚫린 그물처럼 부실하면 원하는 목표에 도달하기 어렵다는 사실이다. 계획의 치밀함과 세밀함의 중요성은 아무리 강조해도 모자라지 않다. 에이브러햄 링컨은 "내가 만일 여덟 시간 동안 나무를 벤다면 여섯 시간은 도끼날을 갈 것이다"라고 말했다.

리셋. 유

번화한 도시 교차로의 모퉁이에 서서 잠깐만이라도 바쁘게 지나가는 사람들의 표정을 지켜보라. 그들의 표정을 보면서 속으로 이렇게 질문을 해보라. '저 사람 중에 삶을 뜨겁게 해줄 구체적인 목표를 가진 사람은 과연 얼마나 될까?'

그리 많지 않을 것이라는 게 나의 생각이다. 자신의 재능을 발휘하고 존재의 가치를 더 높이고자 한다면 구체적이면서도 실현 가능한 목표를 세워야 한다. 목표는 크고 질이 좋아야 한다. 궁극적으로 목표의 크기와 질이 성공의 가치를 결정하기 때문이다.

목표를 세운다는 것은 결코 쉬운 일이 아니다. 그러나 생활의 발전을 가져오고 삶의 질을 높이려면 구체적이고 명확한 목표가 있어야 한다. 그리고 그 목표를 달성하기 위한 잘 짜인 계획도 가지고 있어야 한다.

불행하게도 수많은 사람이 자신이 나아가야 할 구체적인 목표도 없이 표류하는 배의 선장으로 살아가고 있다. 또 목표와 계획을 가지고는 있지만 아주 모호하거나 수동적이어서 제대로 기능을 다하지 못하는 예가 많다. 실로 안타까운 일이다.

첫 번째 목표는 쉽게 설정하라

시인이자 소설가인 볼프강 괴테는 《젊은 베르테르의 슬픔》과 《파우스트》 등의 대작을 남긴 독일 문학의 최고봉이다. 그에게는 에커만이라는 비서가 있었다. 그는 문학에 뜻을 둔 사람이었는데, 대작가인 괴테를 방문했다가 바로 비서로 채용됐다. 그가 처음 괴테를 찾아갔을 때 괴테는 이렇게 말했다고 한다.

"처음부터 대작을 쓰려고 하지 마시오. 그런 과욕 때문에 많은 일류 시인이 고민하였고, 나도 그랬습니다. 그러나 나는 곧 그래서는 안 되며, 그럴 수도 없다는 것을 깨달았습니다. 만일 내가 이 점을 조금 더 일찍 깨달았다면 백 권의 책을 더 쓸 수 있었을 것입니다. (…) 막대한 돈을 패 한 장에 거는 도박꾼처럼, 나는 현재에 일체를 걸고, 그 현재를 과장함이 없이 가능한 한 높이 추켜들어 보려 하고 있습니다."

괴테의 말대로 현재에는 현재에 요구되는 것이 있다. 쉽게 표현하면 주제파악을 해야 한다는 말이다. 초보 작가가 대작을 구상하고 있으면 현재의 감정이 솟아오르지 못하게 된다. 그러면 작가의 감정은 발산할 통로를 잃어버리고 그의 하루하루는 삶의 즐거움을 잃게 된다. 첫 번째 목표를 쉽게 설정해야 하는 이유다. 그것이 현재를 위해서도 좋고 미래를 위해서도 바람직하다.

쉽게 세운 첫 번째 목표를 달성한 후 점차 단계를 높여나가면 된다. 목표에 빨리 도달하고 싶다고 해서 서둘러서는 안 된다. 지나치게 조바심을 내서도 안 된다.

예를 들어 윗몸일으키기를 한다고 치자. 목표는 1분에 50회. 평소에 운동을 하지 않던 사람이 처음부터 50회를 하기란 쉽지 않다. 물론 할 수도 있겠지만 몸에 무리가 따른다. 첫 달은 1분에 20회, 그다음 달은 1분에 30회, 또 그다음 달은 1분에 40회 그리고 네 번째 달에

리셋, 유

는 1분에 50회를 하는 것으로 단계적인 계획을 짠다면 충분히 실현할 수 있다. 물론 하루도 빠지지 않고 열심히 한다는 조건이 있어야겠지만. 체중을 줄이는 것, 조깅을 하는 것도 마찬가지다.

과욕을 부리지 말라는 데는 이유가 있다. 처음에 서서히 실행해나가면서 단계마다 성공할 수 있다는 자신감을 얻는 것이 중요하기 때문이다.

'안고수비眼高手卑'라는 말이 있다. '눈은 높지만 손은 낮다'는 뜻이다. 보는 눈은 높은 데 비해 실력은 미치지 못함을 의미한다. 그러니 '천리 길도 한 걸음부터'라는 속담이 말하듯이 시작은 미약해도 좋고 볼품없어도 좋은 것이다. 중요한 건 첫걸음을 떼어놓는 것이다.

치밀한 계획이 승부근성을 만났을 때

•

우리는 역사적으로 큰 발자취를 남긴 사람들을 존경하면서도 그들이 생각이 깊었던 사람들이라는 것을 미처 깨닫지 못하고 있다. 위인들은 큰 목표를 가졌던 사람들인 동시에 목표 달성을 위한 구체적인 계획도 치밀하게 세웠던 사람들이다.

신념과 도전정신으로 아메리카 대륙을 발견한 이탈리아 탐험가 콜럼버스가 그렇고, 혁신과 설득력으로 지동설을 제창했던 폴란드의 천문학자 코페르니쿠스가 그렇다.

또 행복 추구와 삶의 여유의 중요성을 역설하며 1776년 미국의 독립선언문을 기초한 미국의 3대 대통령 토머스 제퍼슨, 몸과 정신의 일치를 추구하며 비폭력 무저항주의를 실천했던 인도의 마하트마 간디, 상상력으로 무한의 우주를 넘나들며 상대성이론을 발표한 독일 태생의 이론물리학자 알베르트 아인슈타인이 그렇다.

이들의 예에서 보듯이 세상은 사람의 마음속에서 구체화한 목표와 그 목표를 이루려는 잘 짜인 계획, 강한 승부근성으로 변화하고 발전해왔다. 목표를 달성하기 위해서는 반드시 치밀한 계획을 세워야 한다. 그리고 어떤 일이 있어도 해내겠다는 승부근성이 뒷받침돼야 한다.

물론 계획이 아무리 치밀하게 짜였다 하더라도 상황의 변화 등으로 차질이 생길 수 있다. 그렇지만 계획이 실패했다는 것은 계획이 완전하지 못했다는 것이다. 그때에는 새로운 계획으로 대체해야 한다. 만약 그 새로운 계획도 실패한다면 제대로 작동하는 계획을 찾을 때까지 계속해서 시도해야 한다.

바로 이때가 수많은 사람이 포기하는 시점이다. 이들은 실패한 계획을 대신할 새로운 계획을 만들어내지 못한다. 능력 부족이라기보다는 참을성의 결핍 때문이다. 수차례에 걸친 실패는 사람을 좌절하게 한다. 그러나 아무리 힘들다 하더라도 작은 일에 무릎을 꿇어서는 안 된다. 인내와 끈기로 다시 한 번 일어나 어떻게든 큰 목표를 향해 앞으로 나아가야 한다.

승리자는 포기하지 않는다

•

기원전 218년, 카르타고의 장군 한니발은 알프스를 넘었다. 그러나 어떻게 알프스를 넘었는지는 아직도 정확하게 알려져 있지 않다. 카르타고는 고대 페니키아인들이 북아프리카에 세운 식민지였다.

스물아홉 살이었던 한니발 장군은 당시 유럽의 최강국이던 로마를 정벌하기 위해 2만 6,000명의 군대를 이끌고 출발했다. 중도에 병력을 증강해 4만 6,000명에 이르렀다. 피레네 산맥(현재의 스페인)을 넘어 갈리아 지방(현재의 프랑스)을 횡단한 다음 알프스 산을 넘었다.

행군하는 동안 그는 병사들과 마찬가지로 꽁꽁 언 밥을 먹고, 가파른 낭떠러지의 틈새에서 잠을 잤다. 알프스를 넘는 데는 보름이 걸렸다. 알프스를 넘으면서 병사 중 2만 명을 잃었다. 그렇지만 한니발은 숱한 역경을 극복하고 로마군과의 전쟁에서 대승을 거두었다.

한니발의 예에서 보는 것처럼 끈기와 인내 없이 큰일을 이룬 사람은 한 사람도 없다. 큰일을 추진하는 과정에서는 반드시 장애물을 만나고 시련을 겪게 된다. 목표하는 바가 크면 클수록 더 그렇다. 장애물을 넘지 못하고 시련을 극복하지 못하는 사람은 결코 성공을 기대할 수 없다. 자신의 마음으로부터 포기하기 전까지는 결코 실패한 것이 아니다. 포기하는 사람은 결코 승리하지 못하며, 승리하는 사람은 결코 포기하지 않는다.

하려는 일에 대해 확신을 가지고 구체적인 계획을 세우는 것은 성공의 필수요소다. 잘 짜인 현명한 계획은 사다리를 오르는 기간을 크게 단축시켜준다. 간혹 사다리의 중간에서부터 시작하는 사람들도 있는데, 모두 그만한 정성과 주의 깊은 노력을 기울인 사람들이다.

뚜렷한 계획 없이 그때그때의 느낌에 따라 움직이는 것은 방향타 없는 배에 올라타 있는 것과 같다. 그 배가 암초에 부딪히는 건 시간 문제다. 재판에서 승리하는 변호사는 법률에 대해 가장 많이 알고 있는 사람이 아니라, 그 사건에 대해 가장 잘 준비한 사람이라는 사실을 명심해야 한다.

리셋, 유

원하는 일을 찾아내는
마법의 공식

조선 시대 타고난 돌머리로 알려진 김득신(1604~1684)이란 인물이 있다. 김득신은 아버지가 감사를 역임한 명문가 출신임에도 머리가 지독히 나빴다. 열 살 나이에 아버지에게 학문을 배우기 시작했지만 사흘이 지나도 단 한 줄을 제대로 읽지 못할 정도였다.

하지만 그는 포기하지 않고 책과 끈질기게 씨름했고, 환갑을 바라보는 쉰아홉 살에 과거시험에 합격했으며, 당대 최고의 시인이 됐다. 그는 책의 내용을 전부 외울 때까지 반복해서 읽었다. 예순일곱 살에 이르기까지 1만 번 이상 읽은 36편의 제목과 횟수를 기록했다. 김득신의 서재 이름이 '억만재億萬齋'인 것도 이런 그의 독서 열정에서 생겨난 말이다.

김득신은 또 독서의 즐거움에 푹 빠졌던 인물이다. 그는 배운 것을 완전히 자기 것으로 익혔다. 공자의 '배우고 때때로 익히면 또한 기쁘지 아니한가學而時習之不亦說乎'라는 가르침을 실천했다. '익힌다習'라는 말은 배운 내용을 되새기며 자기화하는 과정에서 느끼는 즐거움이라는 뜻을 내포하고 있다.

김득신이 독서의 즐거움에 빠졌다면, '나방 여사'로 불리는 허운홍 씨는 나방에 푹 빠진 여성이다. 그녀의 나방 사랑은 식구들이 졸라도 안 사주던 에어컨을 애벌레 키우는 방에는 들여놓았을 정도다.

10년이 넘도록 전국의 산야를 돌며 채집한 애벌레 468종을 키우며, 이들이 나방으로 성장하는 과정을 글과 사진으로 기록한《나방 애벌레 도감》을 펴내기도 했다. 곤충학자도 못 한 일을 평범한 주부가 해낸 것이다.

확신결핍형 무리에서 빠져 나오라

•

세상에는 자신이 진실로 하고 싶은 일이 무엇인지를 발견한 사람과 진실로 원하는 일이 무엇인지를 아직 발견하지 못한 사람이 산다.

김득신과 허운홍은 인생을 살면서 자신이 하고 싶은 일이 무엇인지 확신을 가지고 실행했다. 이 부류에 속한 사람들은 삶을 자신의 의지대로 경영하며 하루하루를 만족스럽게 살아간다. 활력이 넘치고 생동감이 넘치는 삶이다. 반면에 진실로 하고 싶은 일을 찾지 못해 정신적 미로를 헤매는 다른 부류의 사람들은 귀한 시간을 의미 없이 소비하며, 마치 바람결에 흩날리는 낙엽처럼 만족스럽지 못한 삶을 살아갈 가능성이 높다.

비록 아직 자신이 진실로 원하는 일이 무엇인지를 확신하지 못하는 사람이라 하더라도 마음속에는 어렴풋하게나마 이루기를 원하는 것이 무언가 한두 가지는 있게 마련이다. 곰곰이 생각해보면 그것이야말로 자신이 진정으로 하고 싶은 일일 수도 있다. 그 주제를 물고 늘어져 고민해볼 필요가 있다.

우리 삶은 확신에 찬 명확한 비전과 목적에 따라 적극적으로 반응하지 않는 한 결코 완성되지 못한다. 그러므로 어떤 방법을 동원해서라도 자신이 진실로 원하는 일이 무엇인지를 기필코 알아내야 한다. 삶의 진정한 첫 출발이 거기서 이루어지기 때문이다.

아무리 많은 시간이 걸리더라도 고뇌를 통해 결론에 도달해야 한다. 그리고 과감하게 결단해야 한다. 다수의 확신결핍형 무리에서 뛰쳐나와 확신형 무리 속으로 들어가야 한다. 그러고는 내면의 목소리에 따라, 즉 자기 영혼의 요구에 따라 충실하게 살아가야 한다. 그렇지 않다면 우리 안에 있는 가장 소중하고 유일무이한 그 부분은 절대 채워지지 않는다.

오솔길을 걷는 산뜻한 느낌을 원한다면

•

감정적인 상황이 육체노동보다 한층 더 피로를 느끼게 한다는 것은 주지의 사실이다. 몸의 상태보다 정신 상태가 한 수 위인 것이다.

실제로 사람이 권태로움이나 지루함을 느끼면 혈압이 낮아지고 산소 소비량이 감소한다. 반대로 자기 일에 흥미와 즐거움을 느끼기 시작하면 그 즉시 신진대사의 속도가 증가한다. 이처럼 사람은 무엇에든 흥미를 느끼거나 흥분하고 있을 때는 결코 피로해지는 법이 없다. 결국 일의 능률을 떨어뜨리는 원인은 권태인 것이다.

만일 당신이 정신노동자라면 이미 처리한 일의 양 때문에 피로를 느끼는 일은 거의 없을 것이다. 오히려 처리하지 않아 책상 위에 남아 있는 서류뭉치를 볼 때 피로를 더 느낄 것이다. 이미 처리한 일은 뿌듯함이고, 아직 책상 위에 남아 있는 서류뭉치는 고민거리이기 때문이다.

무슨 일을 해도 뜻대로 되지 않는 날이 있을 것이다. 아침 일찍부터 심혈을 기울여 마무리 지은 일이 헛수고로 끝난 적도 있을 것이다. 그날은 분명히 육체적으로나 정신적으로 매우 지쳐서 귀가했을 것이다.

그런데 다음 날은 신기하게도 모든 일이 순조롭게 진행됐던 경험을 한 번쯤은 가지고 있을 것이다. 전날보다 몇 배나 되는 일을 해치웠지만 그렇게 힘이 들지도 않는 날 말이다. 그래서 그날은 흰 눈이 내리는 오솔길을 걷는 듯한 산뜻한 기분으로 귀가할 수가 있었을 것이

리셋. 유

고, 푸근하고 행복이 충만한 마음으로 잠들 수 있었을 것이다.

여기서 우리는 사람들이 느끼는 피로는 대개 일의 양, 즉 육체의 피로 때문이 아니라 고민과 번뇌, 의욕상실과 분노, 좌절감 등 정신적 피로가 원인이 된다는 사실을 깨달을 수 있다.

자기가 좋아하거나 원하는 일을 하는 사람들은 진정 행복한 사람들이다. 그들은 설령 많은 정력과 에너지가 소모되는 일을 할지라도 행복해하는데, 이는 피로를 적게 느끼기 때문이다. 사람들은 재미있고 흥미 넘치는 있는 일을 할 때는 활력이 넘치고 능률도 오른다. 사랑스러운 여인과 함께 10킬로미터를 걷는 것이 불평만 늘어놓는 아내와 1킬로미터를 걷는 것보다 덜 피로한 일이다.

눈높이를 높이는 방법

•

우스갯소리에 이런 말이 있다.

'서울에서 부산까지 가장 빨리 가는 방법은?'

정답은 '좋아하는 사람과 같이 가는 것'이다.

지금 하고 있는 일이 즐거운지 아닌지, 앞으로도 계속해야 할 것인지 아닌지를 알아보는 간단한 방법이 있다. 앞에서도 이야기한 바 있지만 다시 한 번 다음의 세 가지 질문에 대답해보라.

내가 진정으로 열정을 갖고 있는 일은 무엇인가?

내가 재능을 타고났다고 생각되는 일은 무엇인가?

나를 경제적으로 먹여 살려주는 일은 무엇인가?

지금 이 세 가지 질문을 충족시켜주는 일을 하고 있다면 당신은 행운아임에 틀림이 없다. 그러나 이 세 가지 질문에 대해 지금 하고 있는 일의 충족도가 50퍼센트 이하라면 지금 당장 그만두는 것이 낫다. 혹시 지금 하고 있는 일이 '50퍼센트 이하'에 해당하는가? 그렇지만 그 일을 할 수밖에 없는 입장인가? 그렇다면 방법은 한 가지밖에 없다. 일 자체를 재미있게 만들어버리는 것이다.

자기 일이 권태로운 일이 될지 즐거운 일이 될지는 마음먹기에 달려 있다. 긍정의 힘을 이용해야 한다. 긍정적으로 생각함으로써 하기 싫은 일을 흥미롭게 할 수가 있다. 뭐가 그렇게 좋은지 흥얼흥얼 콧노래를 부르면서 일하는 사람을 주변에서 본 적이 있을 것이다. 바로 일을 즐겁게 하기로 마음먹은 사람들이다.

어차피 해야 할 일이라면 즐기면서 유쾌하게 하는 것이 바람직하다. 짜증 내고 온갖 인상을 쓰면서 하는 일에 비하면 능률이 적어도 갑절은 높아질 것이다. 비록 지루하고 따분한 일이라 하더라도 놀이나 게임처럼 재미있게 한다면 자신에게 긍정적인 자극과 활력을 준다. 그리고 에너지와 열의를 갖게 돼 이전보다 훨씬 여유롭게 삶을 즐길 수 있다.

사람은 깨어 있는 시간의 절반 정도를 일한다. 만일 그 일에서 행복을 찾을 수 없다면 어디에서도 행복을 찾아내지 못할 것이다. 날마다

리셋, 유

스스로를 한껏 격려하고, 자극하고, 고무시켜야 한다. 격려되는 만큼, 자극되는 만큼, 고무되는 만큼 인생을 바라보는 눈높이가 달라지기 때문이다.

다음의 방법으로 눈높이를 높이면 늘 행복한 상태를 유지할 수 있다.

| 인생을 바라보는 눈높이를 높이는 네 가지 방법 |

- 자존감Self-esteem : 자기를 사랑한다.

- 외향적인 성격Extrovert : 관계를 맺는 사람이 된다.

- 자신감Self-efficacy : 스스로를 의미 있는 존재로 인식하는 사람이 된다.

- 낙천적인 성격Optimism : 긍정적으로 생각한다.

자신의 삶을 살아야
•

인생을 바라보는 눈이 높아진 삶은 다른 사람이 원하는 삶이 아니라 자기 자신이 원하는 삶이다. 그리고 자기 자신의 삶을 충실하게 살 수 있는 가장 중요한 방법은 자신이 진정으로 원하는 일을 하는 것이다.

다른 사람에게 중요한 것이 나에게는 길거리의 돌처럼 별 볼 일 없을 수도 있고, 다른 사람에게 중요치 않은 것이 나에게는 존재를 지탱해주는 귀중한 것일 수도 있다. 자신이 진실로 원하는 일을 해야 한다. 그러려면 자기 내면에서 들려오는 작은 목소리에 귀를 기울여야 한다. 그때야 비로소 선물로 부여받은 우리 삶이 진정한 의미를 되찾을 수 있다.

프랑스의 대표적인 자연주의 소설가였던 에밀 졸라는 이렇게 말했다.

"만일 당신이 이 세상에 무엇을 하러 왔느냐고 나에게 묻는다면 나는 예술가라고 대답할 것이다. 그리고 큰 소리로 나는 내 삶을 살기 위해 이 세상에 왔다고 말할 것이다."

에밀 졸라는 1898년 독일에서 간첩누명을 쓰고 투옥된 유대인 드레퓌스 대위의 무죄를 주장하는 〈나는 고발한다!〉라는 제목의 격문을 발표했다. 그 이후 징역형 선고에 훈장 박탈까지 당하는 등 많은 고난을 겪어야 했다. 그렇지만 그는 생을 마감할 때까지 자신의 삶을 살기 위해 노력했다. 그의 명예는 사망한 지 4년 후인 1906년에 복권됨으로써 회복됐다.

사람은 자신이 가진 재능을 충분히 발휘할 때 그리고 그것이 다른 사람들에게 제대로 인정받을 때 가장 큰 행복을 느낀다. 다른 사람의 일을 200퍼센트 성공적으로 완수하는 것보다 비록 20퍼센트 부족하고 불완전하더라도 자기 일을 하는 것이 훨씬 더 낫다. 삶의 본질은 자기 자신을 찾는 것이다. 진지한 사색과 고뇌의 시간 없이는 진정한 자신을 발견할 수 없다.

우리는 모두 자신만의 노래를 가지고 있다. 음악가는 음악을 연주하고, 화가는 그림을 그려야 하고, 소설가는 소설을, 시인은 시를 써야 한다. 배우는 무대 위에 서야 하고, 연설가는 연설로 사람을 감동

리셋, 유

시켜야 한다. 장사꾼은 말솜씨로 사람의 마음을 사로잡아 물건을 팔아야 한다. 이처럼 다양한 일을 할 때 진정한 마음의 평화를 얻고자 한다면 자신이 원하는 일, 자신이 가장 잘할 수 있는 일을 해야 한다.

"행복은 자기만족에서 얻어지는 것이 아니라, 가치 있는 일에 충실할 때 얻어지는 것이다."

헬렌 켈러의 말이 가슴을 찌른다. 자신의 삶이 행복하다고 느껴지지 않는 사람들은 곰곰이 생각해볼 말이다. '이런들 어떠하리 저런들 어떠하리' 식의 사고방식은 하루빨리 쓰레기통에 처넣어야 한다.

아직 시간은 남아 있다

•

우리 각자에게는 특별한 기술이나 능력이 있다. 잘 모르겠다고? 없는 것 같다고? 아니, 하나쯤은 분명히 가지고 있을 것이다.

남을 가르치거나 치료하거나 간호하는 능력일 수도 있고, 아이를 돌보는 일, 글 쓰는 일, 남을 설득하는 일일 수도 있다. 학문과 문학에서의 탁월한 소질, 예술 분야에서의 탁월함 또는 고도로 전문화된 분야에서의 재능일 수도 있다.

또 시커멓게 그을린 팔로 곡식을 거두는 정성스러운 손길일 수도 있고, 거둔 곡식을 맛있는 밥이나 빵으로 만드는 감사의 손길, 집을 짓거나 도로를 놓거나 각종 상품을 생산하여 삶의 윤택함을 더해주는 풍요로움의 손길일 수도 있다. 노래 부르고, 피아노를 치고, 바이올린을 켜고, 드럼을 두드리는 즐거움의 손길일 수도 있다.

어떤가? 하나쯤은 가지고 있지 않은가? 그래도 없다면 더 고민해 볼 일이다. 자신에게 숨겨진 보다 고귀한 재능을 발휘하고, 내면의 요구에 부응하고, 삶의 본질에 충실하려는 작업은 그리 녹록한 것이 아니다. 편안함과 즐거움, 즉각적인 보상을 포기해야 하기 때문이다. 또 고된 단련의 세월과 뼈를 깎는 아픔을 견뎌내야 한다. 수많은 불면의 밤을 보내야 하고, 새벽잠을 설치고, 결코 빠져나올 수 없을 것 같은 혼자만의 외로운 시간을 가져야 할지도 모른다.

그러나 어떤 면에서 우리는 행운아다. 자신이 진실로 원하는 일을 할 만큼의 시간은 아직 가지고 있기 때문이다. 우리 모두는 많든 적든 자신의 노래를 부르고 자신의 음악을 연주할 기회를 가지고 있다. 자기 이름 석 자가 적힌 백지수표에 얼마를 써넣느냐 하는 것 그리고 어떤 분야에 자신의 삶을 바칠 것인가 하는 것은 전적으로 자기가 결정해야 한다. 이것만큼은 남이 해줄 수 없는 일이다.

자신의 아이디어를 탄생시켜 정성스럽게 키우고, 예쁘게 옷을 입혀 이 세상에 내보내는 것, 또 그 최선의 노력이 받아들여지지 않을 때조차 실망하지 않고 그 아이디어를 사랑하는 것, 그것이 바로 자신이 가진 재능을 표현하는 최고의 방법이고 자신의 삶을 사는 길이다.

우리 인생은 지금까지 불렸던 노래보다 더 많은 불리지 않은 노래가 선곡되기만을 기다리고 있다. 훌륭한 작가는 마지막을 위해 최상의 이야기를 남겨두는 법이고, 위대한 작곡가는 끝맺음을 위해 가장 좋은 선율을 아껴두는 법이다. 문제는 당신 자신이 그것을 연주할 것

리셋, 유

인가 하는 것이다.

원하는 일을 찾아내는 마법의 공식
•
•

자신이 진실로 원하는 일을 추구하며 극적인 삶을 산 사람들의 사례는 헤아릴 수도 없이 많다. 대영제국의 왕위를 버리고 자신이 사랑하는 여인, 심슨 부인과 함께 살아가겠다고 결정한 에드워드 왕의 결단이 그렇고, 하나님이 명령하신 사명을 완수하기 위해 사랑하는 아내와 아들을 집으로 돌려보내고 나이 80에 목숨을 걸고 홀로 애굽(이집트) 땅으로 향했던 모세가 그렇다.

어려워서 아무나 못 하는 일, 돈이 안 된다고 다들 거절하는 일만 하는 괴짜지만 미국 국방성과 NASA미국항공우주국까지 프레스와 금형 때문에 생긴 문제라면 사람들은 무조건 이 사람을 찾는다. 프레스와 금형의 마법사, 지독한 장인정신으로 초일류 미니기업 오카노 공업을 일군 오카노 마사유키다.

그들의 행위는 용기와 결단 그리고 역경을 극복하는 인내를 필요로 하는 일이었다. 또 그 결단은 크든 작든 그에 상응하는 대가를 치러야 하는 것이었다. 그리고 더 중요한 건 그들이 한 일이 진실로 그들이 원하는 일이었다는 사실이다.

그들은 어떻게 자신들이 진실로 원하는 일을 찾고, 발견하고, 알아낼 수 있었을까? 여기 그 마법의 공식이 있다.

| 진실로 원하는 일을 찾아내는 마법의 공식 |

- 나는 무엇을 하고 싶은가?

- 이것에 대해서 나는 무엇을 할 수 있는가?

- 이것 때문에 치러야 할 희생을 충분히 감내할 수 있는가?

　심사숙고를 통해 이 세 가지 질문에 대답할 수 있는 일을 찾아낼 수만 있다면, 자신이 진실로 원하는 일을 찾아낸 것이다. 그러면 이제 당신에게는 최선을 다하는 일만 남는다. 이 간단하면서도 명확한 마법의 공식이 사람의 운명을 바꿔놓는다.

　자신의 운명을 바꿔놓을 수 있는 마법의 공식이 바로 곁에 있는데도 사람들은 애써 외면한다. 현재 자신의 삶에 안주하기 때문이다. 굳이 사서 고생할 필요가 없다는 심리다. 이런 사람들은 성장을 거부한 셈이다. 안전하게 살기를 원한다는 건 더는 성장하지 않기로 결정을 내린 것과 다를 바 없다. 이런 사람들이 바로 살아 있는 송장들이다.

　진실로 자신이 원하는 일을 해야 한다. 원하는 일을 하지 못하고, 그래서 숭고한 목적을 달성하지 못하고, 대충의 하루를 보내며 시간을 허비하다가 삶을 마감한다는 건 실로 안타까운 일이다.

리셋, 유

잘못된 것을 알았을 때
서둘러 고쳐라

"항상 땡감이면 맛있겠나? 땡감이던 시절 지나 단감도 지나고 홍시가 돼 흐물흐물 거리는 게 인생이지요."

수필집 《지란지교를 꿈꾸며》와 산문집 《상처를 꽃으로》를 펴낸 유안진 시인은 인생을 감에 비유했다. 나이 들어 헐거워진 마음이 홍시를 닮아간다고 했다. 시인의 말대로 삶은 시간의 흐름 속에 탄력을 잃고 약해지고 여려진다. 피 흘리는 경쟁만큼 용기 있는 포기도 필요하다는 것을 깨닫게 되는 것이다.

세월의 흐름을 아쉬워하지 않을 사람이 어디에 있을까. 모두 인생을 다시 한 번 살 수 있다면 더 멋지고 더 아름답게 살 수 있을 텐데 하는 아쉬움을 가지고 있을 것이다. 특히나 죽음을 목전에 두고 있는 사람이라면 마지막 시간의 느낌이 어떻겠는가.

에르마 봄벡도 그 절실함으로 삶을 예찬한 사람 중 하나다. 배꼽 잡는 촌철살인의 명언을 만들어내는 재능이 탁월했던 미국의 유명한 해학가인 그녀는 신장 장애로 병사하기 직전에 매우 진지하면서도 감명 깊은 칼럼 하나를 남겼다. 이 칼럼은 그녀가 만약 삶을 다시 살 수 있다면 어떻게 할지를 적은 글이다. 그녀는 일상에서 다르게 처리할 사소한 일들을 나열했다. 그리고 감동적이고 강력한 여운을 남기며 마무리했다. 그녀가 인생을 다시 살 수 있다면 바꾸겠다고 한 일들은 다음과 같다.

> "사랑한다는 말을 더 많이 하고, 미안하다는 말을 더욱 많이 하고, 듣고 있다는 말을 더욱 많이 하겠지. 그렇지만 또 한 번의 삶의 기회가 주어진다면 나는 매 일분 일분을 움켜잡고, 그 일분을 주시하고, 시도해보고, 살아보고, 소진해보고…. 하나도 남지 않을 때까지 단 일분도 포기하지 않을 것이다."

절절한 감정이 고스란히 전해온다. 유감스럽게도 에르마에게 삶을 다시 살 기회는 주어지지 않았다. 그러나 에르마는 독자들에게 오늘을 어떻게 보낼 것인가를 결정할 수 있는 선택권이 바로 우리에게 있음을, 우리에게 주어진 귀중한 선물임을 상기시켜준다. 그리하여 우리가 또 한 번의 삶을 절실한 심정으로 살아가기를 촉구한다.

우리는 새로운 삶을 살기로 결정할 수 있다. 그것도 바로 지금 이 순간에. 만족의 삶을 살 것인지, 후회의 삶을 살 것인지 결정하는 건 바로 나 자신이다.

자신을 보살피는 삶
•

그녀의 머릿속에는 아마 이런 글귀도 떠오르지 않았을까.

'친구에게 하듯이 인내심을 가질 것이고, 따뜻한 눈길을 보낼 것이고, 부드러운 말을 할 것이다. 나의 가치와 행복을 확인시켜주는 작은 일을 매일매일 찾아서 할 것이다. 마음을 편히 가질 것이며, 희망을 주고 영혼을 달래주는 책을 읽을 것이다. 신선한 공기를 마시며, 운동과 휴식을 취하고, 자신을 보살필 것이다.'

어떤가? 인생을 다시 살 수만 있다면, 시간을 이렇게 활용할 수만 있다면, 정말 아름다운 삶이지 않겠는가?

위의 글귀 중에서 방점은 끝 부분에 있는 '자신을 보살필 것이다'에 찍혀야 한다. 자신을 보살피는 사람이 해야 할 일은 자신에게 중요한 일이어야 한다. 다른 사람들이 중요하게 생각하는 일이어서는 안 된다.

우리는 가끔 내가 해야 할 일을 나보다 더 잘 알고 있는 것처럼 판단하고 말하는 사람들을 만나게 된다. 그러나 그들의 판단은 그저 참고용일 뿐이다. 좋은 말은 귀담아듣고, 흘려보내도 좋을 말은 그냥 흘려보내면 된다.

중요한 것은 나를 나보다 더 잘 안다고 판단하는 사람들과 조화를 이루면서도 완벽하게 독자적으로 살아갈 수 있어야 한다는 사실이다. 삶에 대한 분명한 이해와 명확한 목표 없이 행동하는 일이 있어서는 안 된다. 어디로 가는지도 모르는 채 모두가 가는 길을 맹목적으로 따라가는 일은 더더군다나 있어서는 안 된다.

자신을 보살핀다는 건 자신을 사랑한다는 것이고, 자신을 사랑한다는 건 자신을 고귀하게 하는 것이다. 어떻게? 함부로 말하지 않으면서, 아는 체하지 않으면서, 겸손하면서, 노하기를 더디 하면서, 마음을 다스리면서….

명확한 자아를 찾고, 그 자아가 바라고 원하고 명령하는 대로 나아가야 한다. 쉽지는 않을 것이다. 흔들릴 때도 있을 것이다. 그러나 반드시 그렇게 해야지만 인생의 마침표를 찍을 때 후회의 눈물을 흘리지 않을 것이다. '이만하면 잘 살았다'라고 기쁨의 미소를 지으며 세상을 떠날 수 있다면 얼마나 좋겠는가.

생의 마지막 5분이 남긴 교훈
•

삶의 환희를 잘 묘사해주는 사례가 하나 더 있다.

한 남자에 대한 이야기다. 사회주의에 탐닉했던 그는 비밀결사대를 조직해 활동했다는 이유로 스물여덟 살의 나이에 사형을 선고받았다. 영하 50℃나 되는 추운 겨울날 형장으로 끌려갔다. 형장에는 기둥들이 세워져 있었고 한 기둥에 세 사람씩 묶였다. 그의 자리는 세 번째 기둥의 가운데였다.

시계를 보니 자신이 이 땅 위에 살아 있을 수 있는 시간은 5분밖에 남아 있지 않았다. 28년을 살아왔지만 단 5분이 이렇게 금쪽같이 여겨지는 건 처음이었다. 그는 이 시간을 어디에 쓸까 하고 잠시 생각했다.

형장에 같이 끌려온 사람들에게 마지막 인사를 하는 데 2분을 쓰고 오늘까지 살아온 생활과 생각을 정리하는 데 2분을 쓰기로 했다. 그리고 남은 1분은 자연을 한 번 둘러보는 데 쓰기로 했다. 이렇게 생각하면서 눈물이 가득 고인 눈으로 옆에 있는 두 사람에게 최후의 인사를 했다.

그리고 이제 자신에 대해 생각하려는데 문득 3분 후에 어디로 갈 것인가 하는 생각이 들면서 눈앞이 캄캄해지고 아찔해졌다. 28년이라는 세월이 너무나 헛되게 느껴졌다. 다시 시작할 수만 있다면 하는 생각이 절실했지만 이미 돌이킬 수 없었다.

총에 탄환을 장전하는 소리가 났고, 견딜 수 없는 죽음의 공포가 엄습했다. 바로 그 순간 한 병사가 흰 손수건을 흔들면서 달려왔다. 황제의 특사령을 가지고 온 것이다. 그는 그렇게 기적적으로 살아났다.

그가 바로 러시아의 대문호 도스토옙스키다. 벼랑으로 내몰림으로써 비로소 삶의 소중함을 깨닫게 된 도스토옙스키는 이후 시간을 금쪽같이 아끼며 《죄와 벌》, 《카라마조프의 형제들》과 같은 불후의 명작을 남겼다.

만약 당신이 사형선고를 받고 사형집행일을 기다리고 있다거나 불치의 병에 걸려서 살 수 있는 날이 며칠 남지 않았다고 한다면, 삶을 어떻게 대하겠는가? 남은 짧은 인생을 어떻게 살겠노라고 다짐하겠는가? 이 질문에 대한 당신의 대답이야말로 당신이 어떤 삶을 살아야 할 것인가를 가장 정확히 말해주는 것이다.

마음 경영이 부실하면 후회만 낳는다
•

사이클 선수 랜스 암스트롱은 고환암을 이겨내고 투르 드 프랑스에서 7연패의 대기록을 이룬 인간승리의 상징이다. 2012년 가을 미국반도핑기구가 그의 약물복용 혐의를 뒷받침하는 보고서를 발표하기 전까지는 그랬다. 한순간에 그는 스포츠 역사상 최악의 사기꾼으로 전락했다. 그동안의 화려한 기록도 박탈됐다.

암스트롱은 《1퍼센트의 희망》이라는 책에서 "1퍼센트의 희망만 있어도 나는 달린다", "고통은 순간이지만 포기의 여파는 평생이다"라는 명언을 남겼다. 이제 암스트롱은 자신의 말대로 '고통의 순간'을 겪고 있다. 과거의 고통은 육체의 비중이 컸지만, 지금의 고통은 정신적 비중이 클 것이다. 그가 견뎌내야 할 고통은 '순간'을 넘어 꽤 오래갈 것 같다.

그는 하지 말았어야 할 일을 한 것에 대해 땅을 치며 통곡할 것이다. 잘못인 줄 알았을 때 즉시 그만뒀어야 했다. 잘못이 뭔지 뒤늦게 알게 된 어른의 비극이다.

이런 '어른 아이'가 어디 암스트롱뿐이겠는가. 사회적으로 물의를 빚고 파문을 일으키는 굵직한 잘못만을 이야기하는 게 아니다. 자기를 다스리지 못하거나 마음을 경영하지 못하는 것 같은 작지만 무시할 수 없는 잘못도 마찬가지다.

교만하거나, 거만하거나, 미워하거나, 잔인하거나, 불의를 겸한 소득을 얻거나, 악을 행하거나, 악한 꾀를 부리거나, 정직하지 않거나, 다툼을 일으키거나, 이간질하거나, 안 해도 될 말을 하거나, 입에 독을 머금었거나, 지혜롭지 못하거나….

위에 열거한 것들은 '부실한 마음 경영'의 대표적인 사례들이다. 이런 부실과 무관하다고 자신 있게 말할 수 있는 사람이 몇이나 될까. 고칠 일이면 고쳐야 하고, 털어낼 일이면 한시라도 빨리 털어버려야 한다. 그게 살 길이다. 그것이 정직의 길이요, 순수의 길이요, 공의의 길이다.

지금부터라도 마음을 고쳐먹는다면 우리는 인생을 다시 사는 셈이다. 지금 필요한 건 정신의 혁명, 영혼의 혁명이다. 잘못된 길이라면 되돌려야 하고, 부족하다면 채워야 한다. 자기 문제는 자신이 해결해야 한다. 해결해야 할 주체가 가만히 있는데 누가 나서서 해결해주겠는가.

오늘은 내 인생의 첫날이자 마지막 날

:

인생은 아름답다고들 한다. 고통이라고 말하는 사람도 더러 있기는 하지만. 왜 인생을 아름답다고 하는 걸까. 시간의 유한성 때문일까. 변화무쌍함 때문일까. 아픔과 슬픔, 기쁨과 희망이 비빔밥처럼 잘 버무려져 있기 때문일까.

모두 맞는 말이겠지만 인생이 아름답다고 하는 정의의 정점에 있는 것은 장래에 자신이 무엇을 하고, 어떻게 살 것인지를 진지하게 생각할 수 있기 때문이다. 스스로 생각하고 계획하고 실행함으로써 자기만의 명품인생을 그려나갈 수 있다는 의미다. 때로는 넘어져서 무릎이 까지기도 하고 코피를 쏟기도 하겠지만.

이처럼 명품인생을 그려나가야 함에도, 우리는 어리석고 연약하여 값진 인생의 가치를 망각하고 살아갈 때가 종종 있다. 시간, 한번 지나가면 다시는 돌아오지 않는 그 보물을 너무나도 허무하게 보내버리는 경향이 있다. 인생을 시간으로 설명하면 조금 더 실감이 날 것이다.

우리의 일생은 오늘의 연속이다. 오늘이 30번 모여 한 달이 되고, 오늘이 365번 모여 1년이 되고, 오늘이 3만 번 정도 모이면 일생이 된다. 오늘이 늘 있는 것은 아니다. 오늘이 끝나는 날이 언젠가는 홀연히 다가올 것이다. 누구는 인생을 찰나라고 하지 않았던가.

그러니 오늘 하루를 어떻게 무의미하게 보낼 수 있겠는가. 즐거우면서도 치열하게, 알차고 보람 있게 살아야 한다. 그래서 오늘 하루를 건강의 하루, 활동의 하루, 환회의 하루, 향상의 하루, 성취의 하

리셋, 유

루, 보람의 하루가 되게 해야 한다.

서양의 어느 철학자는 이렇게 말했다. "오늘이 네 인생의 첫날이라고 생각하고 살아라. 그리고 오늘이 네 인생의 마지막 날이라고 생각하고 살아라."

오늘이 인생 최초의 날이라면 큰 희망과 설레는 감격과 뜨거운 열정을 가지고 오늘을 열심히 살 수밖에 없다. 생각해보라. 학교에 처음으로 입학하는 날, 회사에 입사한 날, 결혼이 시작되는 신혼의 날, 첫 아기가 태어나던 날들을….

또 오늘이 인생 최후의 날이라고 생각하면 지금 하고 있는 모든 일에 심혈을 쏟고 혼을 담을 수밖에 없을 것이다. 오늘이 인생의 마지막 공부의 날이요, 마지막 식사의 날이요, 마지막 만남의 날이요, 마지막 활동의 날이기 때문이다.

최초의 날처럼 중요한 날이 없고, 최후의 날처럼 뜻깊은 날이 없다. 오늘을 평범한 날이라고 생각해서는 안 된다. 오늘은 결코 두 번 다시 오지 않는다. 오늘은 감사의 날이요, 비범한 날이요, 위대한 날이요, 은총의 날이요, 희열의 날이요, 행복의 날이다.

그러므로 우리가 해야 할 일은 오늘을 사랑하고, 충실하고, 감사하는 것이다. 그렇게 살다 보면 좋은 결과가 있기 마련이다. 물론 때때로 실패도 있기는 할 터이다. 이진명 시인의 말대로 '안 되면 안 되는 대로 안 된 것으로 된 것이고'를 받아들일 줄도 알아야 한다. 사회적으로는 성실한 실패를 관용으로 받아들이는 성숙한 문화가 정착돼야 한다.

자신의 리듬에 따라 수영하라.
비록 그것이 조류에 역행할지라도.

: 짐 콜린스 :

5장

자신에게 충실하기

| 재탄생한 나 맞이하기 |

철저히 혼자만의 시간으로
나를 찾아 나서라

인생의 완성도와 밀도를 높이려면 어떻게 하면 될까? 절대적인 고요함을 찾기 위한 혼자만의 시간을 가져보는 것도 좋은 방법이다. 혼자만의 시간을 통해 경험하는 충족감은 바쁜 일과 때문에 빼앗긴 잠을 보충하는 것이나 밀린 일을 모두 해치웠다는 느낌과는 비교조차 할 수 없다. 혼자만의 시간을 통해 충족감을 얻은 사람은 삶을 온전히 음미할 수 있다. 혼자만의 시간은 결국 사람의 얼굴을 밝게 하고, 다른 사람들에게도 긍정적인 영향을 끼친다.

혼자만의 시간을 가지면 문제를 보는 시야가 넓고 깊어진다. 아무리 어려운 상황에서도 현재 자기 앞에 놓여 있는 도전이 '삶이냐 죽음이냐'의 거창한 문제가 아니라 사소한 장애물에 지나지 않는다는

리셋. 유

것을 알게 된다.

또 혼자만의 시간을 가지면 완고한 자세로 버티고 서서 다른 누군가가 먼저 화해의 손길을 내밀기를 기다리지 않는다. 대신 먼저 전화하고, 먼저 마음의 문을 열고, 먼저 사과하고, 먼저 용서함으로써 마음의 평화를 얻을 수 있다.

그리고 혼자만의 시간을 통해 내적인 평화를 얻으면 요구, 필요, 욕망, 걱정 등으로 말미암은 마음의 혼란을 줄일 수 있다. 마음의 혼란이 줄어들어 평상심을 유지할 수 있으면, 목표에 집중하여 온 힘을 쏟을 수 있어 원하는 바를 쉽게 이뤄낼 수 있다.

일에 집중하여 바쁘게 사는 것은 좋은 일이다. 그러나 바쁜 게 너무 지나쳐 인간다움을 잃고 삶의 중요한 본질을 놓치고 산다면 어떻게 해야 할까. 바쁘다는 것은 언뜻 근면한 삶을 사는 것처럼 보여 칭찬받을 일 같지만 꼭 그런 것만은 아니다. 너무 열심히 살아서 여유가 없는 삶은 인생의 다음 단계를 어렵게 할 수가 있다.

현대인의 비극은 너무 많은 시간을 너무 많은 사람과 함께 보내는 데 있다. 사방이 열려 있는 삶을 살아가기에 다른 사람의 영향에서 벗어날 수가 없다. 그래서 때로는 자신이 의도하고 계획한 적극적인 삶을 살지 못하고 타인의 의도와 기대에 부응하는 피동적인 삶을 살기도 한다.

여유가 필요하다. 자신을 돌아보고 점검할 수 있는 시간적 여유를 확보해야 한다. 바쁜 삶을 사는 사람일수록 더 그렇다. 자신을 돌아볼 여유도 없이 열심히 사는 것은 조금 게을리, 조금 덜 빛나게 사는 삶보다 오히려 못하다.

얼마나 바쁘건 해야 할 일이 얼마나 많건 간에 혼자만의 시간을 가져야 한다. 혼자만의 시간은 자신을 다듬어가는 시간이요, 자신을 넓혀가는 시간이다. 혼자만의 시간을 통하여 자신을 완성해가는 작업을 해야 한다. 자기 자신을 이기는 것은 남을 이기는 것보다 중요하다. 자신과의 싸움에서 승리하기 위해서는 혼자만의 시간이 절대적으로 필요하다.

현대인에겐 혼자만의 시간이 절실하다

얽히고설킨 관계 속에서 현대인은 혼자 지내기가 어렵다. 관계의 늪에 빠진 것이다. 생각할 겨를도 없이 바쁘게 살다 보니 자신의 정체성마저 희미해진다. 거미줄처럼 연결되고 뒤섞인 관계 속에서 나를 잊은 채 살아가고 있는 것이다. 사람들이 "나는 누구인가?"라고 자문하게 되는 것도 그 때문이다. 아직 늦지 않았다. 지금이라도 자신을 찾아 나서야 한다.

혼자만의 시간을 확보하기 위해서는 전략적으로 시간을 할애해야 한다. 물론 틈새 시간을 활용할 수도 있다. 혼자만의 시간은 나를 발견하기 위해 내면 깊숙이 들어가는 탐구의 시간이자 진실의 시간이다. 그리고 꿈을 꾸고, 꿈을 실현할 설계도를 그리고, 꿈을 실현하기 위한 마음의 근력을 강화하는 시간이다.

리셋. 유

그렇기에 가능하다면 혼자만의 시간을 집중적으로 갖는 것이 낫다. 5분짜리 시간을 열두 번 확보하는 것보다 한 번에 한 시간을 확보하는 것이 좋다는 말이다.

내 경험상 가장 좋은 시간은 일과가 시작되기 전 한두 시간, 혹은 모든 사람이 잠들어 있는 심야의 한두 시간이었다. 그 시간에는 전화벨도 울리지 않고, 무언가를 요구하는 누군가의 목소리도 들리지 않기 때문이다. 절대 적막의 어두운 공간에 홀로 앉아 눈을 감고 명상에 몰입하면 오직 광활한 우주에 혼자만 있는 느낌이다.

수면시간이 조금 부족해지더라도 아침 일찍 일어나보라. 자신만을 위한 시간을 가지는 것은 고단한 현실과 싸워나가는 데 필요한 에너지원을 얻는 것과 같다. 뭔가 새로운 기운이 솟고 평화로움에 젖어드는 기분을 느끼게 된다. 나의 세계를 넓혀주는 혁신의 시간이자 상처받은 마음을 치유하는 따뜻한 힐링의 시간이기도 하다.

이른 아침에 잠깐이라도 조용한 사색의 시간을 가진 사람은 하루의 나머지 시간이 비록 힘들고 고달플지라도 수월하게 보낼 수 있다. 혼자만의 시간을 갖지 못한 날과는 그 차이를 확연히 느낄 수가 있다.

마음이 평화로운 사람들은 대부분 매일 짧게나마 혼자만의 시간을 가진다. 그것이 10분 동안의 명상이든, 자연 속에서 잠시 취하는 휴식이든, 따뜻한 물줄기로 기분을 전환하는 샤워시간이든 상관없다. 홀로 자신의 존재 이유를 생각하며 보내는 조용한 시간은 인생에서 절대 없어서는 안 될 부분이다.

일출을 감상하거나 숲 속을 거닐면서, 조용한 거실에서 명상을 하면서 완전한 고요함이 자기 안에서 물결처럼 퍼져 나가는 기쁨을 느껴보라. 고요함 속에서만 들리고 어둠 속에서만 보이는 것들과 친숙해지면 내 안에 잠들어 있던 또 하나의 나, 또 하나의 세상을 발견하게 될 것이다.

고요함을 즐기는 사람은 흰 구름과 소나무 한 그루를 보고도 도를 깨닫는다. 삶의 이치를 깨달은 사람에게는 가는 곳마다 즐거운 세상이 아닐 수 없고 만나는 사람마다 편함이 없을 수 없다.

고요함을 즐긴다는 것은 혼자만의 시간을 가진다는 말이다. 혼자만의 시간은 전략적인 휴식이자 적극적인 고독이다. 휴식의 여유와 고독의 향기를 느낄 수 있다. 혼자만의 시간을 통해 얻을 수 있는 유익은 적지 않다.

복잡한 머릿속을 정리할 수 있고, 가치관을 확고하게 할 수 있다. 자신의 내부에 힘이 샘솟는 물줄기를 갖게 되며, 자신을 성장시킬 수 있다. 또 삶의 방식을 되돌아보고, 과거의 실패에 정면으로 맞설 기회를 가질 수 있으며, 자신의 미래 모습을 설계할 수도 있다.

객관적이고 냉정한 자세로 열광했던 때를 돌이켜본 다음에야 그 열광의 도가니가 부질없었음을 알게 되듯이 분주함에서 벗어나 한가함으로 들어가 본 후에야 여유로움이 얼마나 큰 선물인지를 깨닫게 된다. 이것이 혼자만의 시간을 통해 깨닫게 되는 세상의 이치다.

리셋, 유

어떻게, 무엇을 생각할 것인가

●

'生卽思생즉사'라는 말이 있다. 산다는 것은 곧 생각하는 것이라는 말이다. 데카르트의 "나는 생각한다, 고로 존재한다"라는 명언도 생각난다. 생각하지 않는 사람은 없다. 누구나 생각한다. 그러나 생각하는 것이 중요한 것이 아니라 어떻게 생각하느냐, 무엇을 생각하느냐가 중요하다. 생각의 방법과 내용이 중요한 것이다.

사기꾼은 어떻게 하면 사기를 칠까를, 도둑은 어떻게 하면 남에게 들키지 않고 도둑질할 수 있을까를 생각한다. 유괴범은 어떤 방법으로 어린애를 유괴할까를 고민한다. 그들은 밤낮 악한 것을 생각한다. 악한 생각은 악한 인간을 만든다. 악한 생각을 해서는 안 된다. 부정적인 사고, 비판적인 사고, 독선적인 사고, 편협한 사고도 마찬가지다.

나를 발견하고 찾아가는 혼자만의 시간에는 긍정적이고 발전적인 생각을 해야 한다. 예를 들면 이런 생각들이다.

"나는 지금 어디에 관심을 쏟고 있는가?"

"시간관리는 잘하고 있는가?"

"나는 지금 목표를 달성하는 데 도움이 되는 습관을 계발하고 있는가?"

"내가 지금 하고 있는 이 일이 내가 기대하고 꿈꾸는 인생을 만드는 것과 연관이 있는가?"

"나는 발전하고 있는가?"

"나의 소통방법에는 문제가 없는가?"

"나는 어떻게 기억되고 싶은가?"

혼자만의 시간을 통해 스스로에게 이러한 질문들을 던져보아야 한다. 그리고 이 질문에 거짓 없이 정직하게 대답해야 한다. 스스로에게 질문하고 대답하는 것만으로도 삶을 어떻게 살아야 할지를 깨닫는 데 큰 도움이 된다.

유감스럽게도 많은 사람이 마음을 살찌우는 일에 시간을 투자하기보다는 쇼핑하거나, 커피 마시며 수다를 떨거나, 자동차를 꾸미거나, 텔레비전 드라마를 보거나, 의미 없는 전화통화를 하는 데 더 많은 시간을 쏟는다.

나이가 들수록 우리는 각별히 노력하지 않으면 나와 비슷한 사람들의 세상에 갇히게 된다. 나와 다르면 어울리는 것이 불편해지기 때문이다. 생각이 없으면 행동을 바꾸는 것이 불가능하다. 생각하는 습관을 들여야 한다. 그 생각은 소통의 생각이어야 하고, 확장의 생각이어야 하고, 풍성함을 향한 생각이어야 한다.

만일 사람들이 혼자만의 시간을 가진다는 것이 자신의 미래를 결정짓는 데 얼마나 중요한 역할을 한다는 점을 이해한다면 분명 시간을 이전과는 다르게 활용할 것이다. 티끌 모아 태산이라고 했다. 바쁘기도 하고 귀찮기도 하겠지만, 매일 조금씩 짬을 내서 혼자만의 시간을 가진다면 인생이 달라지고 운명이 달라질 것이다.

혼자만의 시간을 갖기 전에 꼭 해야 할 일이 하나 있다. 스마트폰을

리셋, 유

끄는 것이다. 이왕이면 컴퓨터도 끄면 더 좋다. 전원 버튼을 누르기만 하면 된다. 철저히 혼자만의 시간을 갖기 위한 준비다.

'혼자'와 '함께'가
공존하는 삶

함께하는 삶을 살아야 한다. 그리고 이왕이면 함께하는 사람들에게 웃음을 줄 수 있고 미담이 될 수 있는 삶을 살아야 한다. 도움을 주고 삶의 의미를 더해주는 선의지로 가득한 삶이어야 한다.

그런 삶을 살기 위해서는 자신을 다른 사람들과 비교해서는 안 된다. 각자 부여받은 달란트가 다르므로 자신을 남과 비교하는 것은 어리석은 일이다. 내가 어떻게 김수환 추기경의 삶을 살 수 있으며, 내가 어떻게 셰익스피어의 삶을 또는 TV에 나오는 아이돌의 삶을 살 수 있겠는가.

물론 다른 사람들을 보고 있노라면 그들이 자신보다 재치 있고, 지혜롭고, 활기가 넘치고, 능력 있고, 개성이 강하며, 더 많이 배웠을 거

리셋, 유

라는 생각이 들기도 할 것이다. 그건 맞을 수도 있고 틀릴 수도 있다.

그러나 중요한 것은 그들의 성공 여부가 나의 성공과는 전혀 상관이 없다는 사실이다. 그러니 자신을 다른 사람과 비교한다는 것은 시간 낭비일 뿐이다. 배울 점이 있으면 배우고 본받지 말아야 할 점이 있으면 버리면 그만이다.

남과 비교하는 것만큼이나 어리석은 삶은 자신의 부족하고 결핍된 면을 부끄러워하고, 그 결함을 숨기기 위해 노력을 기울이는 것이다. 이런 삶이 어리석은 이유는 자신의 능력을 위축시키고 무한한 잠재 능력의 계발 가능성을 원천봉쇄해버리기 때문이다. 이 소중한 시간을 자신의 결함을 가리고 싸매는 데 소모한다는 것은 너무나도 안타까운 일이다. 사실 남들은 나의 부족과 결핍과 결함에 별 관심이 없는데도 말이다.

성공은 각자가 타고난 권리이기는 하지만 결코 그냥 주어지지는 않는다. 삶에 대해 철저하게 책임을 지려는 자세가 필요하다. 자신의 개성을 인정하고 자신에게 주어진 잠재능력을 최대한 활용하려는 태도가 필요하다. 성공의 필요충분조건은 오직 자기 자신이 이 세상에 존재한다는 사실뿐이다.

우리 모두는 각자의 인생을 다스려야 하고, 자신의 얼굴을 가꿔야 하며, 자신의 노래를 불러야 한다. 우리는 누구를 따르도록 이 세상에 보내진 존재가 아니다. 자신의 운명은 자기가 개척해나가야 한다. 행복하고 풍요로운 삶을 살고 싶다면 자기 자신의 공을 튀어 오르게 해야 한다. 그것이 우리의 존재 이유다.

자신의 색깔로 삶을 칠하다

•

혹시 '왕따'가 되어본 적이 있는가? 따돌림받거나 소외당하는 느낌은 무척 고통스럽다. 그래서인지 우리는 어렸을 때부터 사람들에게 호감을 받기를 원하고 그룹의 일원이 되고 싶어한다. 또 어른이 되어서도 튀지 않으려고 대부분은 사회가 만들어놓은 규칙에 순응한다.

사람들은 소외당하지 않으려는 보호 본능에서 자신을 남들과 구별해주는 개성을 기꺼이 없앤다. 자신의 진실한 가치와 자기다움을 비워내고 자신과 잘 맞지도 않는 다른 것들로 채운다. 그리고 그것이 마치 진실한 자기 자신인 양 살아간다.

물론 그렇게 만들어진 인위적인 자신이 다른 사람들에게 인정받거나 존경받을 수도 있다. 그러나 그럴 때도 마음이 편치만은 않다. 사람들이 인정하는 것이 진정한 내가 아니라 겉으로만 드러난 이미지에 불과하다는 것을 스스로는 잘 알기 때문이다.

다른 사람들에게 보이는 이미지에 너무 많은 신경을 쓴다는 것은 자신이 진정으로 바라는 소망이나 목표가 없다는 것을 의미한다. 설령 소망이나 목표가 있다 하더라도 자신의 신념을 호주머니 속에 감춰두고 남의 기대에 맞춰 결단을 내린다면 어떠한 일을 해도 진정한 성공에 도달하지 못한다.

스스로를 일정한 틀 속에, 남들의 기대 속에 가둔 채 천편일률에 자신을 적응시키는 것은 자기를 기만하는 행위다. 이 경우 설사 성공한다고 해도 실패한 것처럼 느껴질 수도 있다. 다른 사람들과 같이 있어도 외롭다고 느껴질 수도 있다. 진정한 성공과 인정, 진정한 정신적 고양과 행복은 오직 진정성을 통해서만 우러나오기 때문이다.

우리는 운이 좋은 사람들이다. 가식적인 천편일률에서 벗어나 자신만의 고유한 정체성의 길로 들어설 시간이 아직은 남아 있기 때문이다. 현재 서 있는 곳에서 자신만의 독창적인 표현법으로 삶을 채색할 기회가 있기 때문이다. 원대한 꿈과 이상을 향해 아주 작은 발걸음을 옮겨놓을 기회가 아직 우리 앞에 놓여 있기 때문이다.

질투는 무지, 모방은 자살

•

구직자가 면접관 앞에서 범하는 최대의 실수가 무엇인지 아는가? 자기 자신이 되려고 하지 않는다는 것이다. 진실해야 할 구직자가 면접자의 비위에 맞을 대답만 골라서 한다는 말이다. 이런 태도는 직장을 구하는 데 결코 도움이 되지 않는다. 왜냐하면 위선자와 위조지폐를 탐내는 면접관은 없을 것이기 때문이다.

노래를 예로 들어보자. 대개 노래를 잘하려고 의욕을 앞세우다 보면 목소리에 힘이 들어가게 돼 듣는 사람의 공감을 끌어내기가 어려워진다. 그러나 자신의 감정을 담은 소리는 아무리 작더라도 반드시 공명을 일으켜 듣는 사람을 감동시킨다.

진실함이 중요한 이유는 그 속에 강한 힘이 있기 때문이다. 그 강한 힘은 상대를 무장해제시킨다. 무장해제를 시킬 뿐 아니라 상대의 자발적인 호응도 이끌어낼 수 있다.

영어에 'Integrity'라는 단어가 있다. '진실성, 완전한 상태, 온전함' 등으로 번역된다. 사람으로 말하면 자신이 가진 가치관이나 신념, 원칙에 따라 한결같이 행동하는 사람이다. 겉과 속이 다르지 않은 사람, 말과 행동이 일치하는 사람, 사람들 앞에서 하는 말과 행동이 혼자 있을 때 하는 언행과 다르지 않은 사람이다. 쉽게 말하면 늘 자기 자신인 사람이다.

주변 사람들의 목표와 가치관, 인생관을 마치 내 것인 양 선택하는 순간 진실한 자아는 그 자리에서 사라져버린다. 재능과 꿈, 열정과 이상, 순수한 감수성도 순식간에 빠져나간다. 자기 자신이 돼야 한다. 비록 볼품없고 부족하고 실수투성이라 할지라도 당당한 자기 자신이 돼야 한다. 이것은 이류 셰익스피어, 삼류 베토벤이 되는 것보다 훨씬 가치가 있다.

우리 각자는 지구상에 유일한 존재다. 자신만의 유전자와 환경, 경험으로 현재의 모습을 갖추고 있다. 좋든 싫든 자기 자신의 정원을 가꾸어야 하며, 좋든 싫든 인생이라는 무대에서 자기 자신의 노래를 불러야 한다.

진정한 자기 자신이 돼야 한다. 자기 자신에 충실해야 한다. 기회는 널려 있으며, 자신의 한계를 미리 정해놓지만 않으면 모험은 얼마든지 가능하다. 에머슨은 《자기 신뢰》라는 책에서 이렇게 말했다. '질투는 무지이며, 모방은 자살이다'라고.

리셋, 유

행렬 애벌레의 운명

•

행렬 애벌레라는 이름의 곤충이 있다. 이 작은 곤충은 자연계에서 가장 뛰어난 모방자다. 다른 애벌레의 행동을 모방하는 데 선수들이다. 곤충의 이름이 이렇게 지어진 것도 일렬로 서서 떼를 지어 다니는 습성에서 유래했다.

수년 전에 프랑스의 한 과학자가 행렬 애벌레의 습성을 알아보기 위해 실험을 했다. 커다란 화분에 깨끗한 물과 애벌레들이 좋아하는 나뭇잎을 가득 채웠다. 그리고 몇 마리의 행렬 애벌레를 화분의 가장자리에 올려놓았다.

예상대로 애벌레들은 맨 앞에 있는 애벌레를 따라서 화분의 가장자리를 돌기 시작했다. 행렬은 쉬지 않고 몇 시간, 며칠이고 계속됐다. 오직 맹목적인 본능에 집착한 애벌레들은 일주일 동안 쉬지 않고 행진한 후에 모두 굶어서 죽어버렸다. 모방 본능이 너무 강해서 물과 음식을 바로 옆에 두고도 행렬에서 벗어나지 않은 것이다.

우리 인간들도 행렬 애벌레처럼 강한 집단 본능을 가지고 있다. 우리가 뛰어난 모방자인 것도 그 때문이다. 그러나 다행인 것은 우리의 집단 본능은 행렬 애벌레의 그것과 달리 우리의 사고능력으로 균형을 잡을 수 있다는 점이다. 어리석은 무리에서 떨어져 나오는 선택을 할 수 있는 것이다.

우리는 우리를 부정, 분노, 다툼, 저주, 악행 등 미련한 자가 되는 곳으로 이끌어가는 행렬에서 벗어나기를 선택할 수 있다. 그리하여 긍정, 인내, 화합, 축복, 선행 등 지혜로운 자가 되는 곳으로 이끄는 행렬에 동참할 수 있다. 나아가 그 행렬에서 자기만의 빛깔로 세상을 더 밝고 조화롭게 할 수 있다.

우리는 행렬 애벌레처럼 어리석게 행동하도록 이 세상에 보내진 것이 아니다. 우리는 우리를 둘러싼 획일성의 벽을 깨뜨려야 한다. 어리석음을 따르느라 삶이 낭비되도록 내버려두어서는 안 된다.

우리 모두는 자신의 삶을 주도적으로 영위할 능력과 지혜를 부여받았다. 그것을 깨닫지 못한다면 일생을 행렬 애벌레처럼 낭비하게 될 것이고, 결국에는 '인간 애벌레'가 되고 말 것이다.

빙하처럼, 또 바보처럼
:

"진정 위대한 삶은 빙하와 같은 삶이다. 빙하는 산을 뚫고, 앞을 가로막는 모든 것을 파괴하며 나아간다. 하지만 빙하가 지나간 자리에는 머지않아 풀과 야생화 그리고 나무가 다시 자라난다. 위험한 길이 아름답고 파릇파릇한 계곡이 된다. 비옥한 흙이 있고, 시내가 넘쳐흐르며, 생명이 솟구치는…" 철학자 프리드리히 니체의 말이다.

니체는 빙하처럼 자신이 살고 있는 문화의 비합리적이고 불합리한 규범을 파괴하고 군중 속에서 탈피하라고 말한다. 그리고 자신의 기준대로 살 것을 촉구한다. 자신의 기준대로 산다는 것은 자기만의 빛깔을 낸다는 것을 말하고, 철저히 자기 자신이 된다는 것을 의미한

리셋, 유

다. 설사 왕따가 되고 이단 취급을 당하는 한이 있어도 말이다.

그렇다고 자기 자신이 된다는 말이 자기 자신만을 아는 편협한 독불장군이 되라는 말은 아니다. 교만해서는 안 된다. 오만해서도 안 된다. 성경에 '교만은 멸망의 선봉이요 겸손은 존귀의 길잡이'라는 말이 있다.

세상은 혼자서는 살 수 없는 곳이다. 독야청청할 수만은 없는 게 인생이다. 서로 어깨를 부딪고 가슴을 터놓으며 같이 웃고 울면서 살아가야 한다. 소통하며 살아야 하고 조화를 이루며 살아야 한다. 독립 관계는 의존 관계와 조화를 이루어야 한다. 혼자 서겠다는 욕구는 함께 서겠다는 욕구와 조화를 이루어야 한다. 파괴하려는 욕구는 고쳐서 완전하게 하려는 욕구와 조화를 이루어야 한다.

자기 자신이 된다는 건 무엇을 말하는 것일까? 자기를 사랑하는 것이고 내 안의 나와 진실한 소통을 하는 것이다. 이건 또 무슨 말인가? 그 해답을 한 자화상에서 찾을 수 있을 것 같다.

〈바보야〉라는 제목의 자화상이 있다. 2009년 2월에 선종한 김수환 추기경이 2007년 5월에 그린 것이다. 동그란 얼굴에 눈 코 입을 그리고는 얼굴 밑에 '바보야'라고 적었다. 추기경은 나중에 이렇게 설명했다.

"있는 그대로 인간으로서, 제가 잘났으면 뭐 그리 잘났고 크면 얼마나 크며 알면 얼마나 알겠습니까. 안다고 나대고, 어디 가서 대접받길 바라는 게 바보지. 그러고 보면 내가 제일 바보같이 산 것 같아요. (…) 사람은 정직하고 성실하고 이웃과 화목할 줄 알아야 합니다. 어려운 이웃을 돕고 양심적으로 살아야 합니다. 그걸 실천하는 게 괜찮은 삶이지요."

결국 자기 자신이 된다는 건 빙하처럼 사는 것이고 바보처럼 사는 것이다. '혼자'와 '함께'가 공존하는 삶을 사는 것이다.

오늘은 오늘의 접시만
닦으면 된다

30대에 이미 100만 달러를 벌었고, 40대에는 세계 최대의 회사 중 하나를 설립한 남자가 있었다. 그러나 50대에 그는 번민에 사로잡히게 되었다. 번민과 긴장의 생활이 계속되면서 그의 모습은 미라처럼 변해갔다.

끊임없이 계속되는 일과 그칠 줄 모르는 번민, 불면의 밤, 운동부족은 세계 제일의 부호인 그를 굴복시켰다. 그의 일주일 식비는 2달러에도 미치지 못했다. 발효시켜 시큼해진 조금의 우유와 서너 개의 크래커가 의사가 허락한 음식의 전부였다. 피부는 윤기를 잃었고, 마치 구겨진 종이가 뼈를 둘러싸고 있는 것 같았다. 당시 그의 나이는 쉰세 살이었다.

그는 젊었을 때부터 돈벌이가 있다는 뉴스를 들을 때 이외에는 웃는 얼굴을 보이지 않았다. 돈에 대해서는 한마디로 미치광이였다. 친형제들도 그를 극도로 싫어했다. 그의 비윤리적인 경영과 경쟁자들에 대한 가혹한 술책은 그를 지역에서 가장 미움받는 사람으로 만들었다.

사무실로는 매일같이 증오와 저주로 가득 찬 협박 편지들이 날아들었다. 그중에는 그를 본뜬 인형의 목에 밧줄을 걸어 나무에 매단 것도 있었다. 그는 두려움에 떨었지만 애써 태연한 척했다.

그러나 극도의 번민으로 말미암은 불면증과 소화불량, 대머리 등 육체적 증세는 부정할 도리가 없었다. 의사들은 그에게 최후통첩을 했다. 돈과 번민, 생명 중에서 하나를 택하라고 했다. 은퇴하든가 죽든가 둘 중 하나를 선택할 수밖에 없는 절체절명의 순간이었다.

그는 은퇴했고, 오랫동안 반성의 시간을 가졌다. 그가 반성의 시간을 마치고 깨달음을 얻은 후 교회에 기부하기를 원했을 때, 전국의 교회들은 '부정한 돈'을 어디다 내놓느냐고 부르짖었다. 그러나 그는 여전히 기부를 계속했다.

수백만 달러를 기부해 지금은 세계적으로 명성을 떨치고 있는 시카고 대학교의 기초를 확립했고, 십이지장충을 박멸하기 위해 노력했다. 그의 이름을 딴 재단도 만들었다. 재단의 이름은 록펠러재단이고, 그의 이름은 록펠러다. 쉰세 살에 죽을 수도 있었던 록펠러는 45년이 더 지난 아흔여덟 살까지 살았다. 번민을 극복했기에 가능한 일이었다.

고민의 실체 파악하기

•

록펠러는 번민에서 자유로워졌기에 45년을 더 살 수 있었다. 번민은 우리의 뼈를 상하게 하고 수명을 짧게 한다. 그러므로 우리는 건강을 위해서라도, 장수를 위해서라도 번민을 없애야 한다.

번민, 즉 염려를 없애는 방법은 간단하다. 남과 비교하지 않으면 되고 욕심부리지 않으면 된다. 남과 비교하니까 욕심이 생기고 불만이 생기고 무리수를 두게 되고 염려가 생기는 것이다. 그리고 자족하는 삶, 절제하는 삶, 여유로운 삶을 살면 된다.

여기서 걱정과 고민의 차이점도 짚고 넘어가자. 걱정은 해답도 없고 해결방안도 없는 것이다. 걱정한다고 해서 우리가 얻을 수 있는 것은 아무것도 없다. 반면 해결방안이 나오거나 해답을 찾을 수 있는 것이 고민이다. 고민은 하면 할수록 더 좋은 해답을 찾을 수 있다.

사람들이 고민하는 것이 어려운 상황 때문인 것처럼 보이지만 실상은 그렇지 않다. 우리가 하는 고민 그 자체가 우리를 괴롭게 하는 것이다. 고민을 없애기 위해서는 오늘의 테두리 안에서 살아야 한다. 지난 일 때문에 후회하거나 고민해서는 안 된다. 앞날의 걱정을 미리 당겨서 할 필요도 없다. 내일 일은 내일로 미룰 수 있어야 한다. 그래야 시간을 낭비하지 않고 오늘 할 일을 잘 마치고 더 나은 내일을 준비할 수 있다.

만일 당신에게 지금 고민거리가 있다면, 치열하게 고민해야 한다. 그래서 해결책을 찾는다면 즉시 행동으로 옮기면 된다. 그러나 아무리 고민해도 해결책이 떠오르지 않는다면 그것은 걱정거리일 뿐이다. 종이에 적어 책상 맨 밑 서랍에다 넣어두라. 그리고 2주일쯤 지난 후에 그것을 꺼내 읽어보라. 그래도 역시 괴로우면 다시 서랍에 넣어두라.

끈질기게 기다리고 있으면 대부분의 걱정은 구멍 난 고무풍선처럼 바람이 다 빠진다. 시간이 해결해주는 것이다. 시간은 우리가 오늘 번민하고 있는 것도 해결해줄 것임이 틀림없다. '오늘은 어제 우리가 고민한 내일'이라는 점을 기억해야 한다.

고민을 해결하는 마술 같은 3단계의 공식이 있다. 첫째, 상황을 냉정하게 분석하고 일어날 수 있는 최악의 경우를 예측한다. 둘째, 최악의 상황을 감수할 것이라고 마음먹는다. 셋째, 정신적으로는 이미 받아들인 최악의 상황을 다소나마 완화하기 위해 최선을 다한다.

중요한 것은 사실을 객관적으로 정확하게 파악해야 한다는 것이다. 문제해결의 첫 단계이기 때문이다. 사실을 파악하지 않는다면 문제를 근본적으로 해결할 수 없으며, 혼란 속에서 방황만 할 뿐이기 때문이다. 혼란은 걱정의 중요한 원인이다.

찰스 캐터링이란 사람은 이렇게 말했다. "잘 쓰인 문제는 이미 절반이 해결된 것과 같다"고.

아인슈타인의 노트 2,500권

.
.

생각하지 않고 문제를 해결할 수 있는 편리한 방법은 없다. 인생이란 자기가 어떻게 해야 하는지를 선택해야만 하는 순간들의 집적이다. 산다는 건 고민하는 것이고, 고민하는 힘이 살아가는 힘이다. 진정한 자아도 고민을 통해 발견할 수 있다. 진지하고 치열하게 고민하는 것이야말로 이 복잡하고 어려운 시대를 잘 살아가는 방법이기도 하다.

우리는 기왕의 생각에 부합하는 사실만을 추구하는 경향이 있다. 자기의 행동을 정당화하는 사실, 희망적인 생각과 일치하는 사실만을 구함으로써 미리부터 생각해두었던 편견을 정당화하려는 경향이다.

따라서 우리는 사실을 객관적으로 파악하기 위해서는 자신을 위해서가 아니라 다른 사람을 위해서 하는 것같이 해야 한다. 자신을 괴롭히고 있는 어떤 문제에 대해서 사실을 수집할 때는 내 반대 측에서 변론을 준비하고 있는 변호사 입장이 돼야 한다.

객관적인 사실을 파악하는 것이 중요한 이유는 누구도 그 문제에 대해 현명한 판단을 내릴 수 없기 때문이다. 아인슈타인이 사망했을 때 그가 남긴 2,500권의 노트에는 그가 직면했던 문제에 대한 사실 파악 내용이 가득히 적혀 있었다.

심리학자들이 발표한 바로는 고민의 50퍼센트는 일단 명확한 결단을 내림과 동시에 소멸하며, 나머지 40퍼센트는 그 결단을 실행에 옮김으로써 사라져버린다고 한다. 고민의 90퍼센트를 결단과 실행으로 물리칠 수 있다는 것이다. 일단 결단이 내려져서 그 실행만이 남아 있을 때는 그 일의 결과에 대한 걱정은 완전히 버려야 한다.

스웨덴 속담에 이런 말이 있다. "슬픔의 새가 머리 위를 지나가지 못하게 막을 수는 없지만, 그 새가 당신의 머리에 둥지를 틀지 못하게 할 수는 있다."

고민에도 손절매가 필요하다
•

어떤 문제든 일정한 한도 이상으로 생각을 계속한다는 것은 혼란을 가중시키고 걱정거리만 만들어낸다. 정도 이상의 궁리나 생각은 때때로 해로울 수도 있다. 또 어느 때는 결단해서 행동한 후 뒤돌아보아서는 안 될 경우도 있다. 하찮은 일을 가지고 너무 중대하게 생각하는 것은 시간 낭비다.

증권시장에는 '스톱 로스 오더Stop Loss Order'라는 것이 있다. 일정 한도 이상의 손실을 방지하기 위해 사용하는 방법이다. 예를 들면 주당 1만 원에 산 것에 대해서는 9,000원으로 떨어지면 팔도록 주문을 해두는 것이다. 시세가 떨어지면 자동으로 매도가 이루어진다. 이에 따라 손실은 1,000원으로 끝나게 된다. 고민에도 어떤 한도 이상으로 하지 않도록 스톱 로스 오더를 달아놓는 것이 좋다.

고민하고 초조해하는 일의 90퍼센트는 결코 일어나지 않는다. 일어나지 않은 일, 일어날지도 모르는 일 그리고 인력으로는 어쩌지 못

리셋, 유

하는 일에 대해 고민한다는 것은 어리석은 짓이다. 고민도 습관이다. 자기 스스로 만든 일종의 나쁜 버릇에 지나지 않는다.

인생은 짧다. 그렇게 오래 살 수 없을지 모르니까 이제부터라도 살아 있는 동안은 유쾌하게 지내야 한다. 오늘 하루하루를 생의 마지막인 것처럼 즐겁고 여유롭게 살아야 한다. 일어나지도 않은 내일 일을 두려워하면서 고민할 필요는 없다. 쓸데없이 고민하는 시간의 절반이라도 문제해결을 위해 노력한다면 고민은 사라질 것이다.

고민은 심적인 혼란을 야기하고, 활력을 약화시키며, 성공을 좀먹는다. 오늘은 오늘의 접시만 닦아야 한다. 어제의 접시는 어제 닦았을 테고, 아직 더러워지지도 않은 내일의 접시까지 닦으려 할 필요는 없다. 이제 쓸데없는 고민거리들은 음식물 찌꺼기와 함께 한 덩어리로 묶어서 휴지통에 던져버려라.

내일의 무거운 짐에 어제의 무거운 짐을 겹쳐 오늘 그것을 짊어진다면, 아무리 강한 사람이라 할지라도 지치고 말 것이다. 그건 정말 미련한 짓이다. 행복은 우리가 얼마나 많이 가지고 있느냐보다 얼마나 즐거움을 누리느냐에 달려 있는 것이다.

길을 잃었다면,
멈춰 서 있지 말고 일단 움직여라

다리가 썩어들어가고 있다면 다리를 빨리 절단하는 것이 나머지 몸을 보존하는 방법이다. 머뭇거리다가는 타이밍을 놓치게 되고 결국 온몸이 썩어들어 죽게 된다.

아파트 가격이 떨어졌는데도, 은행대출이자 부담으로 재정적 압박이 심한데도, 옛날 높았던 아파트 가격을 생각하면서 매도 결정을 내리지 못한다면 재정적 부담을 키우게 된다.

이처럼 우유부단은 우리 삶에서 가장 큰 적이다. 결단력이 결여된 상태, 그래서 실패의 가장 큰 원인이 되기도 하는 것이 우유부단이다. 우리가 극복해야 할 최대의 장애물이다.

사회적으로 성공하거나 거대한 부를 이룬 사람들의 공통점은 신속한 결단력의 소유자라는 점이다. 결단을 내릴 수 있는 사람은 자기 확신이 있는 사람이다. 그들은 신속하게 결단을 내린다. 그리고 큰 변수가 없는 한 끝까지 밀고 나간다. 만약 결정을 변경해야 할 때는 시간을 갖고 신중하게 생각한 후에 또 다른 결단을 내린다.

반대로 인생에서 자신의 우수성과 탁월함을 발휘하지 못하고 있는 사람들은 예외 없이 결단은 느린 반면 그것을 변경할 때는 신속하며, 계획을 자주 변경한다는 공통점을 갖고 있다.

이들의 대부분은 귀가 얇아서 남의 의견에 쉽게 흔들린다. 주위의 떠도는 소문에도 쉽게 영향을 받는다. 앞에서도 이야기했지만 '의견'이라는 것은 세상에서 가장 싼 상품이다. 그리고 사람은 누구나 산더미 같은 '무책임한 의견'을 가지고 있다.

길을 잃어 오도 가도 못하는 처지가 됐을 때 방법은 세 가지다.

첫째, 일단 움직여보는 것이다. 가만히 있어서는 절대 그 자리에서 벗어날 수 없기 때문이다. 또 하나는 가만히 멈춰 서서 마음을 가라앉히고 곰곰이 생각해보는 것이다. 온 길을 찬찬히 되짚어보고, 주변의 지형지물을 세심히 살피는 것이다. 미처 발견하지 못한 길을 발견할 수도 있다. 마지막 방법은 출발 지점으로 되돌아가는 것이다. 원점으로 되돌아간다는 건 쉬운 결정이 아니다. 지난 노력을 헛수고로 돌리고 처음부터 다시 시작해야 하기 때문이다. 그러나 다른 길이 없다면 속이 쓰리더라도 출발 지점으로 되돌아가는 수밖에 없다.

인생은 선택의 연속, 결단의 연속이다.

신념의 호두알과 여섯 개의 감옥

:

"물기 위해서는 이를 단단히 해야 한다." 영어 표현으로는 'You need strong teeth to bite in'이다. 스승인 자리스키 미 하버드 대학교 교수가 제자 히로나카를 격려하며 한 말이다. 히로나카는 수학사에 남는 논문을 쓰고, 수학의 노벨상으로 불리는 필즈상을 받은 인물이다. 그의 신조는 끈기다.

물기 위해 이를 단단히 한다는 말은 신념을 견고하게 한다는 의미다. 견고한 신념을 가진 사람은 뿌리를 깊게 내렸기에 바람에 흔들리지 않는다.

래디컬radical이라는 단어는 흔히 '급진적'이라는 의미로 이해된다. 하지만 라틴어적 본래 의미는 '뿌리를 건드린다'는 뜻이다. 다시 말해 '보다 근본적으로 된다'는 의미다. 사람이 자기 삶의 기본, 자기 존재의 뿌리를 직시하고 직면하며 나아갈 때는 무서운 힘이 나온다. 그리고 그 힘은 인생의 길을 기어코 스스로 열고야 만다.

물기 위해 이를 단단히 하는 것, 자기 존재의 뿌리를 직시하고 앞으로 나아가는 것은 신념의 호두알을 주머니에서 꺼내 전면에 내세우는 것이다. 전면에 내세워진 신념은 남이 생각하지 못한 도전이며, 평균적인 사고를 뛰어넘는 것이다.

신념의 호두알을 꺼내는 순간 장애물이 앞을 가로막기 시작한다. 그 장애물은 신념을 흔들기 위한 부정적이고 회의적인 표현들이다. 사람들에게서 부정적인 평가를 받았을 때 계속 그 말에 신경을 쓰면

리셋, 유

서 시간을 보내는 것은 어리석은 짓이다. 자신에게 유익한 약으로 삼고 겸허하게 받아들이는 것이 좋다. 씀바귀를 먹을 수 있어야 그 후에 오는 단맛도 알게 되는 법이다. 신념을 향한 과정은 장애물과 희생이 가득한 순례자의 길이다.

사람에게는 여섯 가지 감옥이 있다고 한다. 자기도취의 감옥, 비판의 감옥, 절망의 감옥, 과거 지향의 감옥, 선망의 감옥, 질투의 감옥이 그것이다. 순례자의 길에서 만나게 될 이 감옥들의 유혹을 지혜롭게 물리쳐야 한다.

마음공장 돌리기

결단을 내리기 위해서는 여러 곳에서 수집한 정보를 토대로 자신의 치밀하고 종합적인 사고에 따라 판단해야 한다. 결단을 내리기 전에 주위로부터 정보나 의견을 모으고 싶다면 꼭 필요한 정보만을 받아들여야 한다.

정보를 구할 대상도 신중하게 골라야 한다. 대체로 어설픈 지식밖에 없는 사람들은 감 놓아라 배 놓아라 식의 아는 체를 잘한다. 친구나 친척 중에도 가볍게 농담하는 식으로 당신의 결단을 방해하는 사람이 있을 수 있다.

우리의 결단을 방해하는 요인은 곳곳에 널려 있다. 무엇을 선택해야 할지 모르는 것, 낮은 자존심, 자기 부정, 극단적으로 비대해진 이상적 자기상, 타인에 대한 지나친 의존, 사람들에게 사랑받아야 한다는 강박관념, 존경받고 싶다는 생각에 허세를 부리는 일, 완전주의, 더 나은 것이 나타나리라는 막연한 기대, 실패의 두려움….

우리는 모두 각자의 마음공장을 가지고 있다. 긍정을 재료로 넣으면 긍정의 결과물이 만들어지고, 부정의 재료를 넣으면 부정의 결과물이 나온다. 눈과 귀를 크게 열고 입술은 굳게 다물어야 하는 이유다. 그래야 우리의 마음공장에 좋은 재료들을 공급할 수 있다.

빈 깡통이 요란한 것처럼 지나치게 말이 많은 사람은 대개 무능하다. 만일 당신이 듣는 것보다 말을 많이 하는 타입이라면 유익한 정보를 얻기는커녕 오히려 아이디어를 도둑맞게 될 수도 있다. 주위에 있는 다른 사람들도 당신과 마찬가지로 모두 기회를 엿보고 있다는 것을 항상 염두에 둬야 한다. 그리고 시기하는 사람은 당신을 함정에 빠뜨리고 쾌재를 부를지도 모른다.

입은 다물고 눈과 귀를 크게 열어둬야 한다. 말이 행동보다 앞서서는 안 된다. 진실로 현명한 사람은 그 신중한 태도와 침묵으로 스스로 일어서는 법이다.

소크라테스의 독배
•

단호한 결단을 내리는 데는 용기가 필요하다. 때로는 생명까지 걸 정도로 매우 대담한 용기가 필요하다. 결단의 가치는 결단을 내리기 위해 어느 만큼의 용기가 필요한가에 따라 결정된다.

독배를 마신 소크라테스의 행위는 결코 타협하지 않는 용기 있는 결단이었다. 그는 전 생애를 정의의 문제에 바친 철학자다. 그는 '잘 산다는 것은 바르게 사는 것이다'라고 피력해왔다.

그가 독배를 마시기로 결단을 내린 것은 비록 부정한 재판으로 사형을 선고받았더라도, 그것을 또 다른 부정한 행위로 벗어나려 하는 것은 자신의 철학에 위배되는 일이기 때문이었다. 그가 정의를 관철하고 죽음으로써 정의라는 철학적 명제는 죽지 않고 계속 살아남을 수 있게 된 것이다.

"우리는 태어나면서부터 신 앞에 평등하고, 누구에게도 빼앗길 수 없는 천부의 권리를 부여받았으며, 그 안에 생명·자유·행복을 추구할 권리가 포함돼 있다는 것을 믿고…."

1776년 7월 4일 토머스 제퍼슨이 읽어 내려간 미국의 독립선언서 결의문이다. 이 결의문에 서명한 56명은 자신의 생명을 걸고 그 결단을 내렸다. 자신들이 희망하는 미래를 위해 생명까지 걸고 결단을 내린 것이다.

신속한 결단을 내리는 사람은 자신이 무엇을 원하는지를 정확히 알고 있는 사람이며, 또한 그것을 달성할 수 있는 능력이 있는 사람이다. 바꿔 말하면 명확하고 구체적인 목표를 갖고 있는 사람은 신속하고 단호하게 결단을 내릴 수 있는 사람이다.

어떤 분야에서든지 지도자는 빠르고 확고한 결단을 내리는 사람이다. 바꿔 말하면 그들은 확신에 찬 결단을 내릴 수 있었기에 지도자가 될 수 있었던 것이다. 여기서 가슴에 새겨야 할 진리가 하나 있다. 자신이 나아가야 할 바를 정확하게 인식하고, 그것을 목표로 삼아 행동으로 옮기는 사람에게만 리더가 될 기회가 주어진다는 사실이다.

가장 적당한 시기란 없다,
지금이 있을 뿐

당신은 아마 어떤 일을 하기에 '가장 적당한' 시기를 기다리느라 때를 놓친 적이 있을 것이다. 그러나 기다림은 부질없는 짓이다. 왜냐하면 가장 적당한 시기는 결코 오지 않기 때문이다. 우리는 항상 지금 서 있는 자리에서, 지금 가지고 있는 재능을 가지고 행동해야 한다.

도전을 즐기는 사람은 어떠한 어려움이나 장애물, 핸디캡도 극복할 수 있다. 인생의 대열에서 전진할 수 있는 사람은 진지한 자세로 도전하는 사람밖에 없다. 자신의 현재 상태에서 벗어나게 해줄 수 있는 사람도 자기 자신밖에 없다.

미국 기업 테슬라의 최고경영자는 온라인 결제대행 서비스 페이팔의 공동창업자 가운데 한 사람이었던 엘런 머스크다. 페이팔을 이베이에 매각하고 거금을 손에 쥐었을 때 머스크는 편안한 삶을 택할 수도 있었지만 현재에 머물지 않았다. 전기자동차와 우주왕복선 개발이라는 위험천만한 사업을 시작한 것이다.

그가 설립한 스페이스X에서 만든 우주선 드래건은 2012년 5월 국제우주정거장에 도킹한 첫 상업용 우주선이 됐다. 테슬라나 스페이스X가 사업적으로 크게 성공할지는 아직도 불확실하지만 꿈을 좇는 머스크의 도전 자세는 높이 평가할 만하다.

'외팔이 선수'로 격투기 돌풍을 일으켰던 이천시 설봉 무에타이도장의 김선기 관장도 도전하지 않으면 얻을 수 없다는 진리를 일깨워주는 사람이다. 고교 3학년 때 무에타이에 입문한 그는 스물두 살 때인 1996년 베어링공장에서 고장 난 프레스 기계를 고치던 도중 기계 오작동으로 오른팔을 잃었다.

그는 5개월 동안 입원해 있으면서 "팔이 하나 없으니 남들보다 더 열심히 살아야겠다"고 다짐했다. 그의 피땀 어린 노력은 그를 '무에타이 신화'로 만들었다. 만약 그가 도전하지 않았다면 그냥 한쪽 팔이 불편한 사람에 머물렀을 것이다.

신체적 장애는 문제가 되지 않는다
·

또 한 사람이 있다. 목 아래로 움직일 수 있는 부분이라고는 왼손 새끼손가락과 오른손 집게손가락뿐인 남자다. 천재 물리학자 스티븐 호킹 박사를 연상케 하는 전신장애의 몸으로 미국공인회계사AICPA 자격증을 따는 등 '도전 맨'의 삶을 살고 있는 박진영 씨.

고등학교 2학년 여름방학 때 동네 수영장에서 다이빙을 하던 중 실수로 목이 부러지는 사고를 당했다. 그는 장애 극복의 일환으로 국세청에서 인정해주는 시험에 모두 응시했다. 영어 2급, 부기 2급, 일반조사요원, 국제조세전문요원, 전산조사전문요원, 국제조사요원, PC 3급, 무역협회 인증 외환관리사 등등 수많은 자격증을 취득했다. 왼손 새끼손가락과 오른손 집게손가락만으로 글이나 타자를 치는 그는 거래 계약서만으로도 탈세 여부를 가려낼 수 있는 분석가가 돼 국제세무거래 분야의 스티븐 호킹이 되겠다는 포부를 키워나가고 있다.

덕수궁 돌담길에서 비가 오나 눈이 오나 무료로 가훈을 써주는 무우수인無右手人(오른손이 없는 사람) 조규현 씨도 그중 한 사람이다. 오른팔 팔목에다 망치를 붕대로 묶고 고정시켜 작업을 하는데 팔이 있는 사람보다 섬세하게 끌질을 한다.

손가락이 양손에 두 개씩만 있고 무릎 아래의 다리가 없는 선천성 사지기형 1급 장애인이면서도 아름다운 선율로 희망을 연주하는 피아니스트 이희아 씨도 있다.

지난 30년간 소외된 사람들에게 '사랑의 편지'를 보내며 큰 사랑을 일궈낸 키 1미터의 작은 거인 오아볼로 전도사 역시 불멸의 도전정신을 가진 사람이다. 어릴 때부터 온몸의 뼈가 부러지는 희귀병에 시달려온 중증 장애인인 그는 손도 발도 움직임이 자유롭지 않지만 한 글자 한 글자 힘겹게 자판을 눌러 생면부지의 탈선 청소년과 각종 범죄자들에게 희망의 메시지를 보내고 있다.

이들은 모두 무한한 도전정신과 인간의 한계를 시험하는 끝없는 인내를 통해 핸디캡을 극복하고 더 나은 삶을 살아가고 있다.

망설이지 말고 기회의 씨앗을 뿌려라
•

'만약 나에게 그런 일이 없었더라면' 하는 식의 비관적인 사고를 했다면 그들의 인생은 크게 달라졌을 것이다. 다행히도 그들은 '한쪽 팔이 없는데 어떻게 하면 상대를 이길 수 있을까', '손가락이 두 개밖에 없는데 어떻게 하면 피아노를 잘 칠 수 있을까' 하고 긍정적이고 방법론적인 사고를 했다.

또 '내가 과연 할 수 있을까' 하고 망설이는 시간이 길었어도 그들의 상황은 달라졌을지도 모른다. 망설임은 가장 보편적인 실패 요인 가운데 하나이기 때문이다. 망설임은 지금 이 순간에도 사람들의 그림자 속에 숨어서 성공을 망쳐버릴 기회를 엿보고 있다.

망설임과 우유부단함은 쌍둥이 형제와도 같다. 우리 마음속에 둘 중 하나가 있으면 다른 하나도 분명히 어딘가에서 배회하고 있다. 둘 다 도전의 걸림돌이다. 실패의 수렁에 빠져서 허우적거리고 싶지 않다면 이 둘의 숨통을 최대한 빨리 끊어버려야 한다.

인생 전체를 관통하는 삶의 목표나 성취하고자 하는 뚜렷한 목표가 없는 사람은 성공할 가능성이 없다. 남보다 앞서 가는 것을 바라지

리셋, 유

않을 정도로 삶에 무관심하고, 더 나은 결과를 위해 기꺼이 대가를 지불하려 하지 않는 사람이 어떻게 성공할 수 있겠는가. 그들은 아무런 희망도 없는 사람들이다.

이들처럼 도전정신이 부족해서 기회를 잡지 못한 사람들은 다른 사람들이 선택하고 남은 것을 차지할 수밖에 없다. 망설임, 즉 지나친 조심성은 너무 조심성이 없는 것과 같은 정도로 나쁜 습관이다.

인생이라는 이름의 주머니는 기회의 씨앗들로 채워져 있다. 그리고 씨앗을 뿌리고 물 주고 거름 줘서 잘 익은 열매를 수확하는 것이 우리가 살아가는 이유다. 사업의 성공과 경제적인 안정, 바람직하고 행복한 인간관계 등은 그것을 바라고 계획하고 행동하는 사람들에게만 주어진다. 자기 인생을 어떻게 경영할지는 전적으로 자신에게 달려 있다. 자기 책임이지 결코 다른 누구의 책임도 아니다.

아나톨리의 눈물
•

영화 〈허드슨 강변의 모스크바〉는 행동의 중요성을 일깨워준다. 로빈 윌리엄스 주연의 이 영화는 1970년대를 배경으로 미국 뉴욕을 방문했던 러시아 서커스단의 연주자 한 명이 망명하는 내용을 다룬 희극 영화다.

주인공은 두 사람, 그중 한 명인 로빈 윌리엄스는 서커스단에서 색소폰을 연주하는 블라디미르 역할을 맡았다. 30대 초반인 블라디미르는 모스크바의 비좁고 허름한 아파트에서 부모와 함께 산다. 또 한 사람은 블라디미르의 가장 절친한 친구이자 서커스단에서 어릿광대 역을 맡은 아나톨리다.

모스크바 서커스단이 뉴욕의 매디슨 스퀘어 가든에서 공연하게 되어 두 사람도 미국으로 온다. 어릿광대 아나톨리는 블라디미르에게 기회만 생기면 망명할 것이라고 입버릇처럼 얘기한다. 블라디미르 역시 자유를 꿈꾸고 있다.

그러나 블라디미르는 항상 아나톨리에게 망명의 현실에 대해 주의를 주곤 한다. 두 사람 모두 영어 실력도 형편없고, 가진 돈도 없다. 그리고 러시아 비밀경찰이 항상 그들의 행동을 감시하고 있다. 만약 망명 시도가 실패로 끝난다면 평생을 시베리아의 강제수용소에서 보내야 한다.

이들이 탄 버스가 공항으로 가던 도중 백화점 쇼핑을 위해 10분간 정차하면서 망명을 위한 절호의 기회가 주어진다. 짧은 쇼핑을 마친 후 러시아 경찰이 사람들을 출구로 밀어내기 시작할 때 두 친구의 눈이 마주친다. 행동의 시간이 왔다!

어릿광대 아나톨리는 자신에게 등을 돌리고 있는 비밀경찰 쪽을 바라보고, 백화점의 경비 쪽을 다시 바라본다. 흔들리는 눈빛에서 순간적인 망설임이 비친다.

그때 갑자기 블라디미르가 경비 쪽으로 달려가 경비를 안고 소리친다. "망명합니다, 도와주세요. 망명합니다!" 러시아 비밀경찰이 블라디미르를 끌고 가려고 하지만 백화점 경비가 무전으로 경찰을 부른다. 소동이 가라앉은 후 비밀경찰이 블라디미르를 간곡하게 설득해 버스에 태우려고 하는 모습이 나온다. 그러나 망명자 블라디미르는 거절한다. 미국에서 살겠다는 그의 꿈이 마침내 실현된 것이다.

카메라 앵글이 버스 안에서 진지한 얼굴로 밖의 광경을 쳐다보고 있는 서커스 공연자들의 모습을 비추다가 유리창에 얼굴을 기댄 채 눈물을 펑펑 흘리고 있는 아나톨리의 얼굴에서 정지한다. 어릿광대 아나톨리는 기회가 주어졌는데도 그 기회를 잡지 못했던 것이다.

두 사람의 꿈은 같았다. 아니, 아나톨리의 꿈이 블라디미르의 꿈보다 더 컸을지도 모른다. 그러나 두 사람 중 한 명만이 꿈을 현실로 이루었다. 두 사람 중 한 명만이 행동할 용기를 가졌던 것이다.

행동하지 않으면 아무것도 얻지 못한다
•

이 영화가 전해주는 메시지처럼 행동은 말보다 크다. 실천하지 않으면 어떤 일도 벌어지지 않는다. '모든 작용에는 그와 동등한 반작용이 있다'는 물리학의 기본 법칙이 여기에도 적용된다. 자신이 행동을 취하지 않으면 하늘이 도와주고 싶어도 도와줄 수 없는 법이다. 적극적인 실행보다 더 중요한 것은 없다.

고대 그리스의 철학자 소포클레스는 "하늘은 스스로 돕지 않는 자를 돕지 않는다"고 말했다. 성공의 열쇠는 2000년 전이나 지금이나 변함이 없다.

《초우량 기업의 조건》의 저자이자 '경영의 구루'로 불리는 톰 피터스가 미국에서 성공한 기업 수백 개를 분석하여 발견한 공통 특성 여덟 가지가 있는데, 그중 첫 번째 특성도 '실천하려는 경향'이었다.

나이키 광고에는 '그냥 해버려라'는 뜻의 '저스트 두 잇Just do it'이 적혀 있다. 농구에서는 슛하지 않으면 득점할 수 없으며, 축구에서는 공을 차지 않으면 절대 골대 안으로 공이 들어가지 않는다.

행동하지 않으면 이루어지는 것은 아무것도 없다. 어떤 것도 실천에 옮기는 행동을 대신할 수는 없다. 행동이 있어야 결과가 있는 법이다. 그리고 행동을 많이 할수록 결과 역시 많아진다. 이것은 불변의 진리다.

날씬하고 싶으면 날씬한 사람들이 하는 행동을 따라 해야 한다. 부자가 되고 싶으면 부자들이 하는 행동을 해야 한다. 골프에서도 마찬가지다. 큰 샷은 작은 샷을 계속 치는 것에 불과하다. 골프에서 연습 없이 재능만으로 우승한 선수는 지금까지 단 한 명도 없었다는 사실을 기억해야 한다.

꿈과 회한 사이
·

시도를 한다면 이득이 있을 뿐, 손실은 아무것도 없다. 거기에는 두 가지 이유가 있다. 첫째 이유는 시도하면 성공할지도 모른다는 점이다. 두 번째 이유는 시도하는 행위는 비록 성공하지 못한다고 할지라도 뒤를 돌아보지 않고 앞을 바라보게 한다는 점이다.

"우리 자신을 어떻게 알 수 있을까? 그것은 생각을 통해서가 아니라 행동을 통해서다. 자신에게 주어진 일을 해보라. 그러면 자신이 누구인지 금방 알게 된다."

괴테가 행동의 중요성을 강조하면서 한 말이다.

만약 자신이 진정으로 하고 싶은 일이 무엇인지 확신할 수 없는 경우에는 어떻게 해야 할까? 그런 경우라 하더라도 적극적으로 행동하면서 일단 자신에게 주어진 기회를 최대한 활용하는 것이 최선의 방법이다. 그래야 스스로의 한계를 시험할 수 있으며, 실수를 통해 교훈을 배우고 진로를 수정할 수 있기 때문이다.

우리는 지금보다 더 나은 삶을 살 수 있다는 것을 잘 알고 있다. 그렇지만 자신의 능력을 의심하기도 하고, 자기 안에 놀라운 잠재력이 잠들어 있다는 것을 깨닫지 못하고 있는 것도 사실이다. 이것이 우리의 현주소다.

목표를 향한, 미지의 세계를 향한 첫걸음은 우리를 두렵게 한다. 고난의 길을 만날지도 모른다는 걱정 때문이다. 또 소중하게 키워온 꿈이 산산조각 날까 봐 두렵기도 하고, 돌부리에 발이 걸려 비틀거리고 넘어져 바보처럼 보일까 봐 걱정되기도 한다.

그러나 첫걸음을 내디디며 행동으로 옮기는 순간 모든 것은 달라진다. 인생에 시련과 고난이 있을 수 있지만, 그 너머에 성장과 성숙이라는 선물이 기다리고 있다는 것을 깨닫게 되는 것이다. 인생은 저지르는 자의 것이고 행동으로 옮기는 자의 것이다.

자기 안에 어떤 능력이 도사리고 있는지 직접 해보기 전에는 아무 것도 알 수 없는 법이다. 확실한 것은 행동하지 않으면 삶에 꿈 대신 회한이 들어서게 된다는 것이다. 그리고 머뭇거리기에는 인생이 너 무 짧다.

리셋, 유

친숙함을 떠나야
새로운 세상을 얻는다

애벌레는 고치를 통과해야 나비가 된다. 그러나 그 과정이 그리 순탄하지만은 않다. 모든 것을 수용하고 감내해야 하는 연약하고 힘겨운 애벌레의 시기를 지나면, 한 올 한 올 실을 뽑아서 만든 고치 속에서 보내야 하는 지루하고 고통스러운 시기가 이어지고, 그런 연후에야 비로소 두 날개를 활짝 펴고 자유롭게 날아다니는 아름다운 나비의 시기를 맞는다.

미래를 날아다닐 찬란한 날개는 그 절망과도 같은 현재의 어둠 속에서 만들어진다. 기다림의 시간을 보낸 후에야 자기 몸보다 크고 화려한 날개를 얻게 되는 것이다. 그때에야 비로소 땅을 기는 미물에서 하늘을 날아다니는 존재로의 변신이 완성된다.

물론 모든 애벌레가 고치가 되고 아름다운 날개를 펼치는 나비로 성장하는 것은 아니다. 짧은 기간에 집중적으로 많은 변화를 겪어야 하는 애벌레의 삶은 그 자체로 역동적이다. 또 그것 나름대로 편안하고 만족스러운 측면이 있을 수 있다. 그러나 애벌레가 나비로 재탄생하기 위해서는 편안함과 안락함을 벗어나서 죽음과도 같은 위기의 과정을 겪어내야만 한다.

인생은 애벌레가 나비가 되어가는 과정과 같다. 인간은 애벌레가 나비가 되어가는 힘들고 고달픈 일생과 흡사한 과정을 수차례나 반복하면서 성장한다. 그러나 안타깝게도 많은 사람은 평생을 애벌레 상태로 남는다.

고독과 외로움에 몸부림치고 발전과 성숙을 위한 치열한 고민을 할 수 있는 고치가 되어보지 못한다는 것은 안타까운 일이다. 고치 과정을 거치지 않고서는 향기 나는 인품과 존재의 의미를 깨달아 아름다운 날갯짓을 할 수 있는 나비가 될 수 없기 때문이다.

사람이 평생을 애벌레 상태로 남아 있는 이유는 변화를 두려워하기 때문이다. 우리 모두는 애벌레로 생을 마감하지 않고 나비의 날개를 달 가능성을 가지고 있다. 캄캄한 어둠 속으로 발을 내디뎌야만 다음 단계로 나아갈 수 있다. 아직 고치가 되어보지 않았다면 스스로 고치가 되어보는 것도 나쁘지 않은 이유다.

리셋. 유

자기 사랑하기

•

세상에 공짜는 없다. 아무런 대가를 치르지 않고 얻을 수 있는 것은 아무것도 없다. 무엇인가를 얻기 위해서는 반드시 다른 무엇인가를 포기해야 한다. 애벌레가 나비가 되는 과정에서처럼 힘든 수고를 하지 않고는 어떤 발전도 있을 수 없다.

빵 한 조각이 있다고 생각해보자. 그것을 먹을 수도 있고, 아니면 먹지 않고 보관해둘 수도 있다. 그렇지만 먹는 것과 보관해두는 것을 동시에 할 수는 없다. 둘 중 하나를 선택해야만 한다.

마찬가지로 운동과는 담을 쌓은 사람이 밤이면 밤마다 라면을 먹거나 피자를 먹고, 후식으로 아이스크림을 한 통씩 먹으면서 날씬하고 건강하기를 기대할 수는 없다. 틈만 나면 놀고 시간을 효율적으로 활용하지 못하는 사람이 위대한 인물이 되기를 바라는 것도 어불성설인 건 마찬가지다.

올바른 균형을 유지한다는 것은 삶을 한쪽으로 기울거나 치우치게 하는 활동을 포기해야만 가능한 일이다. 살을 빼려면 피자와 아이스크림을 버려야 하고, 위인이 되려면 목표를 정하고 시간을 효율적으로 사용해야 한다.

피자와 아이스크림을 버리는 것, 목표를 정하고 시간을 효율적으로 사용하는 것은 확고한 의지가 없으면 작심삼일이 될 공산이 크다. 어떤 일이든지 스스로의 확고한 의지가 없으면 그것을 영원히 성취할 수 없다.

날씬한 몸매 갖기와 위인 되기는 자기 사랑하기에서 시작된다. 현재처럼 자기를 방치하는 상태를 과감하게 벗어나야 가능해진다. 결국 개선을 위한 확고한 의지를 가진다는 건 자기를 사랑하는 것이다. 자기 사랑은 자신에 대한 관심이고 존중이고 따뜻한 배려다.

성공비결도 마찬가지다. 성공비결은 그것을 가진 사람으로부터 물려받을 수도 없고, 돈으로 살 수 있는 것도 아니다. 성공비결은 그 비결을 받아들일 확고한 마음의 준비가 되어 있는 사람, 자기 사랑하기에 빠진 사람에게만 다가온다.

어느 발레리나의 길

삶은 늘 불확실성을 내포한 어려운 방정식이다. 위기와 질곡의 시간이 언제 우리를 절벽 아래로 떨어뜨릴지 모르고 거센 물살과 차가운 파도 속으로 밀어 넣을지 모른다. 또 삶에서 통제할 수 없는 일들을 하루에도 몇 차례나 만날 수도 있다. 노력만으로 원하는 모든 것을 얻어낸다는 보장도 없다.

그래서 우리는 이따금 안전하게 머물 수 있는 피난처를 찾으려고 애쓴다. 그러나 우리가 자신을 보호하기 위해 쌓은 벽이 오히려 발전과 성숙을 향해 앞으로 나아갈 수 없게 하는 걸림돌이 될 수도 있다.

김세연이라는 이름의 발레리나가 있다. 안정된 큰길을 떠나 자신만의 오솔길을 고집스럽게 걸어가고 있는 30대 중반의 여인이다. 시간

리셋, 유

이 지나면 저절로 윗자리로 올라가는 게 재미없어서, 한곳에 머무르는 것이 고정관념이나 사회적으로 강요된 미덕이라는 생각에서, 늘 새로운 여정에 나선다.

2004년 유니버설 발레단 수석 자리를 박차고 나와 스위스 취리히 발레단과 네덜란드 국립발레단을 거쳐 2013년 현재는 스페인 국립무용단 수석으로 있다. 그녀의 목표는 평생 단원이 되거나 많은 연봉을 받는 것이 아니다. 행복해지기 위해 춤을 추는 것이다. 그러기 위해 늘 직진하는 삶을 추구하고 있다. 그녀가 다음엔 또 어떤 여정에 나설지 궁금해진다.

안정이냐 발전이냐, 만족하는 삶이냐 개선하는 삶이냐의 사이에서 균형을 찾는 일도 중요하다. 그러나 원하는 것을 진정으로 얻고자 한다면 기꺼이 위험을 감수해야 하며, 안정과 친숙함을 떠날 각오를 해야 한다. 모험가 김세연처럼.

친숙함을 떠날 때 할 일
∙

친숙함을 떠나기 위해서는 치밀하고 철저한 준비가 필요하다. 할 수 있는 것과 할 수 없는 것을 냉정하게 결정해야 하며, 가장 잘할 수 있는 것을 목표로 해야 한다. 자기 자신은 물론 자신이 사랑하는 사람들을 불필요한 위험에 빠뜨리지 않을 만큼 신중해야 한다.

또 항해 계획을 치밀하게 세우고, 목적지에 도달할 시한을 정하고,

최고의 항해 도구를 사용하고, 생존과 안녕을 위해 필요한 필수품으로 배를 가득 채워야 한다. 만일의 경우에 대비한 대비책도 다양하게 갖추고 있어야 한다. 어렵고 귀찮은 일이다.

그러나 그것이 끝이 아니다. 본격적으로 힘든 일은 그때부터 시작이다. 익숙한 곳으로부터 멀어져 한 치 앞도 알 수 없는 미지의 세계로 나아가야 한다는 것은 생각처럼 쉽고 만만한 일이 아니다.

물론 순풍에 돛단배처럼 순탄한 항해를 할 때도 있을 것이다. 그러나 대부분의 시간은 고난의 시간이 될 공산이 크다. 태양이 내리쬐는 열대의 무풍지대를 지날 때도 있을 것이고, 거센 폭풍우가 몰아치는 바다 한가운데에서 두려움에 떨 때도 있을 것이다. 그러나 이것은 발전과 충만한 삶을 살기 위해서는 반드시 지불해야 하는 대가다.

우리 중에는 뛰어난 재능을 발휘하면서도 생계를 든든히 유지하는 사람들도 있다. 그들은 운이 좋은 사람들이다. 하지만 대부분의 사람은 타고난 재능을 발휘하기보다 삶의 실질적인 필요를 위해 더 많은 시간을 투자해야만 한다.

예를 들어 의사나 대학교수가 되는 길을 걷고 있는 사람들은 이 일을 통해 재능을 발휘하면서도 돈을 벌려면 수년에서 수십 년 동안 공부를 해야 한다. 또 사업가가 되고 싶다면 안정적인 봉급생활을 포기해야만 한다. 음악과 미술 등 예술 분야에서는 자신의 천부적인 재능을 발휘하면서 생계를 유지하기란 더더욱 쉽지 않다.

수고 없이는 발전도 없다

•

스스로에게 이렇게 물어보라. 그리고 '내 속에 있는 나'는 어떤 대답
을 하는지 들어보라.

앞으로 나는 얼마나 더 많은 일출을 볼 수 있을까? 앞으로 얼마나
많이 해변을 거닐 것이며, 석양을 바라볼 수 있을까? 앞으로 얼마나
더 많이 아내를, 남편을, 아이를 포옹해줄 수 있을까? 오랜 벗을 얼마
나 더 자주 만날 수 있을까? 앞으로 얼마나 더 내 꿈을 추구하고 만족
스러운 삶을 살 수 있을까?

이 질문에 대한 바람직한 대답은 바탕에 사랑과 관심이 깔려야 한
다는 것이다. 건강과 열정, 여유로움이 묻어나야 한다. 우리 인생은
생각처럼 그리 길지 않다. 치열해야 하고 알차야 하고 즐거워야 할
이유다.

애벌레나 고치의 상태로 인생을 마감한다면 얼마나 억울하겠는가.
아름다운 날갯짓으로 하늘을 훨훨 날아다니는 나비의 삶을 살아야
하지 않겠는가. 조금이라도 덜 후회하기 위해서는 당연히 나비의 삶
이어야 한다. 긍정적이고 적극적인 태도, 삶을 직접 연출해나가겠다
는 자신감, 자신의 어깨에서 돋아나는 날개를 느껴보고야 말겠다는
단호한 의지가 필요하다.

비생산적인 꿈을 꾸는 사람들이 너무나 많다. 복권에 당첨되거나
유산을 상속받길 바라는 등 힘들이지 않고 부를 챙기기를 원한다. 열
심히 일하지도 않으면서 승진하기를 바란다. 하지만 기회를 추구할

때보다 안전을 추구할 때 잃는 것이 훨씬 더 많은 법이다.

우리는 애벌레가 나비가 되어가는 과정을 보면서 힘든 수고를 하지 않고는 어떤 발전도 있을 수 없다는 것을 알게 되었다. 우리의 시간은 긍정의 시간, 도전의 시간, 발전의 시간, 희망의 시간 같은 좋은 시간으로 채워져야 한다. 부정, 안주, 퇴보, 절망 같은 나쁜 시간이어서는 안 된다.

열심히 그리고 힘들게 살아온 인생의 마지막에는 나비의 찬란한 날개와 같은 보상이 있어야 하지 않겠는가?

머뭇거리기에 인생은
너무나 짧다

옷을 사려면 옷가게에 가야 하고 수영을 하려면 수영장이나 바다로 가야 한다. 사냥을 하려면 들이나 산으로 가야 한다. 마찬가지로 성공하기 위해서는 성공의 기회가 가득한 곳으로 가야 한다. 그렇다면 성공의 기회가 가득한 곳은 도대체 어디인가?

실망하지 마시라. 기회는 지금 당신 눈앞에도 널려 있다. 오늘날 세상은 지혜롭고 성실하기만 하면 누구에게나 성공의 기회가 공평하게 주어진다. 못 믿겠다고? 신문이나 TV에 나오는 수많은 신생 벤처기업들의 아이디어는 무엇이란 말인가? 우리가 스마트폰으로 내려받아 사용하는 수많은 애플리케이션은 또 무엇이란 말인가? 기회는 은하수의 별만큼이나 많이 널려 있는데 우리가 잡지 못하고 있을 뿐이다. 이제 믿을 수 있겠는가?

성공할 기회를 잡고 싶다면 먼저 하고 싶은 일이 무엇인지를 결정하기만 하면 된다. 그다음엔 계획을 세워 행동에 옮기고, 인내심을 갖고 끝까지 분투하기만 하면 된다. 그러면 성공의 기회는 손에 낀 반지처럼 어느새 내 것이 된다.

세상은 누구에게서도 성공할 권리를 빼앗아 가지 않는다. 그러나 아무런 노력도 하지 않는 사람에게는 절대로 성공을 약속하지 않으며, 그 기회조차 주어지지 않는다. 세상은 이 기본적이면서도 간단한 법칙으로 돌아가고 있다.

거울에 비친 자신의 모습을 들여다보라. '최고의 친구'로 보이는가? '최고의 적'으로 보이지 않는가? 거울에 비친 모습에는 긍정적인 면과 부정적인 면이 공존한다. 무언가를 해보겠다는 의욕이 펄펄 끓어 넘치는 모습을 가진 최고의 친구는 더욱 가까이하고, 어떻게 되겠지 하며 일을 뒤로 미루는 최고의 적은 관계를 끊거나 멀리해야 한다.

사업이나 인생에서 실패하는 큰 원인은 시기를 기다리고만 있기 때문이다. 기다리는 것은 시간을 축낼 뿐이다. 그러므로 지금 당장 할 수 있는 일부터 찾아 시작해야 한다. 자기를 가장 잘 아는 사람은 자기 자신이다. 자신의 직관을 믿고 일단 시작하는 것이 중요하다.

리셋, 유

내가 할 수 있는 방식으로 해보자

●

아는 것만으로는 충분하지 않다. 의욕만으로도 부족하다. 실행이 있어야 한다. 실행하지 않으면 지푸라기 하나도 손에 잡을 수 없다. 실천하는 사람에게는 희망과 가능성이 있지만 나태하고 행동하지 않는 사람에게는 절망과 후회만이 늘 그림자처럼 따라다닐 뿐이다.

기회가 왔을 때는 용기를 가지고 움켜잡아야 한다. 지나친 조심성은 기회를 놓치게 한다. 과도한 조심성은 조심성이 없는 것과 마찬가지로 치명적인 결함으로 작용할 수도 있다. 이 두 가지 극단은 피해야 한다.

삼성테크윈 인사팀에서 근무하는 이지영 씨는 실행을 통해 절망을 희망으로 바꾼 사람이다. '가연골무형성증'이라는 희귀병으로 110센티미터의 작은 키를 갖게 됐지만 180센티미터의 열정으로 살아가고 있다.

초등학교 시절에는 친구들이 놀릴까 봐 쉬는 시간에도 화장실에 못 가서 방광염에 걸리기도 했다. 그러다 어느 날 "내가 팔다리가 없는 것도 아니고, 나에게 맞게 내가 할 수 있는 방식으로 해보자"고 생각했다. 그것이 도전의 시작이었다. 이후로 그녀의 삶은 끝없는 도전의 연속이었지만 열정으로 극복해냈다. "장애는 불가능이 아니라 불편함일 뿐"이라고 강조하는 그녀는 교육업무를 담당하며 동료와 후배들의 멘토로서 멋지고 활기찬 인생을 살고 있다.

이지영 씨처럼 의욕이나 열정이 있는 사람은 다른 사람을 움직일 수 있는 영향력을 가지고 있다. 그런 사람은 시간이 지나면서 스스로 영향력을 배가시킨다. 그러나 소극적인 사람에게는 결코 그런 영향력을 가질 기회가 주어지지 않는다. 의욕적으로 행동하지 않으면 남는 건 좌절밖에 없다. 의욕이 없는 사람은 물에 물 탄 듯 술에 술 탄 듯 '맛'이 느껴지지 않는다. 그런 사람이 크게 성공하는 건 애초부터 불가능한 일이다.

가슴속에 강력한 추진력을 가진 엔진을 장착시킬 수 있는 것은 오직 자신뿐이다. 오직 자기 자신만이 자기 운명의 항아리를 채울 수 있다.

일단 저질러라
•

우리 모두는 시한부 인생을 살고 있다. 5년이나 10년이 될지, 20년이 될지, 30년 혹은 50년이 될지는 모르지만 우리에게 주어진 시간이 한정돼 있다는 것만은 분명하다. 시간은 매 순간 줄어들고 있으며, 종착역을 향해 빠르게 흘러가고 있다.

오늘의 하나는 내일의 두 개보다 더 가치가 있다. 그렇기에 오늘 순간순간을 사랑과 애정을 담아 소중하게 사용해야 한다. 그럼에도 우리는 너무나 부주의하게 시간을 흘려보낸다. 시간이 생생하게 숨 쉬도록 해야 할 때 오히려 시간을 죽이고 있는 것이다.

주변에 소인배들을 두어서는 안 된다. 소인배들은 삶을 알차게 즐기지도 않고, 삶의 고통을 진지하게 인내하려고 들지도 않는다. 그런 소인배들과 어깨를 나란히 해서는 삶에 무의미하고 허망한 공간만 더 만들어진다.

주변을 늘 살아 꿈틀거리는 사람으로 북적이게 해야 한다. 신선한 자극이 넘쳐나게 해야 한다. 그리고 비록 무모하게 느껴지더라도 자신의 꿈과 목표를 향해 과감하게 일을 저질러야 한다. 인생은 저지르는 자의 것이다. 쉬운 일, 될 일만을 골라서 하는 사람은 끝까지 남의 밑에 머무르게 될 것이다.

일을 저지르려면 자신이 있는 자리에서 지금 당장 해야 한다. 지금 당장 시작하지 않으면 결심은 약해지고 에너지는 줄어들어 결국은 유야무야되고 어려움만 가중된다. 첫걸음을 과감하게 내딛는 용기를 가져야 한다. 그리고 그 순간은 바로 지금이어야 한다.

우리가 이 세상에서 보내는 삶의 순간순간은 그 무엇과도 바꿀 수 없을 만큼 소중하다. 한번 지나가면 다시 돌아올 수 없기에 더더욱 그러하다. 궁극적으로 우리의 가치를 결정하는 것은 쏜살처럼 지나가는 순간순간들을 어떻게 붙잡느냐, 하루하루를 어떻게 보내느냐에 달려 있다. 오늘 할 수 있는 일을 내일로 미루어서는 안 되는 이유도 여기에 있다.

버려졌던 돌덩이에서 탄생한 불후의 명작 다윗상
:

목표를 향하고 정상에 다다르는 여정은 지금 자신이 서 있는 곳에서부터 시작된다. 대체로 우리는 시작하기도 전에 모든 것이 제대로 갖추어져 있기를 바란다. 그러나 그런 일은 있을 수 없다. 그럼에도 어떤 일이든지 일단 시작되기만 하면 신비하리만큼 술술 풀려나간다. 물론 그만큼의 고민과 준비와 노력이 있어야 하겠지만.

여기서 중요한 것은 '더 좋은 수단을 가지고 있다면 무엇을 할 것인가'가 아니라 '현재 가지고 있는 수단으로 어떻게 할 것인가'다. 또 '더 나은 기회를 가진다면 무엇을 할 것인가'가 아니라 '지금 당장 손에 잡은 기회를 가지고 무엇을 할 것인가'다.

이 두 가지 질문은 불후의 명작 다윗상이 만들어진 과정을 잘 설명한다.

이탈리아의 알프스 지방에서 생산되는 질 좋은 카라라 대리석 큰 덩이 하나가 플로렌스 성당 앞에 100년 가까이 버려진 채로 있었다. 어느 대리석 조각가가 그 대리석으로 조각품을 만들려고 하다가 결이 좋지 않다는 이유로 버린 것이다.

미켈란젤로는 그 돌을 새롭게 바라보았다. 전후좌우로 잘 살펴보고 힘 있는 부분도 자세하게 보았다. 그러면서 스물여섯 살의 이 젊은 조각가는 그 돌 속에서 거인 장수 골리앗을 돌팔매로 쓰러뜨린 다윗의 모습을 상상해냈다.

그 대리석으로 조각을 하기 시작했다. 무려 3년 동안 대리석과 씨

리셋, 유

름하며 작품을 만들었다. 높이 18피트, 무게 9톤의 이 대리석 조각이 바로 세계 최고의 조각품으로 인정받고 있는 미켈란젤로의 다윗상이다. 시대를 초월한 불후의 명작은 그렇게 탄생했다.

우리가 눈여겨보아야 할 것은 다윗상이 명작이라는 사실보다 '지금' 가지고 있는 수단으로, '지금'의 시간을 이용해서 만들어졌다는 점이다. 만약 미켈란젤로가 더 좋은 수단, 더 나은 기회를 찾았더라면 다윗상은 세상에 태어나지 않았을지도 모른다.

지금 이 순간이 새로운 출발점이다
•

어떤 사람들은 자신의 부족함과 무능함을 감추기에 급급하다. 현재 가지고 있는 것으로 최선을 다하는 대신 부족한 것만 탓하고 준비되지 않는 현실을 불평한다. 반면 또 어떤 사람들은 모든 것이 완벽해질 때까지 기다리지 않는다. 대신 그들은 힘들고 열악하더라도 자신이 처한 현재 상황에서 최선을 다한다.

연장 탓 환경 탓을 하는 사람은 이미 프로가 아니다. 비록 우리가 자기 삶의 모든 부분을 통제할 수는 없다 하더라도 어느 정도까지는 스스로의 결정과 행동으로 삶을 변화시키고 구체화할 수 있다.

주어진 시간과 환경으로 우리가 선택할 수 있는 일들은 많다. 자신의 삶을 명품으로 만들고 싶다면, 여러 일 가운데 의미를 부여하고 땀방울을 더했을 때 명품으로 만들 수 있을 것 같은 일 하나만 선택하면 된다. 그리고 그 선택된 하나를 소중히 갈고 닦고, 열심히 조이고 기름칠해 자기 삶의 핵심축으로 만드는 것이다. 그러면 명품이 되는 건 시간문제다.

미래는 현재와 달라야 하지 않겠는가. 지금 있는 자리, 지금 이 순간을 새로운 출발점으로 삼아보라. 중요한 것은 나아가고 있는 방향이다. 대답해보라. 핸들의 방향이 울퉁불퉁하지만 성공으로 향한 길을 가리키는가? 아니면 평탄하지만 실패로 향한 길을 가리키는가? 다른 사람은 몰라도 자기 자신은 알 수 있다. 어디로 향하고 있는지를.

현재라는 시간을 움켜쥐고, 선택한 일을 온 힘을 다해 붙잡고, 성공을 향한 방향으로 한 걸음씩 나아가야 한다. 돌이켜봐서 지금까지의 인생이 그렇게 훌륭한 본보기가 되지 못했다고 생각한다면 지금 당장 삶을 바라보는 관점을 바꿔야 한다. 두려움을 믿음으로, 불만을 감사로, 좌절을 승리로 바꾸겠다고 다짐해보라.

자신의 인생을 값지고 빛나는 양장본의 성공 스토리가 담긴 책으로 만들고 싶다면 지금부터 한 문장씩 써나가면 된다. 인생이 우리에게 만들어주는 것은 10퍼센트에 불과하고, 나머지 90퍼센트는 자신이 하기에 달려 있다는 사실을 기억해야 한다.

리셋, 유

지쳤다고 생각될 때
한 걸음만 더 가라

'좋은 차일수록 회사 주차장에 일찍 들어온다' (미국 격언)

'부자치고 늦잠 자는 사람 못 봤다' (《나의 꿈 10억 만들기》 중에서)

'건강하게 장수한 사람치고 야행성이 없다' (일본 의과학회)

'아침을 사랑하는 것은 삶에 대한 뜨거운 애착이자 하루를 밀도 있게 쓰겠
다는 단단한 마음가짐' (《자기경영노트》 중에서)

'아침잠은 인생에서 가장 큰 지출' (데일 카네기)

아침을 활용하는 일의 중요성을 강조한 말들이다. 성공한 사람들,
풍성한 삶을 사는 사람들의 공통된 특징이기도 하다. 아침을 제대로
활용하려고 노력하는 사람은 삶을 더 열심히, 더 즐겁게, 더 알차게

그리고 더 보람 있게 살려고 하는 사람들이다.

2013년 2월 12일, 여든다섯 살의 나이에 과로로 별세한 다큐멘터리 사진 1세대 작가 최민식 선생도 새벽을 깨우고 삶을 깨운 사람이었다. 리얼리즘을 추구했던 그는 56년간 사진가로 살아오며 젖 먹이는 어머니, 거지 소녀 등 뒤처진 사람들, 약한 사람들을 찾아 셔터를 눌렀다.

인간을 평생 주제로 붙잡은 그의 모든 자료는 국가기록원에 소장돼 있다. 2008년 사진 원판 등 13만여 점의 자료를 국가기록원에 내놔 민간기증 국가기록물 1호로 지정되기도 했다. 최선을 다한 그의 삶은 따뜻함이었고 불꽃이었다.

최민식 선생과 같은 날 작고한 '소비자 운동의 대모' 정광모 한국소비자연맹 명예회장도 최선에 최선을 다한 삶을 살았다. 1970년 우리나라 첫 민간 소비자운동 단체인 한국소비자연맹을 창립했으며, 1996년 소비자 보호의 날(12월 3일)을 제정하는 데 기여했다.

세상을 떠나기 한 달여 전까지 34년간 한국소비자연맹 회장을 지냈다. 평생을 미혼으로 살면서 43년간 소비자 운동에 헌신한 이 은발의 여인은 소비자 상담 분야에서 독보적인 존재로 사회를 변화시켜왔다.

최선을 다한 후에 1퍼센트만 더하라

•

'플러스 알파'라는 표현이 있다. '최선을 다한 후에도 조금의 노력을 더하는 것'을 말한다. '지친 후에도 한 걸음 앞으로 더 나아가는 것'이다. 바로 이 '한 걸음 더'가 불가능을 가능하게 하고 어둠을 밝게 한다. 플러스 알파는 신비의 묘약이다. 물론 전제조건이 하나 있다. 모든 노력과 행동이 한 가지 목표를 향해야 한다는 것이다.

연습장 볼 보이 출신에서 꿈의 마스터스 영웅이 된 최경주 선수. 완도 섬마을 농군의 아들로 태어난 그는 대한민국을 대표하는 프로 골퍼다. PGA투어에 입성한 최초의 한국인이며, 타이거 우즈와 필 미켈슨 같은 세계적인 골퍼들과 어깨를 나란히 하고 있다.

2012년에《코리안 탱크, 최경주》를 펴낸 그는 기자간담회에서 이렇게 말했다. "하루 여덟 시간씩 연습량을 꼬박꼬박 채울 때, 나 혼자 외로운 시간을 버텨내는 게 정말 힘들었습니다. 계획은 정말 중요합니다. 그리고 계획을 세웠으면 자신과의 약속을 절대 저버려서는 안 됩니다. 나는 장갑을 벗기 전까지는 절대 포기해본 적이 없습니다." 그의 말에서 비장함마저 느껴진다.

'영원한 리베로'라는 별명을 가진 대한민국 축구계의 최고 보물 홍명보 감독(전 올림픽대표팀)도 플러스 알파의 마력을 잘 아는 사람이다. 고등학교에 입학할 때 그의 키는 160센티미터를 겨우 넘었다. 신장의 열세를 극복하는 길은 남보다 뛰어난 기술을 갈고닦는 길밖에 없다고 생각했고, 그때부터 5년간 밤늦게까지 고된 훈련을 계속했다. 그

때 갈고닦은 기본기는 훗날 그의 큰 자산이 됐다.

2004년 은퇴할 때까지의 선수 생활 24년간 그가 항상 최고의 길을 걸을 수 있었던 것도 엄격한 자기관리와 피나는 연습이 있었기에 가능한 일이었다. 세상을 바꾸는 힘은 준비하는 자에게서만 나온다는 것이 그의 신념이다.

이처럼 '한 걸음 더'로 압축되는 플러스 알파는 사람을 더 강하게 하고, 삶의 목표를 더 가치 있고 의미 있게 한다. 그리고 인생의 하루를 최고의 가치 있는 것들로 쌓아가게 하며, 매일을 한계를 넘어선 기적으로 만든다. 플러스 알파는 뛰어난 리더와 성공한 사람들, 풍요롭고 행복한 삶을 살아가는 사람들에게 부여된 상징이자 증명서다.

플러스 알파를 위한 두 요소
•

플러스 알파의 실현, 즉 한 걸음 앞으로 더 나아가는 삶을 위해 꼭 필요한 것 두 가지가 있다. 하나는 긍정적인 사고방식이고 다른 하나는 신념이다.

긍정적 사고는 힘든 현실을 뚫고 앞으로 나아가게 하는 기관차의 엔진과 같은 것이다. 열등감에 사로잡혀 있거나 의심이 많거나 매사에 불평불만을 늘어놓는 등 부정적인 사고방식에 갇힌 사람의 인생은 별 볼 일 없는 것이 될 것이다. 인류 역사상 부정적인 사고방식으로 위대한 업적을 남기거나 훌륭한 인생을 산 사람은 없다는 것이 그

리셋, 유

증거다.

긍정적인 사고의 중요성을 잘 표현한 시 한 편을 소개한다.

진다고 생각하면 당신은 진다.

질 수 없다고 생각하면 당신은 지지 않는다.

과연 이길 수 있을까 생각하면 당신은 이기지 못한다.

지는 게 아닐까 생각했다면 당신은 이미 지고 있다.

왜냐하면 성공은 사람의 생각에서부터 시작되기 때문이다.

모든 것은 당신의 마음에 달려 있다.

자신감이 없다면 당신은 지고 만다.

정상에 오르기 위해서는 고양된 정신이 필요하다.

무언가에 이기기 위해서는 자신감이 필요하다.

인생의 싸움에서 이기는 것은 반드시 가장 강하고 가장 뛰어난 사람만은

아니다.

최종적인 승리를 거두는 것은 '나는 할 수 있다'고 생각하는 사람이다.

긍정적 사고와 더불어 플러스 알파를 가능하게 해주는 신념은 힘들더라도 남들과는 다른 길, 좁은 길을 갈 수 있게 한다. 독일 라이프치히에서 대장장이로 살던 율리우스 블뤼트너가 1853년 창업한 블뤼트너가 좋은 예다. 수제 그랜드 피아노 분야의 세계적인 강소기업이며, 현재 창업자의 고손자인 두 형제가 5대째 가업을 이끌고 있다.

창업 160년째를 맞은 지금도 분업화된 대량생산 방식 대신 장인들

이 직접 손으로 일일이 깎아 피아노를 만드는 수제 방식을 고수한다. 이렇게 제작된 명품 피아노는 최고 1억 5,000만 원에 팔려나간다. 블뤼트너의 목표는 세계 최대의 피아노 회사가 되는 것이 아니라 세계 최고의 피아노를 만드는 회사로 남는 것이다. 좁은 길을 걷겠다는 확고한 신념이 있기에 가능한 일이다.

디즈니랜드의 인식 스위칭
●

우리의 마음은 사용방법에 따라 자신에게 플러스가 될 수도 있고, 마이너스가 될 수도 있다. 원자력을 제대로 사용하면 산업을 번창시키고 인류사회의 안녕에 기여하지만, 악용하면 문명을 파괴하는 쪽으로 쓰이는 것과 마찬가지다.

현재의 상태에서 무엇이든 좋은 점을 찾아내려고 고민하고 노력하는 긍정적인 사고를 가져야 한다. 긍정적인 사고와 마음가짐은 사람을 변하게 한다. 살아 있는 송장은 사라지고, 열정적이고 펄펄 끓어 넘치는 원기왕성한 사람이 그 자리를 메우게 된다.

마음가짐이 달라지면 비참한 상황은 어느새 즐거운 모험으로 바뀐다. 하기 싫은 일은 도전해볼 만한 가치 있는 일로 바뀌고, 오늘의 슬픔이 내일의 행복의 씨앗으로 바뀐다. 무용한 것들이 자산으로 바뀐다.

"진실로 중요한 일은 손실에서 수익을 올리는 것이다. 그러자면 지

리셋, 유

혜를 필요로 하는데, 이 점이 분별 있는 사람과 바보와의 차이를 만드는 것이다."

《신들을 배반한 열두 사람》의 저자이자 철도 사고로 한쪽 발을 잃었으면서도 긍정적인 삶을 살았던 고 윌리엄 보리소의 말이다. 그의 말대로 손실에서 수익을 올리는 것이야말로 마이너스에서 플러스로, 부정에서 긍정으로 스위치를 돌리는 것이다.

'딱딱하고 눈치 봐야 하고 스트레스받는 곳'이라는 직장에 대한 마이너스적인 인식을 플러스로 바꾼 곳이 있다. 그중 대표적인 곳이 디즈니랜드다. 디즈니랜드가 신입사원에게 가르치는 디즈니식의 언어들에서 그 일면을 엿볼 수 있다. 예컨대 사원/캐스팅된 배우, 고객/초대 손님, 대중/관객, 근무/공연, 일/역할, 업무 기술서/대본, 제복/의상, 근무 중/공연 중, 비번/무대 뒤 등이다. 어떤가? 그럴듯하지 않은가?

플러스 알파의 마력

마이너스를 플러스로, 약점을 강점으로, 나약함을 강인함으로 바꾸기 위해서는 처절하리만큼 치열한 노력이 필요하다. 그런 노력이 없으면 내일의 영광스러운 순간은 절대로 오지 않는다. 영광의 순간은 치열한 고민과 땀과 인내의 산물이다.

약점이나 결핍, 나약함과 같은 마이너스 요소는 뜻밖에도 우리를 돕는 역할을 한다. 단, 마이너스 요소를 극복하기 위한 치열한 내적 고통을 감내해야만 한다.

헬렌 켈러의 놀라운 생애는 장님과 귀머거리, 벙어리라는 삼중고의 결핍이 있었기에 가능했을지도 모른다. 만일 차이콥스키가 비극적 결혼 탓에 자살 직전의 상황으로 내몰리는 경험을 하지 않았더라면 불후의 명작 〈비창〉을 작곡할 수 없었을지도 모른다.

또 도스토옙스키와 톨스토이가 고난의 생활을 겪어보지 않았다면 《죄와 벌》,《백치》,《카라마조프가의 형제들》이나 《부활》,《전쟁과 평화》,《사람은 무엇으로 사는가》와 같은 불후의 소설들을 쓸 수 없었을지도 모른다. 밀턴은 장님이었기에, 베토벤은 귀머거리였기에 더 훌륭한 시와 곡을 만들었는지도 모른다.

생물진화론 정립에 공헌한 《종의 기원》의 저자 찰스 다윈은 자신의 약점이 뜻밖에도 도움이 되었다는 사실을 이렇게 고백했다. "만일 내가 대단한 병약자가 아니었던들, 그처럼 많은 일을 성취할 수 없었을지도 모른다"라고.

스칸디나비아에는 '폭풍이 바이킹 해적을 만든다'는 속담이 있다. 자기 연민에 빠진 사람이라면 푹신한 침대 위에 누워 있어도 여전히 자기를 가련하게 여길 것이다. 사람이 자신의 삶에 전적으로 책임을 지면, 행복은 어떤 경우에 처해 있더라도 반드시 찾아온다.

사업에 실패했다고 삶을 비관해서도 안 되고, 대학 교육을 받지 못했다고 부모를 원망하거나 삶에 반항해서도 안 된다. 장애를 가진 몸으로 태어났다고 운명을 저주해서도 안 된다. 그것은 단지 자신을 괴롭히는 어리석은 행동일 뿐이다.

　인생을 직시해야 한다. 시련의 시기는 금방 지나갈 것이다. 원망하고 반항하고 저주할 시간에 한 걸음 앞으로 더 나아갈 방법을 찾아보아야 한다. 힘들겠지만 인생을 긍정적으로 바라보아야 한다. 마이너스를 플러스로 바꾸겠다는 긍정적 태도를 갖는 순간 마음의 평화와 행복이 찾아온다. 이것이 바로 삶의 법칙이요, 플러스 알파의 마력이다.